投资理财：通俗经济学系列

金融
你动了我的生活

互联网+金融·精明理财·惬意生活

索晓辉　主编

中山大学出版社
·广州·

版权所有 翻印必究

图书在版编目（CIP）数据

金融，你动了我的生活/索晓辉主编 .—广州：中山大学出版社，2018.2
（投资理财：通俗经济学系列）
ISBN 978-7-306-05426-5

Ⅰ.①金… Ⅱ.①索… Ⅲ.①金融学—通俗读物 Ⅳ.①F830-49

中国版本图书馆 CIP 数据核字（2015）第 206630 号

JINRONG, NI DONGLE WODE SHENGHUO

出 版 人：	徐　劲
策划编辑：	曾育林
责任编辑：	曾育林
封面设计：	曾　斌
责任校对：	廉　锋
责任技编：	黄少伟
出版发行：	中山大学出版社
电　　话：	编辑部 020-84111996，84113349，84111997，84110779
	发行部 020-84111998，84111981，84111160
地　　址：	广州市新港西路135号
邮　　编：	510275　传　真：020-84036565
网　　址：	http://www.zsup.com.cn　E-mail：zdcbs@mail.sysu.edu.cn
印 刷 者：	广州家联印刷有限公司
规　　格：	787mm×1092mm　1/16　14.75 印张　270 千字
版次印次：	2018年2月第1版　2018年2月第1次印刷
定　　价：	40.00 元

如发现本书因印装质量影响阅读，请与出版社发行部联系调换

序　言
现代社会，人人都要懂金融

1991年年初，邓小平同志在上海听取上海市负责同志的工作汇报时针对上海浦东新区"金融先行"的做法，明确指出："金融很重要，是现代经济的核心。金融搞好了，一着棋活，全盘皆活。"这段话精辟地说明了金融在现代经济生活中的重要地位，深刻揭示了金融在我国改革开放和现代化建设全局中的重要作用，由此形成了邓小平金融理论中最重要的观点——金融是现代经济的核心，同时也发展了马克思、恩格斯关于货币具有"第一"和"最终"推动力的作用，以及列宁关于"银行是现代经济生活的中心"的理论。

什么是金融？为什么我们改革开放的"总设计师"邓小平对它有如此高的评价？金融对现代社会有什么作用呢？

金融的内涵

英文中，金融学是"Finance"，金融可以简单地理解为资金的融通。

明清时期发展起来的山西票号，主要以异地价值交换为目的，让本来需要跨地区运物资、运银子才能完成的贸易，只要送过去山西票号出具的"一张纸"（即汇票）就可以了。需要资金的创业者找不到投资方，而愿意投资的投资方又找不到合适的项目，投资银行家把两方牵到一起，利用其平时在创业者和投资方中间建立的信任，促成投资交易并获得佣金。准备结婚的小夫妻为买婚房而到银行办理按揭贷款，用原本只够买几个"平方米"

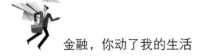

的首付款，就提前住进了宽敞明亮的新居……这些都属于金融的范畴。

金融就其理论内涵来说，在国内具有转轨经济背景下的典型特征。我国著名的金融学者刘鸿儒基于货币、信用、银行、货币供求、货币政策、国际收支、汇率等专题的传统式金融研究，对于"金融"一词总结出的代表性定义为"货币流通和信用活动以及与之相联系的经济活动的总称"，但并不突出反映资本市场的地位。

国内学界理解金融学（Finance），主要以货币银行学（Money and Banking）和国际金融学（International Finance）两大代表性科目为主线。其原因大致有二：一是在视资本、证券为异类的历史环境下，由政府主导的银行业间接融资是金融实践的中心内容，与此相适应，针对银行体系的货币金融研究成为金融学的绝对主导；二是发端于20世纪80年代初的改革开放国策使对外贸易受到重视和加强，国内高校相应地大面积开设以国际收支和贸易为核心的国际金融（International Finance）专业。

但在国外看来，这种理解并不是金融学的核心内容。西方学界对金融学的理解，集中反映在两门课程：一是以公司财务、公司融资、公司治理为核心内容的金融（corporate finance）；二是以资产定价（asset pricing）为核心内容的投资学。所以国内所理解的金融学，大抵属于西方学界宏观经济学、货币经济学和国际经济学领域的研究内容。而西方学界所指的Finance，就其核心研究对象而言更侧重微观金融领域。

从以上中、西方学界对金融学的理解，我们可以看出金融所涉及的范围实在是太广泛了，从日常接触的钱币到为我们办理存取款业务的银行，从股票市场、债券市场到基金市场……生活中的方方面面都涉及金融，难怪金融有如此重要的地位，对现代社会有如此大的作用。

序　言

金融，是推动经济运转的原动力

金融市场是融通资金的"媒介器"。拥有剩余资金的资金供应者可以到金融市场上寻找投资机会或者借贷机会，而急需资金开展业务的资金需求者可以在金融市场上借到资金。通过金融市场使资金供应者和需求者在更大范围内自主地进行资金的融通，把多渠道的小额货币资金聚集成大额资金来源。

中央银行向经济体系内投入了基础货币，这些货币通过商业银行体系成倍地放大，形成了金融市场中的货币供应量，为经济的平稳运转注入了血液；商业往来中，大笔大笔的交易通过商业银行完成资金的划转……金融，是保证经济活动平稳运转的原动力。

金融市场，让我们的货币变成投资

金融市场是一个庞大的市场体系，包括货币市场、证券市场、保险市场、基金市场、黄金市场、外汇市场、期货市场等，各种市场的存在让我们的闲余资金找到了出路。我们可以把钱存入银行，赚取利息；我们可以参与证券市场，购买国债、股票，体会资本市场的刺激；我们可以购买保险产品，为自己和亲人解决后顾之忧；如果我们预计未来通货膨胀会上升，货币会贬值，我们还可以购买黄金保持产品……总之，发达的金融市场给我们提供了多样的投资渠道，让我们的钱有了生钱的机会。

金融信贷，让我们提前进入中产生活

如今，金融信贷已经成为一种趋势，刷卡消费成为一种时尚。在超市排队付款的时候，收银员对每个客户都会问一句"是刷卡还是付现金"，我们已经进入信用消费时代。可能我们收入平平，积攒的钱只能购买几平方米的房子，但是通过按揭贷款，我们可以提前住上宽敞明亮的房屋；也许我们梦想着拥有一辆爱

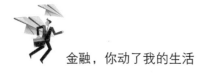

车,苦于囊中羞涩而只能等待,但是通过按揭贷款,我们可以提前开上属于自己的轿车……这一切都得益于信用消费。金融信贷,让我们提前进入中产生活。

金融服务,让我们的生活变得更便利

伴随着信息技术的快速发展,金融服务也越来越便捷,充分体现了人性化的特征。网上银行、电话银行服务的出现,免去了我们在银行营业大厅排队等号的痛苦;个人客户端的开发让我们坐在自己家里就能观看股票行情的走势,参与股票市场的投资,成交速度较原来提高了很多;网上购物逐渐成为一种生活方式,我们可以足不出户,就能买到自己想要的商品;和驴友们一同出游,怀揣一张信用卡就能在任何地点消费,免去了携带现金的麻烦和担忧……如今的金融服务已经越来越便利,金融创新时刻在发生,但不可否认的是,如何更好地服务客户、给客户的生活带来更多便利是各金融机构在开发金融产品时不得不考虑的问题。金融服务,让我们的生活越来越便利。

金融保险,让我们的幸福更有保障

多年来,我国政府一直在努力构建覆盖城乡的社会保障体系,虽然已经取得了不小的成就,但距离完善的社会保障体系还有很长的路要走。商业保险作为社会保险的补充,近年来得到了快速的发展。如果你找不到向父母表达孝心的方式,不妨给二老每人买一份生命健康险;如果你想解除对自己健康的后顾之忧,也可以给自己选择一款合适的人寿险产品……覆盖健康、意外、财产安全等方方面面的保险产品,使我们未来的幸福生活更有保障。

目 录

第一章 开启金融之门的"钥匙"——货币的起源与未来 /1
　　一、问世间，钱为何物 /1
　　二、从"以物易物"到"货币为媒" /2
　　三、买卖的秘密——早期的实物货币 /5
　　四、"金子！贵的金子！"——黄金的前世今生 /5
　　五、货币的价值符号——纸币 /7
　　六、闪光的未必都是金子——劣币驱除良币 /8
　　七、"无脚走遍天下"——未来的 E 币 /12
　　八、货币为何会贬值——通货膨胀 /15
　　九、你可以跑不过刘翔，但不能跑不过 CPI——通货膨胀的衡量 /18
　　十、几家欢乐几家愁——通货膨胀的财富效应 /22
　　十一、所有的人变得一无所有，但国家逃掉了战争赔款——"一战"后
　　　　　德国的恶性通货膨胀 /23
　　十二、当通货膨胀华丽转身——通货紧缩 /25

第二章 这台复杂的机器如何运转——金融系统的运作原理 /29
　　一、货币是谁发出去的——中央银行的功能与作用 /29
　　二、从印刷厂到市场——货币的发行机制 /33
　　三、狭义货币与广义货币——M_1、M_2 的底细 /36
　　四、主宰世界富人命运的巨无霸——谈谈美联储 /39
　　五、潮起潮落——货币政策"三板斧" /42
　　六、倚天一出，谁与争锋——货币政策对股市、房市、债市的影响 /49

第三章 金融在那里——金融市场与金融机构 /55
　　一、"媒介器""调节器""润滑剂"——金融市场 /55
　　二、金融市场的警察——证监会、银监会、保监会 /58
　　三、融通资金的媒介——商业银行 /65

四、有借有还，再借不难——货币市场 /69

　　五、发行和买卖证券的中间人——证券公司 /75

　　六、巴菲特的神话——股票市场 /77

　　七、人人可以拥有的理财专家——基金管理公司 /82

　　八、值得信赖的承诺——债券市场 /86

　　九、培养未来富豪的孵化器——风险投资基金 /91

第四章　决定金融商品价格的关键——利息和利率 /95

　　一、钱是怎样"生"钱的——利息和利息率 /95

　　二、怎么有那么多种利率——利率体系和利率 /98

　　三、利率为什么要不断调整——利率市场化 /100

　　四、谁决定了利率的涨跌——影响我国利率的主要因素 /103

　　五、央行加息和上调存款准备金率是一回事吗——利率与存款
　　　　准备金率 /106

　　六、利率调整怎样影响股票指数——利率和股市 /108

　　七、利率调整怎样影响债券价格——利率和债市 /112

第五章　懂金融，会理财——金融与家庭理财 /114

　　一、从"负翁"到"富翁"——消费信贷 /114

　　二、信用卡，有时对你很有用——利用银行卡理财 /118

　　三、你在银行中有不良信用记录吗——你的信用价值千金 /124

　　四、你的资产何时会翻番——复利的计算 /127

　　五、存钱还是炒股——不同经济周期下家庭理财的"72法则" /129

　　六、股票价格指数是怎么来的——股票指数 /131

　　七、买这只股票值吗——股票估价 /135

　　八、不要把鸡蛋放在同一个篮子——建立自己的家庭资产组合 /137

　　九、会理财，才能不被社会所抛弃——贫者越贫、富者越富的
　　　　马太效应 /140

第六章　谁也逃不掉货币战争——国际金融中的汇率问题 /144

　　一、美元、欧元、日元——外汇和汇率的基本内涵 /144

　　二、我们能一直赚美国人的钱吗——国际收支 /147

　　三、到美国炒股去——国际资本流动 /154

四、为什么美元比人民币更值钱——什么决定了汇率 /159

五、两万亿美元从何而来——我国的外贸盈余与外汇储备 /164

六、是喜还是忧——人民币汇率变动对国内经济的影响 /169

七、奥巴马为什么喊得这么凶——简话中美汇率之争 /172

第七章 这些事与我们息息相关——金融危机中的热点问题 /176

一、无论喜欢与否,你都无法阻止它的到来——金融风险的特点、
　　成因与规避 /176

二、是泡沫,总是要破灭的——泡沫经济与金融危机 /179

三、这一场危机从何而来——次贷危机的产生、发展与结束 /183

四、大象也可能被风吹倒——金融危机中大型金融机构的倒闭 /186

五、金融能让地球不再持续变暖吗——碳金融 /189

六、不能让美元"绑架"全球——全球储备货币的多样化选择 /194

七、所到之处人人自危——破坏力巨大的金融危机 /198

八、谁将为此负责——金融危机的类型和成因 /202

九、市场原教旨主义的覆灭——金融危机带来的思考 /207

第八章 未来的世界会怎样——未来的金融发展 /210

一、美元会成为堕落天使吗——美元是否会失去世界储备
　　货币的地位 /210

二、人民币可以向全世界采购吗——走向世界的人民币 /212

三、人人都爱去刷卡——E币时代何时到来 /217

四、全球统一货币何时出现——全球一种货币的时代 /221

第一章 开启金融之门的"钥匙"
——货币的起源与未来

在现代社会中,我们几乎每天都在和钱打交道,可能是花钱购买自己想要的东西,支付欠别人的款项,也可能是收到别人支付给你的款项,……现在的纸币使用起来很方便,可是最开始的货币不是这样的。货币能发展到今天纸币甚至电子货币的形式经历了很长一段时间,这其中有很多有趣的历史现象和典故,很容易激发起人们了解货币的兴趣。而且,日常生活中经常听到人们说"现在的钱变'毛'了,变得越来越不值钱了",这是为什么呢?社会上经常讨论通货膨胀的压力,到底什么又是通货膨胀呢?本章就这些问题给读者一个全面、满意的回答。

一、问世间,钱为何物

如果说金融是金钱的融通,那么我们要理解金融,就必须先了解钱。钱者,官名资金,学名货币。货币并不是一开始就有的,它的出现标志着商品经济已经发展到一定阶段。

经济学家对货币概念的描述可谓五花八门,最初是以货币的职能下定义,后来又形成了作为一种经济变量或政策变量的货币定义。

货币定义主要有以下六种:

(1)人们普遍接受的用于支付商品劳务和清偿债务的物品。

(2)充当交换媒介,作为价值尺度、贮藏手段、价格标准和延期支付标准的物品。

(3)超额供给或需求会引起对其他资产超额需求或供给资产。

(4)购买力的暂栖处。

(5)无须支付利息,作为公众净财富的流动资产。

(6)与国民收入相关最大的流动性资产等。

实际上，后面4条应属货币的职能定义。

关于货币的本质，在西方货币学说史上曾存在两种不同的观点：一是货币金属论，二是货币名目论。

货币金属论者从货币的价值尺度、贮藏手段和世界货币的职能出发，认为货币与贵金属等同，货币必须具有金属内容和实质价值，货币的价值取决于贵金属的价值。货币名目论者从货币的流通手段、支付手段等职能出发，否定货币的实质价值，认为货币只是一种符号、一种名目上的存在。

货币金属论是货币金、银本位制的产物，随着20世纪初金本位制度的崩溃，其影响力正日益减弱。目前在西方货币学说中，占统治地位的是货币名目论，这从西方经济学教科书对货币的定义中可见一斑，比如美国著名经济学家米什金的《货币金融学》将货币定义为："货币或货币供给是任何在商品或劳务的支付或在偿还债务时被普遍接受的东西。"这些定义并没有科学地抓住货币的本质，但对于货币经济分析有一定的可用之处。不同的学说虽有其合理内涵，但都没能在科学、全面的基础上概括货币，从而导致在经济生活中长期存在着"货币拜物教"。

孔方兄、阿堵物，钱为何物

二、从"以物易物"到"货币为媒"

从人类历史看，货币形式的发展经历了实物货币、金属货币、代用货币、信用货币、电子货币五个阶段。

第一章 开启金融之门的"钥匙"——货币的起源与未来

在金属货币出现以前流行的是物物交换,即实物货币。

例如,你这里是平原,盛产水稻,家里的大米吃不完,想改善一下伙食,吃一点肉食;而对方那里是山区,不能种水稻,却有很多牛和羊,甚至还有很多养羊专业户,于是就想用羊来换你的大米。

这样,在没有货币作为交换媒介的情况下,用大米和羊直接进行物物交换,就有了现实需求和可行性。如果双方约定以100千克大米换1只成年羊,这时候就可以进行直接交换了。

这种方式的优点是,至少不会出现如今纸币收付中那种令人防不胜防的假币。这种大米是不是你所需要的品种、质量如何,这只羊是不是已经成年、肥不肥、是不是有病,一眼就能看出来。但缺点也显而易见,主要是很麻烦。

例如,双方虽然约定100千克大米换1只羊,可是如果对方只有60千克大米该怎么办呢?你总不能割下0.6只羊去换对方的60千克大米吧?所以,这种物物交换的方式只适用于生产力发展水平很低、富余农副产品很少的背景下。

随着富余农副产品数量增多、商品交换次数增加,上述麻烦越来越突出,于是就出现了一种固定充当商品交换媒介的特殊商品——货币。任何人只要拥有这种货币,就可以用它来购买所需要的商品;相反,任何人通过出售商品都可以换取这种货币。

由于货币的出现,直接的物物交换变成了间接交换。例如,原来需要一方运100千克大米,另一方牵着1只羊,按照双方约定的某个时间、地点进行交换,现在不需要这样麻烦了,直接拿着相应的货币就可以换取对方的100千克大米或1只羊。更方便的是,如果你家中原来只有60千克大米,无法换取对方的1只整羊,现在可以通过向他人借40千克大米,买下对方的1只整羊。当来年自己有了多余的粮食后,再归还那40千克大米就行了。当然,这时候可能还要付出一定的利息,这也是在情理之中的。

在人类发展的历史上,贝壳、石头、食盐、牛羊、布匹等,都曾经充当过这种货币商品。

例如,在我国古代夏、商、周的1000多年里,贝壳就一直充当着这种货币商品的角色。所以,当你看到今天我国的汉字中几乎所有与钱有关的事物和行为多以"贝"做偏旁部首,就一点也不用感到奇怪。在古波斯、古印度等地,则习惯于用牛羊作为货币商品;在古代的埃塞俄比亚,习惯

3

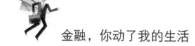

于用食盐作为货币商品；在古代的美洲地区，习惯于用烟草、可可作为货币商品。

之所以说这些东西是货币商品，是因为这种货币本身就是商品，既可以用来充当交换媒介，也可以直接用于消费。

不过，随着时代发展，人们终于发现用金银做货币更恰当。因为与上述货币商品相比，金银的体积更小、价值更大、质地更均匀，而且不容易腐烂，更便于携带、保管、分割。就这样，货币的历史重任就慢慢地相对固定在金银身上了。

至此，货币的形式从实物货币发展到了金属货币阶段，这是世界各国的通行做法。直到现在，许多国家政府仍然把黄金、白银等贵金属作为主币选用材料，并且确定为唯一的、法定的流通手段；同时，把铜、镍等贱金属作为辅币选用材料。

金属货币最初是以块状（如金块、金条、金元宝）形式流通的，每次交易都需要称分量、鉴定成色，按照交易额进行分割，这实在太麻烦了。为了便于交易，一些交易量大、信誉好的商人便在上面打上标记，以自己的信誉来担保这种金属货币的分量、成色有保证。

随着商品交换范围进一步扩大，人们需要有更权威的机构来进行担保，毫无疑问，这其中最权威的机构莫过于一国政府了。于是，就出现了以政府名义铸造的金属块，中央银行的雏形出现了。

由于金属货币铸造费用高，而且容易磨损，尤其是在遇到大宗商品交易时，金属货币的分量重，运输极其困难，途中也不安全，代替金属货币的纸币或银行券就出现了。

毫无疑问，这种以纸币或银行券形式出现的代用货币，必须有等价金属货币作保证。只有这样，纸币持有人才能随时随地兑换到等价的金属货币。

这有一点像在居委会麻将室里打麻将的那些老年人一样，一局麻将下来输赢的虽然是几个塑料牌（代用货币），但在它们后面代表的却是相应面额的钞票。如果你口袋里空空如也，纯粹用那几个塑料牌来收付，是没有人愿意和你玩这种游戏的。因为他们即使最终赢得了这些塑料牌，也无法兑换到真正的货币。

三、买卖的秘密——早期的实物货币

很久以前,我们的祖先曾经把大海中的贝壳当作货币使用。在夏、商、周甚至更早的时候,贝壳是非常稀有、珍贵的东西。《说文解字·贝部》中说:"古者货贝而宝龟,周而有泉,至秦废贝行钱。"说的就是秦朝以前人们都是用贝壳、龟壳作为货币的。

贝产于南方的海里,在公元前2000年到春秋时期之间,它成为北方夏、商、周的货币。商、周的铜器铭文和甲骨文都有关于用贝作为赏赐的记载。此外,日本、美洲、非洲的一些地区也有用贝作为货币的历史。作为货币的贝,单位是朋,一朋十贝。在我国的文字中也可看出贝作为货币长期存在的事实。很多与财富有联系的字的偏旁都为"贝",如"货""财""贸""贫"等。如果足够细心,你还会发现繁体的"買賣"二字中,都有一个"貝"(贝)字。不仅如此,很多汉字中也都有"贝"(或貝)字,如与财富有关的"财、货、贮、资、宝(寶)、贡、赋、贵、贱、费、赃、赠、赏、赐"等。与交易有关的"购、贸、赚、贾、赎、贷、赁"等。除了用贝作为货币外,布帛、牛、羊、兽皮、盐等都曾在古代历史上扮演过货币的角色。

秦始皇统一中国后,于公元前210年颁布了中国最早的货币法,"以秦币同天下之币",规定在全国范围内通行秦国圆形方孔的半两钱,中国从此开始了铸币流通时代。铸币是以国家的印记证明其重量和成色的金属块。最初各国的铸币有各种各样的形式,但后来都逐步过渡到圆形。圆形方孔的秦半两钱在全国的通行,结束了我国古代货币形状各异、重量悬殊的杂乱状态,是我国古代货币史上由杂乱形状向规范形状的一次重大演变。秦半两钱确定下来的这种圆形方孔的形制,一直延续到民国初期。由于铜币流通了2000多年,所以在中国人们长期把铜与货币等同起来。如一个人斤斤计较,往往被讥讽为有"铜臭气"。

四、"金子!贵的金子!"——黄金的前世今生

黄金作为货币的历史十分悠久,出土的古罗马亚历山大金币距今已有2300多年,而波斯金币已有2500多年历史。现存中国最早的金币是春秋、

战国时期楚国铸造的"郢爰",距今已有2300多年的历史。但是这些金币只是在一定的范围和区域内流通使用的辅币。

黄金成为一种世界公认的国际性货币是在19世纪出现的"金本位"时期。金本位制,即黄金可以作为国内支付手段,用于流通结算;可以作为外贸结算的国际硬通货。虽然早在1717年英国首先施行了金本位制,但直到1816年才正式在制度上确定施行金本位制。之后德国、瑞典、挪威、荷兰、美国、法国、俄国、日本等国先后宣布施行金本位制。金本位制是黄金货币属性表现的高峰。世界各国实行金本位制长者200余年,短者数十年,而中国一直没有施行过金本位制。之后,由于世界大战的爆发,各国纷纷进行黄金管制,金本位制难以维持。"二战"结束前夕,美国主导、召开了布雷顿森林会议,通过了相关决议,决定建立以美元为中心的国际货币体系,但美元与黄金挂钩,美国承诺担负起以35美元兑换一盎司黄金的国际义务。但是20世纪60年代相继发生了数次黄金抢购风潮,美国为了维护自身利益,先是放弃了黄金固定官价,后又宣布不再承担兑换黄金义务,因此布雷顿森林货币体系瓦解,开始了黄金非货币化改革。这一改革从20世纪70年代初开始,到1978年修改后的《国际货币基金协定》获得批准,可以说制度层面上的黄金非货币化进程已经完成。

马克思说过:"金银天然不是货币,货币天然是金银。"正如在金本位制之前,黄金就发挥着货币职能一样,在制度层面上的黄金非货币化并不等于黄金已完全失去了货币职能,这主要体现在以下几个方面:

(1)外贸结算不再使用黄金,但最后平衡收支时,黄金仍是一种贸易双方可以接受的结算方式。

(2)黄金非货币化并未规定各国庞大的黄金储备的去向,就连高举黄金非货币化大旗的国际货币基金组织也仅按规定处理掉1/6黄金储备,而保留了大部分黄金储备,为自己留了一根货币黄金的"尾巴"。

(3)20世纪90年代末诞生的欧元货币体系,明确黄金占该体系货币储备的15%。这是黄金货币化的回归。

(4)黄金仍是可以被国际接受的继美元、欧元、英镑、日元之后的第五大国际结算货币。大经济学家凯恩斯揭示了货币黄金的秘密,他指出:"黄金在我们的制度中具有重要的作用。它作为最后的卫兵和紧急需要时的储备金,还没有任何其他的东西可以取代它。"现在黄金可视为一种准货币。

第一章 开启金融之门的"钥匙"——货币的起源与未来

"金子！贵的金子！"
——黄金的前世今生

五、货币的价值符号——纸币

1. 北宋的交子

马可波罗曾向西方人介绍中国的奇事："大汗国中商人所至之处，用此纸币以经商用、以购商物、以取其货币之售价，竟与纯金无别。"外国人对中国纸币的类似报道，在马可波罗以前也不止一起。

中国在10世纪末的北宋年间，已有大量用纸印制的货币——交子，它成为经济生活中重要的流通和支付手段。交子最初是由四川商人联合发行的，在四川境内流通，后来范围由四川扩及各地，成为北宋的一种主要货币。

纸币出现在北宋并不是偶然的，它是社会政治、经济发展的必然产物。宋代商品经济发展较快，商品流通中需要更多的货币，而当时铜钱短缺，满足不了流通中的需求量。当时的四川地区通行铁钱，一铜钱抵铁钱十，每千铁钱的重量，大钱25斤，中钱13斤。买一匹布需铁钱两万，重约500斤，要用车载。铁钱值低量重，使用极为不便，因此客观上需要轻便的货币，这也是纸币最早出现于四川的主要原因。再者，北宋虽然是一个高度集权的封建专制国家，但全国货币并不统一，存在着几个货币区，各自为政，互不通用。当时有13路（宋代的行政单位）专用铜钱，4路专

用铁钱，陕西、河东则铜、铁钱兼用。各个货币区又严禁货币外流，而使用纸币可防止铜、铁钱外流。此外，宋朝政府经常受辽、夏、金的攻打，军费和赔款开支很大，也需要发行纸币来弥补财政赤字。种种原因促成了纸币——交子的产生。

2. 银行券与国家发行的纸币

银行券是随着银行的发展而首先在欧洲流通的一种用纸印制的货币。最初，一般商业银行都可发行银行券，发行银行券的银行保证随时可按面额兑付金币、银币。到19世纪，工业化国家先后随声附和商业银行发行银行券并把发行权集中于中央银行。19世纪末20世纪初，在银行券广泛流通的同时，贵金属铸币的流通数量日益减少，表现出纸质钞票的流通终将取代铸币流通的趋势。

与银行券同时处于流通的，还有一种由国家发行并强制使用的纸制货币，有的国家所称的纸币即专指这种钞票。

3. 可签发支票的存款

现代银行的一项重要业务是给工商业者开立支票存款账户。顾客可依据存款向银行签发支付命令书——支票，并用支票支付货款，支付各种收费，履行对国家的财政义务，等等。通过支票的收付，付款人在银行存款账户上的相应款项转为收款人在银行存款账户上的款项。

事实上，定期存款和储蓄也是款项，只不过它们是不能直接流动的货币，与储存起来不流动的铸币和纸制的货币有类似之处。

六、闪光的未必都是金子——劣币驱除良币

劣币驱逐良币是金银复本位制条件下的一种常见现象。究其原因在于，货币按其本性来说具有排他性、独占性。也就是说，如果法律同时规定金、银两种金属同时作为货币，就会与这种排他性、独占性相冲突。因为这时候市场上的每一种商品都有两种价格，一种是按照金币计算的价格，另一种是按照银币计算的价格。随着金、银两种货币之间的比价不断变化，同一种商品的两种价格也会不断变化，从而出现非常混乱的状态，迫使实际价值较高的货币（所谓良币）慢慢退出流通领域，价值较低的货币（所谓劣币）充斥市场。

早在16世纪英国伊丽莎白时代，英国财政大臣托马斯·格雷欣

第一章 开启金融之门的"钥匙"——货币的起源与未来

(1519—1579年)就发现了这一秘密——消费者喜欢用成色较低的金属货币在市场上交易、流通,而把成色较高的金属货币储藏下来。这样久而久之,流通领域中就到处可见那些贵金属含量低的"劣币",贵金属含量高的"良币"则因为被人收藏而越来越少见。于是他在给英国女王的一份改革铸币的建议中首先提出了这一概念,后来被英国经济学家麦克劳德在著作《经济学纲要》中称之为"格雷欣法则"。

回顾人类历史,货币制度的发展大体可以分为两个阶段:金属货币制度和不兑现的信用货币制度阶段。其中,金属货币制度又经历了银本位制、金银复本位制、金本位制三个过程。

所谓金属货币制度,是指以贵金属作为本位币的货币制度。由于用贵金属作为本位币材料,所以这种本位币毫无疑问是足值货币,它标明值多少钱就值多少钱,并且可以自由铸造和熔化;这时候流通中的银行券可以兑换成等值金属货币。就像物物交换时代那样,1只羊如果值100千克大米,那么你就能用这只羊换取100千克大米。

最早的金属货币制度是银本位制。银币可以自由铸造或熔化,银票可以自由兑换成等值银币和银两,白银和银币可以自由兑换。

发展到后来,出现了以黄金、白银两种金属同时作为本位币的材料。这时候金币、银币虽然同样可以自由铸造或熔化,也同样可以自由兑换成等值货币,但和单一的银本位制相比,它有一个巨大的不同,那就是金币、银币之间本身存在着一个兑换比例。

在最初的时候,金币、银币之间的兑换比率完全是由市场决定的。也就是说,金币、银币之间以什么比率兑换,完全根据当时黄金、白银的比价自由确定,政府不加干涉。这种情况下的金银复本位制,被称为"平行本位制"。

然而,大家知道黄金、白银之间的比价不可能固定不变。如果黄金、白银之间的比价有变化,金币、银币之间的比价却保持不变,不但不可能,而且还会造成两种货币在市场上流通紊乱,影响到商品交换的正常进行。这样,政府就不得不出面进行干预,规定金银之间的比价究竟是多少,这有点相当于今天本国货币和世界货币之间相互兑换的外汇牌价了。这时候,这种金银复本位制就进入了"双本位制"阶段。

从各国实践看,金银复本位制虽然规定两种金属都可以同时作为本位币,金和银可以自由买卖、自由铸造、自由输入和输出,但金币和银币是

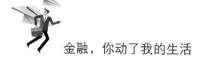

不能同时流通的，而是在某一个时期实行金本位制，在另一个时期实行银本位制。

双本位制经过了漫长的发展阶段，是资本主义发展初期最典型的货币制度。由于黄金、白银之间的比价经常波动，所以政府需要用法律形式来固定金币、银币之间的兑换比率。这样，大宗商品交易用黄金作为货币进行支付，小宗商品和零星交易用银币进行支付就成为可能。由于金币、银币之间的兑换比率固定不变，金融秩序得到了很好的维护。

比如拿今天流通中的人民币辅币来说，既有面值5角的铜币，也有面值1角的镍币，显而易见，这两种货币的币材是不一样的。如果5角铜币和1角镍币之间的兑换比率固定，那么在进行商品交易时无论用5角铜币还是1角镍币结算，结果都相同。相反，如果这种兑换比率不固定就会带来很多麻烦，以至于经济活动无法正常进行下去。

举个不一定贴切的例子来说，如果一块橡皮的价格是0.50元，学生购买这块橡皮时既可以用1枚5角面值的铜币付款，也可以用5枚1角的镍币付款。其前提条件是，这两者之间是等值的。

可是如果有人认为5角钱的铜币实际价值要大于5枚1角钱的镍币，那么他就会把铜币收藏起来，外出购物时宁愿用镍币也不愿意用铜币，最终导致这种铜币在市场上的流通越来越少，直至消失。如果这种假设成立，并且成为大家的共识，那么这时候的5角铜币就变成了事实上的"良币"，1角面值的镍币就变成了事实上的"劣币"。

劣币驱逐良币的根本原因在于市场信息不对称。也就是说，如果所有人都知道"良币"的成色要比"劣币"足，那么劣币使用者就很难把手里的劣币用出去；至少，也会按照劣币的"实际价值"而不是"法定价值"（面值）进行交易。

最早发现不对称信息理论的是美国加州大学经济学教授乔治·阿克洛夫。他曾经写了一篇开创性的论文《"柠檬"市场》，因为被认为过于肤浅，而被3家权威经济学刊物拒绝刊登。在英文中，"柠檬"的另一层含义是"次品"。后来该论文发表在哈佛大学的经济学刊物后，立刻引起巨大反响，作者因此而获得2001年诺贝尔经济学奖。

劣币驱逐良币的前提条件是，这两种货币都是法定货币，并且具有一定的法定比率，两种货币的总和超过了社会商品流通所需要的货币量。只有这样，才能使得其中一部分良币被收藏起来退出流通领域。

正是由于劣币驱逐良币现象的存在，后来全球各国开始统一货币的重量和成色，逐步采用以黄金为本位币币材的金本位制制度。

最早是英国在1816年实行了金币本位制，政府规定可以自由铸造、熔化金币、金块，而对其他材料做成的金属货币则加以限制，国家货币储备也是黄金。随后，世界各国纷纷仿照执行，具体形式有金币、金块、金汇兑本位制（有些国家不铸造金币，于是规定与其他某一实行金本位制的国家保持固定的货币比价，国内居民只能用货币兑换成外汇，然后用外汇在国外换成黄金），这些措施有力地促进了各国商品贸易和国际贸易的发展。这种金本位制一直维持到了第一次世界大战爆发前。

劣币驱逐良币现象不仅仅存在于货币制度中，还广泛存在于社会生活中。

例如，现在依然可以看到，即使同一种币材做成的纸币或硬币，人们也总是会把肮脏、破损的货币尽快用掉，而把新版、干净的货币保留下来。坐公共汽车时，排队上车本是一条基本规则，可是由于插队者常常能捷足先登，于是原来规规矩矩排队的乘客也开始不遵守秩序了，大家争先恐后、纷涌而上，导致秩序混乱，谁也上不去。有时在官场上，清廉的官员反而被人当作异类，导致要么同流合污，要么被排挤出去。所有这些，都属于劣币驱逐良币现象。

当然，也有相反的例子，即不是劣币驱逐良币，而是良币驱逐劣币。不过其前提条件是，政府并不规定这两种货币的兑换比率，它们完全通过市场竞争来决定比率高低。

例如，在一个完全放开的外汇市场上，各种货币之间没有一个法定比率存在，这时候那些走势坚挺、含"金"量高的货币就会被人当作硬通货而处处受欢迎，这种货币就是人们心目中的"良币"。相反，那些走势疲软的货币，在人们的心目中就成了软通货而不受欢迎，这种货币就是人们心目中的"劣币"。

在国际市场上，相对来说美元曾经是人们心目中的"良币"，而最近几年来人民币在国际市场上越来越坚挺，正在成为国际贸易中的"良币"。这种良币驱逐劣币的现象称为"反格雷欣法则"。

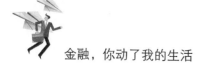

七、"无脚走遍天下"——未来的E币

电子货币（electronic money），是指用一定金额的现金或存款从发行者处兑换并获得代表相同金额的数据，通过使用某些电子化方法将该数据直接转移给支付对象，从而能够清偿债务。这种货币没有物理形态，为持有者的金融信用。随着互联网的高速发展，这种支付办法越来越流行。

作为货币形态演变的最新形式，电子货币是在网上电子信用的基础上发展起来的，以电子脉冲进行资金传输和存储的一种信用货币。电子货币与纸币等其他货币形式相比，具有保存成本低、流通费用低、标准化成本低、使用成本低等优势。20世纪末，电子商务在世界范围内兴起，作为其支付工具的电子货币也随之产生、发展。这种被称为继中世纪法币取代铸币以来，货币形式发生的第二次标志性变革的电子货币，在电子商务活动中占有极其重要的地位，它的应用不仅会影响电子商务的发展，而且会影响全球的金融体系。

电子货币自出现以来至今仅30余年，但作为电子货币外在形式之一的信用卡和电子资金传输系统早已存在。世界上最早的银行信用卡是美国佛拉特布什国民银行在1946年发行的用于旅游的信用卡，但由于这种信用卡只能用于货币支付，不能提供消费信贷，因而不是真正意义上的银行信用卡。真正意义上的银行信用卡是美国富兰克林国民银行于1952年发行的信用卡。继富兰克林国民银行之后，美洲银行从1958年开始发行"美洲银行信用卡"，并吸收中、小银行参加联营，发展成为今天的维萨集团。西部各州银行组成联合银行协会，于1966年发行"万事达信用卡"。维萨集团和万事达集团逐渐发展成为当今世界上最大的两个国际信用卡组织。

我国电子货币的发展主要表现在银行卡上。

1993年，我国政府倡导加速构建电子支付系统，包括发展和推广支付卡。

1995年，在征得人民银行的同意后，商业银行在1995年年末到1996年年初开始发行智能卡，发卡范围限于包括12个试点城市在内的少数城市。银行赋予其所发行的IC卡各种功能，比如透支、储值、电子钱包和存折功能，也就是说，一张卡有多种功能。

1996年，国务院决定成立国家经济信息化（电子化）推动组，负责制

第一章 开启金融之门的"钥匙"——货币的起源与未来

订这一领域的国家战略和计划，以及有关政策、指导方针。

1997 年年末，银行间交易系统开始在全部 12 个试点城市运行，发卡量超过 7000 万张，其中包括 130 万张银行 IC 卡。

2002 年年初，各银行联网通用的"银联卡"出现，我国以银行卡为代表的电子货币取得了长足的发展。

电子货币具有如下特点：

（1）以电子计算机技术为依托，进行储存、支付和流通。

（2）可广泛应用于生产、交换、分配和消费领域。

（3）融储蓄、信贷和非现金结算等多种功能为一体。

（4）电子货币具有使用简便、安全、迅速、可靠的特征。

（5）现阶段电子货币的使用通常以银行卡（磁卡、智能卡）为媒体。

根据电子货币的媒介不同，电子货币也可以分为如下几种类型。

（1）储值卡。它是指某一行业或公司发行的可代替现金用的 IC 卡或磁卡，如电话充值卡神州行等。

（2）信用卡。它是银行或专门的发行公司发给消费者使用的一种信用凭证，是一种把支付与信贷两项银行基本功能融为一体的业务，同时具备信贷与支付两种功能。

（3）存款利用型电子货币（电子支票）。它是一种电子货币支付方法，其主要特点是通过计算机通信网络安全移动存款以完成结算。在使用时，无论个人或企业，负有债务的一方签发支票或其他票据，交给有债权的一方以结清债务，约定的日期到来时，持票人将该票据原件提交给付款人，即可领取到现金。

（4）现金模拟型电子货币（电子现金、数字现金）。它是一种表示现金的加密序列数，可以用来表示现实中各种金额的币值。随着基于纸张的经济向数字经济的转变，电子现金将成为主流。它具有匿名性、节省交易费用、节省传输费用、持有风险小、支付灵活方便、防伪造及防重复性、不可跟踪性等特点。一种是基于网络环境使用的且将代表货币价值的二进制数据保管在微机终端硬盘内的电子现金；一种是将货币价值保存在 IC 卡内并可脱离银行支付系统流通的电子钱包。

（5）电子钱包。它是电子商务活动中顾客进行网上购物时常用的一种支付工具，是在小额购物或购买小商品时常用的新式钱包。

使用电子钱包的顾客通常在银行里都是有账户的。在使用电子钱包

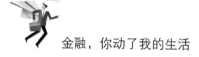

时，将有关的应用软件安装到电子商务服务器上，利用电子钱包服务系统就可以把自己在电子货币或电子金融卡上的数据输入进去。在进行付款时，如果顾客要用电子信用卡付款，例如用 Visa 卡或者 Mastercard 卡等收付款时，顾客只要单击一下相应项目或相应图标即可完成，人们常将这种支付方式称为单击式或电击式支付方式。

尽管电子货币具有很多显而易见的优点，但其发展也面临着很多问题。

（1）安全性。与纸币相比，电子货币很难被抢劫和被偷盗，相比较于支票等票据，电子货币更不容易被冒认和盗用。但因为目前计算机网络资源共享的开放环境以及尚存在一定漏洞的软硬件环境，电子货币的安全技术还需要得到进一步提高。如何使电子信息在传送过程中得到安全保证是目前各大网络软硬件公司的难题，如何严密修订计算机安全条例和法律也尚未有成熟的方法，计算机信息的加解密技术也正在斗法般地发展着。

（2）标准化。网络是全球性的，在网络上流通的电子货币要真正国际化，必须依靠世界银行和国际货币组织联合各国对其进行标准化的定义，并使其与各国的货币进行汇率挂钩。

现今在互联网上流行的电子货币有七八种，有的网络超级市场不得不在网页上挂上五颜六色的标志以表示支持各种电子货币，这种发展趋势必须加以控制和管理，因为虽然这样能够让各发行电子货币的公司相互之间存在竞争从而促进技术进步，但也会引起某些混乱，应该在统一标准的前提下进行竞争，这样电子货币才能得以健康、完善地发展。

（3）法律纠纷。电子邮件、电子信息的交流有可能因为不可预测的故障而出错甚至丢失，现在的互联网只是各区间的区域局部管理，并没有一个总的责任机构，那么电子货币在流通过程中出现差错而导致的损失将由谁来负责其经济、法律责任呢？

（4）审计问题。在互联网上网络资源是共享的，但用户有其绝对的隐私权，这是为了安全的需要，可相应地也有其弊端，比如各种经济犯罪、以权谋私、贪污、出卖商业机密等问题在电子货币普及的时候更难以管理，还有如何处理企业为了偷漏税收而转移资金、黑社会分子利用网络洗黑钱等问题，种种审计上的问题将是电子货币的难题之一。

八、货币为何会贬值——通货膨胀

人人都知道,现在的钱越来越不值钱了。其实,不仅仅"现在"的钱是这样,"过去"的钱也是如此,这是一种普遍而正常的金融学现象。这就引出了本书的一个金融学概念:通货膨胀。

所谓通货膨胀,是指货币供应量太多引起货币贬值、物价持续而普遍上涨的一种货币现象。用老百姓的话来说就是,银行里发出来的新钞票太多了,所以越来越不值钱了。

那么,钱是怎样越来越不值钱的呢?或者说,通货膨胀是怎样发生的呢?一般认为,通货膨胀产生的原因主要有四点:

(1)需求拉动。需求拉动导致通货膨胀的观点认为,经济发展过程中货币的总需求大于总供给,就会引起价格水平持续上升。具体地说,需求拉动价格上涨的情况又有两种:一是现实因素,二是货币因素。

从现实因素看,整个社会都在过度消费、过度投资,财政赤字居高不下,尤其是过度投资,很容易打破货币总需求和总供给之间的平衡,导致价格水平上升。

从货币因素看,货币供应过度会导致经济活动对货币需求大大减少,这时候即使货币供应量没有增长或者增长不多,也会导致原有货币量相对过剩;更不用说货币需求量不变时,货币供给增长过快造成的货币过剩了。而货币供应过度,是会拉动价格上涨的。不过,如果投资增长速度与货币总供给增长速度相同,价格依然是可以保持不变的。

(2)成本推动。成本推动导致通货膨胀的观点认为,经济发展过程中生产成本的上升,必然会导致货币总需求量增长。也就是说,它认为这时候是生产成本的上升推动了价格上涨。

许多生产、加工型企业的产品和服务,是在成本的基础上加上一定利润率来制定价格策略的。这样,产品和服务的成本越高,产品和服务的价格也就会水涨船高。

有人也许会问,同样的商品价格越低越有利于拓展市场,它们为什么就不能对产品和服务价格有所控制呢?确实,任何企业都不愿意无厘头地提高产品和服务价格,但在有些情况下这是必然会发生的。

a. 员工工资水平不断提高,很可能会提高产品和服务成本。这里之所

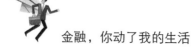

金融，你动了我的生活

之所以说"很可能"，是因为在员工工资水平提高的同时，还要看劳动生产率有没有得到相应提高。如果工资水平的提高速度超过了劳动生产率的增长速度，就会提高产品和服务成本；相反，如果员工工资水平提高速度低于劳动生产率的增长速度，就会降低产品和服务成本。

举例来说，如果今年全体员工的工资水平比去年增长了10%，而劳动生产率却比去年增长了10%以上，这时候的产品和服务成本反而降低了；如果劳动生产率增长速度达不到10%，产品和服务成本就必然会在去年的基础上有所上升。

每当出现全社会普加工资时，就意味着全社会的产品和服务成本必将进一步上升，从而引发全社会产品和服务价格的上涨；而产品和服务价格的上涨，又会回过头来拉动员工工资上涨，形成工资和价格的交替上升，工资推动型通货膨胀就这样出现了。

b. 垄断行业会强行拉动产品和服务价格的升高。任何社会都会有一部分垄断行业存在。对于垄断行业来说，它们的产品和服务价格会脱离成本而单独存在，这是由它们的垄断地位决定的。

垄断行业为了追逐垄断利润，往往会抬高产品和服务价格。如果价格上涨幅度超过成本增长幅度，利润推动型通货膨胀就出现了。在成本一定的情况下，利润与价格是齐涨共跌的关系，利润推动型通货膨胀实际上就是成本推动型通货膨胀。

（3）需求膨胀和成本推动相互作用。货币总需求大于总供给会导致通货膨胀（需求拉动型通货膨胀），在货币总需求一定（不存在货币总需求拉动）的情况下也会导致通货膨胀（成本推动型通货膨胀）。

为了缓解通货膨胀，政府在采取需求扩张措施时，经常会采用成本推动和需求拉动并存的混合手段，这同样会导致通货膨胀。这就是供求混合型通货膨胀的观点。

（4）结构型。结构型通货膨胀观点认为，不同部门之间货币需求结构的转换、生产率增长水平的差异、与国际市场的联系紧密程度等，都会引发结构型通货膨胀。

a. 货币需求结构转换引发通货膨胀。在货币总需求一定的情况下，某个部门的一部分货币需求会转移到其他部门，而这时候劳动力和其他生产要素却是无法及时转移的。

这样一来，货币需求增加的那个部门的员工工资就会提高，从而引发产品和服务价格上升;同时,货币需求减少的部门劳动力和其他生产要素又会因为没能及时转移,员工工资不会减少,从而导致产品和服务价格依然维持在原有水平上。总体上看,这时候产品和服务的总价格水平上升了。

b. 部门生产率增长水平差异引发通货膨胀。一般来说,产业部门的劳动生产率增长水平要高于服务部门,而这两大部门的工资增长速度是大体相同的,并且主要取决于产业部门的生产率增长水平。换句话说,产业部门的生产率提高得快,工资增长速度就快,同时也会拉动服务部门的工资增长速度得到相应提高。

这样一来,虽然大体上看服务部门员工的工资增长速度与产业部门持平,却要高于服务部门的生产率增长水平。

这种产业部门和服务部门之间劳动生产率增长速度上的差异,以及员工工资增长水平大体相同的局面,会在服务部门形成成本持续上升的压力,从而推动价格水平不断上涨,引发通货膨胀。

c. 部门差异在国际传递。对于某个特定国家来说,它的国民经济可以分为这样两大部门:开放经济部门和非开放经济部门。开放经济部门是指其产品与国际市场有直接联系,如制造业、外贸业;非开放经济部门是指其产品与国际市场可能会有间接联系,但不会有直接联系,如建筑业、服务业。

当全球市场价格处于上涨进程中时,必然会影响这个特定国家的价格上涨幅度。如果这个国家无法决定国际市场产品价格,该国的开放经济部门和非开放经济部门就都要受国际市场价格的影响。尤其是其中的开放经济部门受到的影响更直接、更紧密。

具体地说,当全球货币市场价格上涨时,开放经济部门中的员工工资会率先得到提高,从而带动非开放经济部门中的员工工资得到提高。举例来说,如果某个出口行业的国外工资水平上升,也会在一定程度上拉动国内该行业工资水平的提高,进而带动其他相关部门工资上涨。

这样就又出现了上述产业部门和服务部门之间的类似情形——开放部门和非开放部门之间员工工资增长水平大致相同的局面,会在非开放部门形成成本持续上升压力,从而推动价格水平上涨,引发通货膨胀。

虽然通货膨胀的原因多种多样,但归根到底是由货币供应量过多造成的。反过来说,并不是货币供应量过多就一定会造成通货膨胀。因为随着

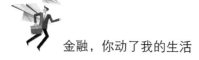

生产的发展、商品价值的增加，客观上需要货币量能够保持同步增长。确切地说，只有剔除这部分正常货币供应量之外的货币量增加，才会引发通货膨胀。

通货膨胀会造成货币价格动荡。国际上，通常把可以自由兑换成其他国家货币、能够普遍被接受、汇率比较稳定、价格长期坚挺的货币称为"硬通货"或"硬货币"，如德国马克、瑞士法郎等；反之，把信用不好、币值不稳定的货币称为"软通货"或"软货币"。

导致通货膨胀的因素很多，也很复杂。总体上看，随着社会的发展，发生通货膨胀是必然的，只要通货膨胀率不过高就行。

九、你可以跑不过刘翔，但不能跑不过 CPI——通货膨胀的衡量

在实际生活中，通货膨胀的严重程度是无法直接计算出来的，因为谁也无法计算出包括房地产、古董、名人书画、金银珠宝、股票债券等价格变化在内的完全通货膨胀率。最常见的办法是通过价格指数的增长率来计算通货膨胀率，这是一种间接表示货币贬值了多少的方式。

通货膨胀率的计算公式是：

当期通货膨胀率 =（当期价格水平 – 上期价格水平）/ 上期价格水平 × 100%

通货膨胀必然会引起价格水平上升，这在上述公式中容易看出。当当期价格水平高于上期价格水平时，通货膨胀率就出现了。

那么，上述公式中的价格水平又是怎样计算出来的呢？这就必须引入价格指数的概念。从全球看，目前流行的价格指数主要有以下五种。

（1）消费价格指数（CPI）。消费价格指数也叫居民消费价格指数（国外称之为消费者价格指数），主要用来测量各个时期城市家庭和个人消费的商品与劳务价格平均变化程度。除此以外，还有一个与消费价格指数很相近的价格指数叫生活费用价格指数（COLI），它主要反映不同时期生活费用的变动情况。

消费价格指数和生活费用价格指数的主要区别在于：

a. 消费价格指数不包括纳税项目，生活费用价格指数则包括所有应纳税项目在内。

b. 生活费用价格指数只包括生活必需品，并且要预先确定其代表商品和各自的权数。

目前我国编制的生活费用价格指数是从消费价格指数中抽出85个基本类、290多个规格的消费品,对其价格变动进行汇总统计的。这些消费品全部是居民生活必需品,包括蔬菜、肉禽蛋、油米面、水电气,以及教育、医疗服务等,但不包括汽车、建筑材料、住房等一般性消费品,也不包括大宗消费品、奢侈品。

总体来看,消费价格指数和生活费用价格指数的计算结果在经济稳定时差别不大,在经济动荡时相差较大。由于居民生活必需品的价格波动比较频繁,所以一般来说,同一时点上的生活费用价格指数的波动幅度会大于消费价格指数。

2007年,我国率先在13个城市开展城镇低收入居民基本生活费用价格指数的编制试点,目的是帮助地方政府更好地了解低收入人群由于价格变化对他们收入造成的影响,有针对性地采取补助政策。2008年,我国又在90个市(县)推进这项工作,取得经验后向全国推广。

由于消费价格是商品经过流通各环节后形成的最终价格,最能全面反映商品流通对货币的需要量,所以全球各国基本上都用消费价格指数来反映通货膨胀的严重程度。例如,我国在2008年2月的消费价格指数是同比上涨8.7%,2009年2月则是同比下降1.6%。短短一年间就从最高点跌至最低点,并且是6年来第一次出现负增长。

(2)生产者价格指数(PPI)。生产者价格指数主要用来衡量各种商品在不同生产阶段的价格变动,通过它来推算预期消费价格指数,估算通货膨胀的压力大小。

一般来说,商品的生产分为三个阶段:原始阶段,这时候的标志是商品还没有进行任何加工;中间阶段,这时候的标志是商品还需要做进一步加工;完成阶段,这时候的标志是商品不需要再做任何加工。

生产者价格指数不仅包括消费品价格指数,还包括服务价格指数,与消费价格指数在统计口径上并没有严格对应关系。但总体来看,生产者价格指数上升并不是什么好事——如果生产者转移成本,终端消费品价格就会上扬;如果不转移成本,企业利润就要下降,经济有下行风险。

由于生产者价格指数主要反映的是生产环节的价格水平,而消费价格指数主要反映的是销售环节的价格水平,所以这两者之间的变化情形可能会不一致,并且对消费价格指数的传导作用也会呈现出不同表现。

目前,我国生产者价格指数的调查范围有4000多种产品,覆盖全部

39个工业行业大类,涉及调查种类186个。从我国实际情况来看,农产品向食品的价格指数传导作用最充分。

(3)零售价格指数(RPI)。零售价格指数主要是用来反映以现金、信用卡形式支付的零售商品价格水平的变动情况,包括家具、电器、百货商品、药品等,但不包括服务消费价格。

零售价格指数与通货膨胀的关系比较密切,尤其是外汇市场分析人员一般比较注重这个指标。因为如果该指标持续上升,理论上说会有助于该国货币走好。

(4)批发价格指数(WPI)。批发价格指数又叫生产价格指数,主要用来反映不同时期批发市场上各种商品价格的平均变动程度。

批发价格的特点主要体现在两方面:

a. 批发价格既能反映生产者所得到的价格水平,又能反映商品在进入流通过程时的价格水平,属于商品的原始价格,灵敏度高。所以,批发价格指数与其他价格指数相比更能灵敏反映市场价格波动。

批发价格的波动程度,在一定程度上可以用来推断这些商品进入流通领域后的最终价格变动程度。

b. 批发价格包含的商品范围更广,既包括生活消费品,也包括生产资料,但不包括劳务。

(5)国内生产总值平减指数(GDP deflator)。国内生产总值(GDP)平减指数,也叫国内生产总值缩减指数,是指按照当年价格计算的国内生产总值与按照固定价格和不变价格计算的国内生产总值的比率,实际上就是名义GDP与实际GDP的比值。它主要用来反映不同时期内整个国家所生产、提供的最终产品和劳务价格总水平的变化程度。

国内生产总值平减指数包括各种商品价格变动对价格总水平的影响,几乎包括所有商品和服务、资本,所以覆盖面较广。

国内生产总值平减指数的优点是能够更加准确地反映一般物价水平走向,并且由于该指标中与投资相关的价格水平具有更高权重,所以更能判断投资价格的上涨幅度与消费价格指数两者之间的关系。

例如,我国2004年国内生产总值平减指数上涨了6.9%,高出消费价格指数3个百分点,从中可看出当年我国的投资价格上涨幅度大大高于消费价格指数的价格上涨幅度。

国内生产总值平减指数的缺点是容易受价格结构因素的影响造成错

觉。例如,当消费品价格水平上涨过高、其他商品价格变动不大时,会给人一种国内生产总值平减指数不高的感觉。而实际上,这时候人人都能感到消费品价格水平上涨过高了。

由于国内生产总值平减指数覆盖面广,资料收集困难,所以该指标一般只能每年公布一次。

通货膨胀率有各种分类,读者一般需要了解的是,通常从价格上升幅度可以划分为以下几种。

(1) 温和的或爬行的通货膨胀。这是一种使通货膨胀率基本保持在2%～3%,并且始终比较稳定的一种通货膨胀。一些经济学家认为,如果每年的物价上涨率在2.5%以下,不能认为是发生了通货膨胀。当物价上涨率达到2.5%时,叫作不知不觉的通货膨胀。一些经济学家认为,在经济发展过程中,搞一点温和的通货膨胀可以刺激经济的增长。因为提高物价可以使厂商多得一点利润,以刺激厂商投资的积极性。同时,温和的通货膨胀不会引起社会太大的动乱。温和的通货膨胀即将物价上涨控制在1%～2%,至多5%以内,则能像润滑油一样刺激经济的发展,这就是所谓的"润滑油政策"。

(2) 疾驰的或飞奔的通货膨胀。疾驰的或飞奔的通货膨胀亦称为奔腾的通货膨胀、急剧的通货膨胀。它是一种不稳定的、迅速恶化的、加速的通货膨胀。在这种通货膨胀发生时,通货膨胀率较高(一般达到两位数以上),人们对货币的信心产生动摇,经济社会产生动荡,所以这是一种较危险的通货膨胀。

(3) 恶性的或脱缰的通货膨胀。恶性的或脱缰的通货膨胀也称为极度的通货膨胀、超速的通货膨胀。这种通货膨胀一旦发生,通货膨胀率非常高(一般达到三位数以上),而且完全失去控制,其结果是导致社会物价持续飞速上涨,货币大幅度贬值,人们对货币彻底失去信心。这时整个社会金融体系处于一片混乱之中,正常的社会经济关系遭到破坏,最后容易导致社会崩溃,政府垮台。这种通货膨胀在经济发展史上是很少见的,通常发生于战争期间或社会大动乱之后。目前公认的恶性通货膨胀在世界范围内只出现过3次。第一次发生在1923年的德国,当时第一次世界大战刚结束,德国的物价在一个月内上涨了2500%,一个马克的价值下降到仅及战前价值的一万亿分之一。第二次发生在1946年的匈牙利,第二次世界大战结束后,匈牙利的一个福林价值只相当于战前的1/850356。第三次发生

金融，你动了我的生活

在中国，从1937年6月到1949年5月，伪法币的发行量增加了1445亿倍，同期物价指数上涨了36807亿倍。

（4）隐蔽的通货膨胀。隐蔽的通货膨胀又称为受抑制的（抑制型的）通货膨胀。这种通货膨胀是指社会经济中存在着通货膨胀的压力或潜在的价格上升危机，但由于政府实施了严格的价格管制政策，使通货膨胀并没有真正发生。但是，一旦政府解除或放松价格管制措施，经济社会就会发生通货膨胀，所以这种通货膨胀并不是不存在，而是一种隐蔽的通货膨胀。

十、几家欢乐几家愁——通货膨胀的财富效应

财富效应（the wealth effect）是现代社会发展过程中提出的新理念，指某种财富的累积存量达到一定规模后，必然产生对相关领域的传导效应或者是控制效应。通货膨胀的财富效应主要指的是货币财富效应。

首先，通货膨胀会造成社会财富的再分配。当发生未预期通货膨胀时，有固定货币收入的人以及债权人遭受损失。相反，非固定收入者及债务人则是受益者。设想别人欠你10万元，在未发生通货膨胀的时候，你拿到归还的十万元可以买一辆小轿车。然而在发生通货膨胀的情况下，即使他人归还了你10万元，此时这10万元已经缩水了，很可能已经买不到一辆小轿车了。所以，通货膨胀使得债务人受益，而你作为债权人其实是吃亏了。同样，我们持有货币就是国家的债权人，在发生通货膨胀的时候，货币严重缩水，这个时候占到便宜的就是国家了，因此有时人们也把这种损失称作"通货膨胀税"。

通货膨胀的财富效应是指在发生通货膨胀的时候，尤其是初期，商品价格以及金融资产的价格都出现上涨，全社会都存在着"货币幻觉"，将名义价格、名义工资、名义收入的上涨看成实际收入的上涨。就业者将名义工资的增加看成是实际收入的增加，因而他们愿意提供更多的劳动。企业家将一般物价的上涨看成自己产品的相对价格的提高，因而扩大投资，增加雇佣工人，单个企业家行为的集合就导致了就业的增加和产出增长速度的加快。当金融资产价格上涨的时候，会导致金融资产的持有者财富的增加，从而会提高他们的消费欲望，促进消费。

这种财富效应其实很容易理解。假使你拥有一定数量的股票，在发生

通货膨胀的时候，股票的价格一般会出现上涨，这个时候你会觉得自己赚钱了，拥有了更多的财富，此时你就会认为自己的消费能力提高了，从而提高自己的消费倾向，多消费或者把赚到的钱转向其他的投资等。这就是通货膨胀的财富效应。

几家欢乐几家愁
——通货膨胀的财富效应

十一、所有的人变得一无所有，但国家逃掉了战争赔款——"一战"后德国的恶性通货膨胀

恶性通货膨胀在经济发展史上是很少见的，它通常发生在战争时期或战争过后，以及大的动乱时期。第一次世界大战结束时，德国经历了一次历史上最引人注目的超速通货膨胀，给从那个时期过来的经济学家们留下了深刻的印象。

1918年，第一次世界大战结束。四年的鏖战以德国的失败而告终，留下的是一个满目疮痍的德国。战争结束时，800多万人仍在军队服役，90%的企业是军工厂，因战争而欠下的内债高达1700多亿马克，而且根据停战协定，德国必须交出1000辆载重汽车、5000台机车和15万节火车皮，这些对于本来已经陷入困顿之中的德国无异于雪上加霜。在当时国际上处于十分孤立的情况下，为了解决这些问题，魏玛政府主要采取了两项措施，一方面继续执行战时的统治经济政策，另一方面采用增发纸币的方法来刺激经济的恢复和发展。因此，从1918年开始，德国经济就已经进入一种温和的通货膨胀状态，一直持续到 1921 年年初。

1921 年 5 月以后，马克贬值的速度明显加快，造成这一局势的主要原因是赔偿条款在德国引起了巨大的反响。1921 年 5 月，赔偿委员会最后确定德国赔款总额为 1320 亿金马克，并通过 5 月 5 日的伦敦最后通牒迫使德国政府接受这个数目。德国政府在反抗无效后，只能以事实说明这些赔偿要求无法满足，以达到延期偿付并最终修改这些条款的目的。德国各界对经济的恢复也普遍缺乏信心，德国经济开始进入恶性通货膨胀的漩涡。

1923 年 1 月，法国对鲁尔的占领最终促成了马克的全面崩溃。全国经济开始出现普遍的混乱，马克的价值更是以一日千里的速度下滑，到 4 月以后，政府也基本放弃了对马克进行干预的任何想法，国际银行疯狂地印着转瞬之间变成废纸的纸币，全国 300 多家造纸厂和 20 多家印刷厂每天不停地为国家银行提供所需的钞票。国家银行总裁甚至于 1923 年 8 月在参议院把国家银行每天能发行 460 亿新纸币看作是自己的功劳。

从 1922 年 1 月到 1924 年 12 月，德国的货币和物价都以惊人的比率上升。

例如，每份报纸的价格从 1921 年 1 月的 0.3 马克上升到 1922 年 5 月的 1 马克、1922 年 10 月的 8 马克、1923 年 2 月的 100 马克，直到 1923 年 9 月的 1000 马克。在 1923 年秋，价格实际上飞起来了：一份报纸的价格从 10 月 1 日的 2000 马克上升到 10 月 15 日 12 万马克、10 月 29 日的 100 万马克、11 月 9 日 500 万马克，直到 11 月 17 日 7000 万马克。

再比如，1923 年年初，马克币值一度达到 2.38 美元，但是同年夏天，一个美国人能以 7 美元兑换到 40 亿马克。在危机最为严重的时候，通货膨胀率每月上升 2500%。工人们的工资一天要分两次支付，到了傍晚，一个面包的价格等于早上一幢房屋的价格。

马克的贬值速度还可以从下面的表格中反映出来。

年　代	1 美元对马克的比价	年　代	1 美元对马克的比价
1914 年	4.3	1923 年 1 月初	10000
1921 年	8.9	1923 年 1 月下旬	50000
1921 年 6 月	60	1923 年 2—4 月	20000
1921 年 9 月	100	1923 年 5 月初	46000

续上表

年　　代	1美元对马克的比价	年　　代	1美元对马克的比价
1922年1月	200	1923年5月底	70000
1922年6月	350	1923年6月底	150000
1922年7月	670	1923年7月底	1000000
1922年8月	2000	1923年8月底	10000000
1922年10月	4500	1923年9月底	160000000
1922年11月	3500		

资料来源：梅仪征. 德国1921—1923年通货膨胀的原因及政治影响［J］. 安庆师院社会科学学报，1997.

由于德国马克严重贬值，曾出现德国的孩子在街上把马克当作玩具的场景。

到1924年，正如财政引起德国的超速通货膨胀一样，财政改革也是超速通货膨胀的终结者。1923年年底，政府雇员的人数减少了1/3，而且赔款支付暂时中止并最终减少了，同时新的中央银行德意志银行取代了旧的中央银行德国国家银行。政府要求德意志银行不要通过发行货币为其筹资。可怕的恶性通货膨胀终于结束了。

十二、当通货膨胀华丽转身——通货紧缩

与"通货膨胀"一样，"通货紧缩"也是一个经常听到的金融学名词。

通货紧缩是与通货膨胀相对应的一种经济现象，20世纪90年代中期以来出现的频率非常高，在此之前虽然也在少数国家偶尔出现，但其破坏作用远远没有通货膨胀严重，所以往往不受人重视。

所谓通货紧缩，是指商品和劳务价格总水平持续下降、物价疲软、货币供应量不断减少的过程。简单地说，当全社会的价格和成本普遍在下降时，就表明出现了通货紧缩。

与通货膨胀相反，通货紧缩时老百姓觉得手里的钱越来越值钱、非常"经用"；不过，这却没有什么值得高兴的。因为这表明此时的商品有效需求不足、经济衰退、投资风险加大、失业率在不断提高。

按照金融学上的严格定义，当消费价格指数（CPI）连续3个月下跌，

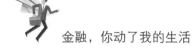

就表明出现了通货紧缩。据此，我国2008年4月的CPI是8.5%，接下来的3个月分别是7.7%、7.1%、6.3%，这表明我国从2008年7月起就进入通货紧缩阶段。

关于通货紧缩，读者可以主要关注以下几方面。

（1）通货紧缩是一种货币现象。在通货紧缩背景下，价格指数全面、持续下跌，必然会伴有货币供应不足的问题。究其原因，不是因为货币供应总量减少而造成社会总需求不足；就是因为货币供应总量虽然没减少，可是货币流通速度却减缓了，从而同样造成社会总需求不足；或者两者兼而有之。

物价不断上涨，钱越来越不值钱，这是大家不愿意看到的；相反，如果物价持续下跌，这时虽然钱越来越值钱了，可是从金融学角度看也不是一件好事。这就像一个人的血压偏高不好一样，血压偏低也是很危险的，它们都反映了同一个事实：经济发展不正常。

（2）通货紧缩同样可以用价格指数来衡量。通货膨胀可以用价格指数来衡量，通货紧缩也一样。当发生通货紧缩时，物价水平持续疲软或下跌，前面分析的消费价格指数、零售价格指数、批发价格指数、国民生产总值平减指数等指标，都表现出与通货膨胀指标相反的走势。

同样，在这其中消费价格指数更具有代表性。也就是说，消费价格指数的下跌，更能灵敏地反映居民需求和市场疲软现状。

除此以外，货币供应总量增长率下降甚至出现负增长，或者货币流通速度明显减缓，是衡量通货紧缩的重要标志。

由于物价水平持续下跌、货币供应总量增长率下降，这时必然会导致经济衰退。

不过，经济衰退并不是通货紧缩的衡量标准，经济衰退的实质是货币供应总量在减少，货币供应总量减少才是通货紧缩的重要指标。如果货币供应总量没减少，经济却衰退了，这仍然不能叫通货紧缩。

（3）通货紧缩同样可以进行各种分类。按照通货紧缩的程度不同，可以分为温和的通货紧缩、恶性的通货紧缩，区分依据主要是看经济有没有出现衰退。

按照通货紧缩的表现形式，可以分为公开型通货紧缩、隐蔽型通货紧缩，区分依据主要是看价格有没有放开。

按照通货紧缩的形成机理，可以分为需求拉动型通货紧缩、成本推动型通货紧缩、供求混合型通货紧缩、结构型通货紧缩。

按照通货紧缩能否预测,可以分为预期通货紧缩、非预期通货紧缩。

(4) 通货紧缩产生的原因也是多种多样。通货紧缩虽然集中表现为社会总需求、物价水平持续下跌,但是其影响因素也是多种多样的,主要包括:

a. 货币因素。主要是货币供给偏紧直接引发通货紧缩。尤其是政府在抑制通货膨胀时用力过猛,有可能产生一定的惯性,从而导致通货紧缩。

b. 结构失衡。国民经济结构失衡严重到一定程度,政府就必然会进行大调整。一部分旧产品市场需求不足,就会引发价格下跌、减产减员,这样也会进一步促使投资和居民消费意愿进一步下降,形成恶性循环。

c. 有效需求不足。有效需求不足会导致产品价格下降,而这时由于存在着消费预期和未来不确定因素影响,现实消费需求会更加不足。

d. 国内市场竞争激烈。国内市场竞争激烈尤其是同行之间的价格战,会大大加速相关产业甚至全社会物价总水平下降,使得价格水平越走越低。

e. 国际市场严重冲击。国际市场行情变化也会对国内市场造成冲击,尤其是开放度大的国家这种影响作用更明显,主要表现是出口下降、外资流入减少,从而引发国内需求减少;或者国际商品价格下跌,迫使国内产品降价。

(5) 通货紧缩并不是什么好现象。与通货膨胀相比,通货紧缩也不是什么好现象。突出表现为两点:

a. 对于企业来说,市场需求不足、价格下跌会严重影响产品销售,以至于经营状况不断恶化,迫使企业缩减生产规模、辞退员工,乃至破产倒闭。

b. 对于全社会来说,企业经营状况不好会直接减少员工收入、减少银行信贷规模,反过来又会加剧社会需求不足和通货紧缩状况,使得经济陷入恶性循环之中。

应当看到的是,与通货膨胀一样,通货紧缩也是有办法对付的,我国在这方面就有比较丰富的治理经验。因为自从 1998 年我国出现比较明显的通货紧缩以来,这十年间通货紧缩的现象或多或少地存在着。

从货币供给总量增长率来看,虽然其增速与历史相比有所下降,可是与现实经济增长率相比还不能说过低;而从货币流通速度看,则表现出明

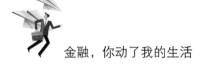

显的下降趋势。

究其原因,一是因为新的经济增长点还在进一步探索和开拓之中;二是受国际市场冲击,某些产业和产品生产过剩,有待压缩。基于这两点,必然会导致投资需求和消费需求疲软不振、货币流通速度减缓。

有鉴于此,解决通货紧缩主要应当两手抓。

一手抓财政,实行积极的扩张性财政,并且与产业政策、收入分配政策配合起来运用,这样效果会更好。根据我国国情,通货紧缩的主要原因在于投资和消费需求不足,所以增加对国有企业固定资产贷款和技术改造贷款、下调贷款利率、减轻企业资金成本,都是有效的应对之策。

一手抓货币金融政策,实行积极的货币金融政策,适当扩大货币供给和贷款力度。一方面要拓宽对中小企业、民营企业的贷款和金融服务范围,加强相关服务工作;另一方面要积极促进居民消费需求,拓宽银行贷款领域,尽量降低失业率,保障应届大学毕业生的就业率。

由于在通货紧缩条件下,资本要素价格持续下降,所以会越来越凸显出现金的重要性。这时候大家更容易体会到"现金为王"的真实含义,用老百姓的话说就是"现金是个好东西",因为这时候想买什么就能买到什么,而且价钱还很便宜。

第二章　这台复杂的机器如何运转

——金融系统的运作原理

面对手头的一张张钞票，一些爱思考的人可能会想，这钱一开始是从哪来的？怎么就到了我的手上呢？在我国市场上流通的任意一种币值的纸币或硬币上，你都可以看到"中国人民银行"的字样。我国的纸币和硬币就是由中国人民银行发行的，它就是我们国家的"中央银行"。那么，中国人民银行究竟是一家什么性质的机构呢？中央银行除了发行货币以外还有些什么职能？既然中央银行负责全国货币的发行，那是不是货币发行得越多就越好呢？它根据什么发行货币？又怎么去计量它发行的货币？还有，如果货币发行得多了或者少了，它又通过什么方式去调节？本章将为读者们解答这些问题。

一、货币是谁发出去的——中央银行的功能与作用

每个国家都有中央银行，中央银行是代表一个国家政府调控金融、经济发展的特殊金融组织，例如我国的中央银行是中国人民银行。

那么，为什么每个国家都要有这样一个组织呢？这就要从它的发展历史谈起了。中央银行并不是一开始就有的，它是信用经济发展到一定阶段的产物。为了统一发行银行券、结算票据、充当最后贷款人以及金融监管的需要，中央银行应运而生。

中央银行的鼻祖是英国英格兰银行。

17世纪后半期，英国为了争夺海上霸权发动了多次战争，结果导致财政严重困难。在入不敷出的情况下，为了帮助政府筹集资金，英国于1694年7月27日通过法案成立了英格兰银行。

当时的英格兰银行是私营股份制商业银行，它把筹集到的120万英镑资金，全部用来借给英国政府用于弥补财政赤字。到1746年，英格兰银行

借给英国政府的款项已达1168.68万英镑。

显而易见,借钱容易还钱难。英国政府拿什么来归还这笔贷款呢?后来英国政府终于想出一个好办法:1826年它把英国首都伦敦周围104.61千米内的货币发行垄断权全部交给英格兰银行,以此作为交换。

那时英格兰银行已经有了现在中央银行的某些影子,即具有货币发行垄断权,虽然这还只是局限于小范围内。

在接下来的1833年,英国国会又通过一项法案,规定只有英格兰银行发行的货币具有无限法偿资格。这一规定进一步保证了英格兰银行发行的货币在经济活动中能够畅通无阻。

1825年、1837年英国爆发了两次比较严重的经济危机,而这两次经济危机最早都是从货币危机开始的,这更让英国政府感到银行在经济活动中的重要性。于是,英国国会在1844年通过了《银行特许条例》,正式确立英格兰银行的货币发行垄断地位。

随着英格兰银行货币发行权的扩大,它的银行地位、经济实力、社会信誉度也在迅速提高。这时候,其他商业银行为了结算方便,纷纷把一部分存款存入英格兰银行作为存款保证金;商业银行之间债权、债务的划拨冲销、票据交换等,也通过英格兰银行进行交易。

直到1854年,英格兰银行终于取得了清算银行的地位,成为英国银行业的票据交换和清算中心。

在接下来的1847年、1857年、1866年发生的周期性金融危机中,英格兰银行以强大的资金实力,采取贴现、银行券等方式,全力支持那些资金周转发生困难的商业银行,完全显示了它在维护银行清偿能力、调节社会信用方面的非凡作用。

1872年,英格兰银行终于承担起最后贷款人责任,在相当程度上扮演了金融管理机构的角色。

从1844年英格兰银行确立货币发行垄断地位至今,中央银行经历了发展、壮大、不断完善的过程,具体划分为以下三个阶段。

(1)中央银行的初创阶段(1844—1914年)。随着英格兰银行成为英国中央银行,在这期间全球一共成立了29个中央银行,其中较有代表性的是瑞典银行、英格兰银行、法兰西银行、德国国家银行、日本银行、美国联邦储备系统管理委员会,掀起了中央银行成立的第一次高潮。

这个阶段的中央银行,大多参照英格兰银行,以法律形式确认其银行

第二章 这台复杂的机器如何运转——金融系统的运作原理

地位，并且多是从私营银行或私人和政府合股银行演进而来的。

这时候的中央银行职能比较简单，首先是充当政府的银行，然后是担当发行货币的责任，最后成为银行的银行（中央银行）。

（2）中央银行的发展、壮大阶段（1914—1945年）。第一次世界大战后，各国政府为了保障战时财政需要，大量向中央银行借款，并且纷纷强迫中央银行停止或限制银行券兑换，从而造成战后经济混乱的局面，通货膨胀非常严重。

迫于通货膨胀的压力，全球各国1920年在比利时首都布鲁塞尔召开了国际货币金融会议，要求各国平衡财政收支、割断政府对发行银行的控制，稳定货币；接下来在1922年召开的瑞士日内瓦会议上，敦促尚未设立中央银行的国家尽快建立中央银行。

随后，全球出现了人为推动中央银行成立的新高潮，其中较有代表性的是奥地利国家银行、匈牙利国家银行、苏联国家银行、智利中央银行、厄瓜多尔中央银行等。

这时候各国政府普遍认识到，为了稳定货币、重建币制、统一货币发行、建立严格的银行准备金制度，必须由政府出面通过强有力的措施来推动成立中央银行。尤其是第一次世界大战后成立的新国家，更是迫切需要通过成立中央银行来解决国内货币金融问题。

与此同时，由于前一阶段各国中央银行的创立和发展总结出了具体经验，这时候推动中央银行的成立也有了良好的基础。所以总体来看，这个时期是中央银行发展历史上最快的阶段，中央银行的职能也有了进一步扩大。

（3）中央银行的强化、完善阶段（1945年到现在）。第二次世界大战结束后，各国中央银行开始进入一个强化与完善阶段，其中较有代表性的是法兰西银行、英格兰银行、德意志联邦银行、美国联邦储备系统管理委员会等。

一方面，各国纷纷对中央银行进行国有化改造，直接接受国家控制与监督，任命中央银行负责人；另一方面，颁布专门法律来规范中央银行在贯彻执行货币政策、保持币值稳定方面的主要职责，强化宏观调控职能。与此同时，各国中央银行之间的交流与合作也更加频繁和紧密。

从我国来看，最早在清朝康熙末年到乾隆初年归化城（今呼和浩特市旧城）的宝丰社，就已经具备中央银行的某些管理职能，可以说它就是中

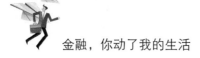
金融，你动了我的生活

国早期中央银行制度的雏形。

清政府垮台后，北洋政府控制的中国银行、交通银行部分承担了中央银行的职能。不过总体来看，这时候的中国中央银行还处于萌芽状态。

接下来，孙中山领导的国民政府在广州成立的中央银行，也没有多少大的突破。蒋介石领导的国民党政府在上海设立了中央银行，开始行使中央银行职能。奇怪的是，当时的中国银行、交通银行、中国农业银行也享有发钞权力，1937年成立的四联总处也拥有部分中央银行职能。1932年在江西瑞金成立的中华苏维埃共和国国家银行，则担当起了革命根据地中央银行的职能。

1948年12月1日，在合并解放区华北银行、北海银行、西北农民银行的基础上，在石家庄成立了中国人民银行。1949年，中国人民银行迁入北京，并且在20世纪50年代所有制社会主义改造完成后，建立起了中华人民共和国大一统的国家银行体系。

中国共产党第十一届三中全会后，我国于1979年先后恢复了中国农业银行、中国银行、中国人民保险公司、中国工商银行等金融机构，1983年中国人民银行彻底分离出来正式成为中央银行。

1995年，我国颁布的《中华人民共和国中国人民银行法》规定，中国人民银行具有如下职能：

（1）发布与履行其职责有关的命令和规章。

（2）依法制定和执行货币政策。

（3）发行人民币，管理人民币流通。

（4）监督管理银行间同业拆借市场和银行间债券市场。

（5）实施外汇管理，监督管理银行间外汇市场。

（6）监督管理黄金市场。

（7）持有、管理、经营国家外汇储备、黄金储备。

（8）经理国库。

（9）维护支付、清算系统的正常运行。

（10）指导、部署金融业反洗钱工作，负责反洗钱的资金监测。

（11）负责金融业的统计、调查、分析和预测。

（12）作为国家的中央银行，从事有关的国际金融活动。

（13）国务院规定的其他职责。

总之，中国人民银行的总体职责就是在国务院的领导下，制定和执行货币政策，防范和化解金融风险，维护金融市场的稳定，保持我国货币币值的稳定，并以此促进我国经济的增长。

二、从印刷厂到市场——货币的发行机制

最早的纸币是由各家商业银行以自身信用担保发行的，自从中央银行出现后，纸币的发行权力就收归中央银行，成为它的基本职能之一，因为中央银行后面的政府更有信用保证。

事实上，中央银行发行的货币究竟有没有等价金属货币做保证，除了它自己之外，谁也不知道。所以，无论是货币票据（纸币、硬币）还是银行券（银行存单、支票）的发行，实际上都是以一国政府或中央银行的信用做保证。

"一战"后，各国相继停止了金属货币的流通和银行券的自由兑换。尤其是20世纪30年代爆发了全球性的金融危机和经济危机，各主要工业国更是被迫放弃了金本位制和银本位制。从此，票据和银行券与金属货币之间更是没有了对应关系，表现为纯粹的"纸"币，完全依靠政府信用在强制流通，充分表现为一种信用货币。

毫无疑问，这种纸币不但不能直接兑换金属货币，而且其实际价值也必然要低于货币价值。这就是目前各国广泛采用的货币形态。

随着电脑和网络的进一步发展，以各种金融交易卡、电子钱包为代表，原来需要通过纸币、辅币、存单来收付，现在只需要通过电脑转账就能实现收付的电子货币出现了，由此我们进入了电子货币阶段。

显而易见，自从社会发展进入信用货币阶段后，钱是不是"值钱"就主要取决于政府信用了。对于世界通用货币如美元、欧元、日元来说，更是主要取决于它们的政府信用。

例如，根据货币流通规律，商品流通中所需要的金属货币量究竟多少，主要取决于以下因素：①待流通的商品数量。即将进入流通领域的商品数量越多，货币供应量就应该越大。一般认为有这样一个比例："1∶8"，即流通中适度的货币供应量应当是社会商品零售总额的1/8。②本期发生的商品赊销量。商品预付、代销、货款赊欠数量越大，货币供应量就越小。③本期需要支付的赊销量。本期到期的需要支付的预付、代销、货款数量越大，货币供应量就越大。④本期发生的商品抵消支付总额。抵消支

付总额越大，货币供应量就越小。⑤商品的价格高低。商品价格越高，货币供应量就越大。⑥货币流通速度。一定时间内的货币流通速度越快、周转次数越多，货币供应量就越小。中央银行主要综合以上因素，通过特定的货币需要量公式来决定商品流通过程中需要的金属货币量。

　　前面已经提到，第一次世界大战后各国就已经停止了金属货币的流通，改为发行纸币，这时候的纸币需求量又应该是多少呢？根据纸币流通规律，纸币的发行量应当以商品流通中所需要的金属货币量为基础。道理很简单，因为只有这样，1元钱面额的纸币，它的名义价值才能与其所代表的1元钱的金属货币价值相符。如果纸币发行量超过金属货币量，这时候就会造成货币（纸币）贬值。

　　例如，如果根据上述公式得到某个国家在某个时期所必需的金属货币量为1000亿元，这时候它所发行的纸币供应量就应该是1000亿元。如果政府发行了2000亿元纸币，这时候1元钱纸币所对应的金属货币量就只有0.50元，表明这时候的货币（纸币）贬值了50%。

　　就某个特定国家而言，政府只要通过大量发行纸币，就能通过货币贬值、物价上涨的方式转嫁经济负担。事实上，确实有许多国家的政府在发生了财政赤字后，通过直接向中央银行贷款和发行公债的方式来弥补赤字。无论何种方式，都会迫使中央银行增加货币发行，导致货币供应量超过流通中的货币需求量，从而引发通货膨胀。

　　而对于世界货币如美元、欧元、日元来说，少量地增发纸币，同样可以通过货币贬值的方式在全球范围内聚集财富，把世界各国的财富慢慢聚集到它们国内。

　　当然，这种做法如果不加限制，就会导致政府信用降低、货币制度崩溃，这在中国和世界各国历史上并非没有先例。

　　例如，国民党政府为了维持最后的统治，于1948年8月19日强行发行金圆券代替法币。一开始发行的面额还只是1元、5元、10元、50元、100元5种，发行总额20亿元；到了1949年6月，发行面额就变成了1万元、5万元、10万元、50万元、100万元5种（实际上还印了500万元的面值，只是没有来得及发行而已），发行总额超过130万亿元。

　　短短10个月的时间，黄金价格上涨4.5亿倍，银圆价格上涨5亿倍，物价更如离弦之箭。这怎么可能维持得了很久呢？果不其然，这种金圆券面世仅仅10个月就于1949年6月22日寿终正寝。

第二章 这台复杂的机器如何运转——金融系统的运作原理

了解了货币发行需要考虑的一些因素,接着来介绍货币的发行过程,这里以人民币的发行为例。

人民币的具体发行是由中国人民银行设置的发行基金保管库(简称"发行库")来办理的。所谓发行基金是人民银行保管的已经印好而尚未进入流通的纸币。发行库在人民银行总行设总库,下设分支库,在不设人民银行机构的县市,发行库委托商业银行代理。

各商业银行对外营业的基层行处设立业务库,它保管的人民币是商业银行办理日常业务的备用金。为避免业务库现金存放过多,规定有库存限额。

具体程序为:当商业银行基层处的现金不足时,到当地人民银行从其存款账户提取现金。于是人民币从人民银行的发行库出库,进入到商业银行的业务库,再进入流通领域。当商业银行基层行处业务库的人民币现金超过规定的限额时,超额的部分必须送交人民银行,回到发行库,退出流通领域。整个过程可以用下图来表示。

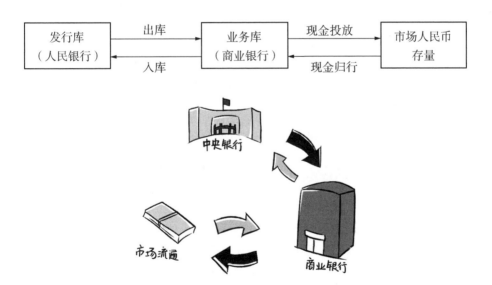

从印刷厂到市场
——货币的发行机制

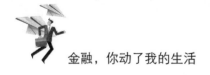
金融，你动了我的生活

三、狭义货币与广义货币——M_1、M_2 的底细

在金融学中，货币是划分为不同层次的。虽然国内外对货币层次的划分见仁见智，但以货币流动性作为划分依据则是相对明确的。

所谓货币的流动性，是指这种货币或金融资产的变现能力。也就是说，这种货币能不能马上变成现金，以及变现难易程度大小。根据货币的流动性来划分货币层次，流动性越强的货币转变为现金的成本越低，它的货币层次就越高。

各国政府对货币层次的划分各有不同，这里主要看一看国际货币基金组织和中国人民银行是怎样来划分货币层次的。

国际货币基金组织把货币层次划分为以下三类，分别是 M_0、M_1、M_2。这里的 M 是英文 Money（钱，货币）的意思。

本书认为，这里的 M_0 表示层次最高的货币，它不需要经过转换（0 次转换）就能变成现金，当然这说明它本身就是现金了；M_1 表示要经过一次转换才能变成现金，它的货币层次当然要次于 M_0；M_2 表示要经过两次转换才能变成现金，它的货币层次当然又要次于 M_1。如此这般来理解，读者就很容易掌握货币层次的高低概念了。

（1）现金（M_0）。现金的货币层次最高，因为它本身就是现金，用不着转为现金。

需要注意的是，这里的现金并不包括银行里的库存现金，而是单指银行体系以外流动的现金。更明确地说，是指居民个人手中的现金以及企事业单位的备用现金。这部分货币随时随地可以作为流通手段和支付手段，所以购买力最强。

（2）狭义货币（M_1）。狭义货币的货币层次次于现金，但又高于广义货币。这里的狭义货币，是指上述现金（M_0）加上商业银行的活期存款两部分。银行里的活期存款虽然并不等于居民个人手中的现金和企事业单位里的现金备用金，但它可以随时随地通过签发现金支票转变成现金。

狭义货币对社会经济生活有着广泛而直接的影响，所以各种统计资料中所称的货币主要是指狭义货币。而对各国政府来说，控制货币供应量中所指的货币，也主要是指狭义货币，这是政府调控货币市场的主要对象。

（3）广义货币（M_2）。广义货币中由于包括一部分并不是真正意义上

第二章 这台复杂的机器如何运转——金融系统的运作原理

的货币在内,所以它的流动性最低,货币层次也最低。

这里的广义货币,是指狭义货币加上准货币两部分。所谓准货币,又叫"亚货币"或"近似货币",指银行存款中的定期存款、储蓄存款、外汇存款,以及各种短期信用工具,如银行承兑汇票、短期国库券等。

准货币中的定期存款、储蓄存款、外汇存款、银行承兑汇票等,虽然并不是真正意义上的货币,却可以在经过一定的手续后比较方便地变成真正意义上的货币,即狭义货币。从这一点上看,广义货币包括所有可能成为现实购买力货币形式的东西在内。

以上是国际货币基金组织对货币层次的划分。而根据中国人民银行依照国际货币基金组织颁布的《货币与金融统计手册》对货币金融统计制度的修订,从 2002 年起,中国境内金融机构的外汇业务数据虽然仍然纳入相关货币统计报表,但仍然要把外币存款单列开来,并没有把它纳入准货币的统计范畴。

在这种情况下,中国人民银行划分的货币层次具体表现在:

M_0 = 流通中的现金

M_1 = M_0 + 活期存款

M_2 = M_1 + 准货币(定期存款、储蓄存款、其他存款)

M_3 = M_2 + 其他货币性短期流动资产(国库券、金融债券、商业票据、大额可转让定期存单等)

其中,M_3 的概念最早出现在 1994 年 10 月 28 日颁布的《中国人民银行货币供应量统计和公布暂行办法》中,是根据当时中国金融工具不断创新的背景设置的。所以,当时中国的货币层次被划分为 M_0、M_1、M_2、M_3 几个层次。M_3 是在 M_2 的基础上增加一些流动性不强的资产,如大额可转让定期存单(10 万美元以上)、货币市场共同基金(机构)、中长期回购协议及中长期存在欧洲非美国银行的美元等。

而在美国,还有 M_4 的说法,即在 M_3 的基础上再增加其他短期流动资产(M_4 = M_3 + L);在英国,甚至还划分到 M_5 的层次。不过,美国联邦储备委员会 2006 年 3 月发表的公报已表示,由于 M_3 无法提供比 M_2 更多的经济活动信息,多年来对货币政策没有产生什么实质性影响,收集和发布这些信息所需的费用也大于所得,所以决定取消 M_3 的数据公布。

由于支票可以自由兑换,所以 M_1、M_2 在货币总量上的含义相同,但在资金用途上却有着各自的经济学意义——M_1 反映的是消费市场和终端市场的活跃程度；M_2反映的是投资和中间市场的活跃程度。换句话说，如果M_2过高而M_1过低，表明这时候的市场投资过热、需求不旺，有危机风险；相反，如果M_1过高而M_2过低，表明这时候的市场需求强劲、投资不足，有涨价风险。

值得注意的是，由于国情不同，每个国家M_0、M_1、M_2所代表的具体含义也不相同。例如，在美国由于居民储蓄率极低，所以M_1接近于M_0；而中国的居民储蓄率极高，所以M_1和M_0相差很大。如果中国和美国M_1的数量相同，则表明在美国拥有充裕的现金，而中国的现金则严重不足。同样的道理，由于美国的储蓄率极低，而且支票能马上兑换成现金，M_2和M_1相差不大，所以美国一直倾向于用M_2指标来调控货币。而在中国，如果M_2的数字和美国一样大，其中必然会包括相当大部分的银行储蓄，真正有实际经济意义的货币则严重缺乏。

另外，在对货币进行分层次统计和分析时，经常会碰到几个熟悉的概念，如货币存量、货币流量、狭义货币量、广义货币量，其主要含义是：

货币存量是指一个国家或地区在某一个时点上，所有经济主体持有的现金和存款货币的总量。它强调的是某一个时点。

货币流量是指一个国家或地区在某一个时期内，所有经济主体持有的现金和存款货币的总量。它强调的是某一个时期。

狭义货币量是指货币层次中现金和银行活期存款的总和，它反映的是全社会对商品和劳务具有多大的直接购买力。

广义货币量是指货币层次中现金、银行活期存款、准货币的总和，它反映的是全社会对商品和劳务具有多大的潜在购买力。因为说到底，准货币只要经过某种变换，马上就可以变成活期存款或现金，用于购买商品和结算劳务费用。

中国人民银行网站会定期公布我国的货币供应量情况，这些数据为金融学者进行研究提供了便利，也有助于我们了解相关的金融知识。下图是货币供应量公布数据的截图。

第二章 这台复杂的机器如何运转——金融系统的运作原理

单位：亿元人民币

项目（item）	2009.08	2009.09	2009.10	2009.11	2009.12
货币和准货币（M2）(money&quasi-money)	576698.95	585405.34	586202.29	594604.72	606225.01
货币（M1）(money)	200394.83	201708.14	207545.74	212493.20	220001.51
流通中现金（M0）(currency in circulation)	34406.62	36787.89	35730.23	36343.86	38245.97

四、主宰世界富人命运的巨无霸——谈谈美联储

许多读者从《货币战争》一书中得知美国中央银行是私人性质时大吃一惊：怎么，美国连中央银行都是私人的，这还了得！

其实，美国的中央银行美国联邦储备委员会确实是私人性质，但私人性质的中央银行并没有那么可怕，至少并不是你想象的那样想印钞票就可以印钞票。事实上，除了美国联邦储备委员会，英国的中央银行英格兰银行以及欧洲其他国家的中央银行也几乎都是私人性质的。

"美联储"（The Fed）的全称是"美国联邦储备系统管理委员会"（也叫"美国联邦储备系统理事会"），办公地点在美国首都华盛顿。美国联邦储备系统管理委员会包括美国联邦储备委员会、美国联邦储备银行、美国联邦公开市场委员会三大机构，其核心机构是美国联邦储备委员会。

美国联邦储备委员会一共有7名成员，任期14年，不得连任。其中包括主席、副主席各1名，任期4年，但可以在成员任期内连任（例如，美国联邦储备委员会前主席艾伦·格林斯潘，在位期间长达18.5年，其中最初的4.5年就是承接前任尚未结束的成员任期，他自己的成员任期则从1992年2月1日开始到2006年1月31日结束）。美国联邦储备委员会所有成员必须由美国总统提名，经美国国会上院之参议院批准后上任。

之所以说美国联邦储备委员会是私人性质的，是因为它分布在美国各地的12家联邦储备银行的资金，全都来源于会员银行，而这些会员银行都是私人的（美国有8000多家商业银行，全都是私人银行），除此以外也有少数是外国银行（其中就包括中国银行）。每家会员银行要按照一定比例向美国联邦储备委员会上交存款准备金。存款准备金没有利息，但会员银

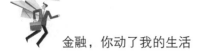

行可以每年从中享受年收益6%的年末分红。

美国中央银行是私人的,那货币发行权也就理所当然是私有的。因为货币发行是中央银行的基本职能,如果没有了货币发行权,这样的中央银行也就名存实亡了。

那么,货币发行权掌握在私人手里,美元又是如何发行的呢?原来,美国政府并没有发行货币的权力,如果想要得到美元,就必须用美国政府今后才能收取的税收收入通过发行国债的办法抵押给美国联邦储备委员会;然后,美国联邦储备委员会根据政府申请,再考虑发行"美联储券",这就是人们通常所称的"美元"。

接下来的问题是,作为私人性质的美国中央银行是不是想印多少钞票就能随便印呢?如果这样,整个美国的金融体系不就乱套了吗?尤其是作为全球通用货币的美元,如此这般扰乱全球金融秩序还了得!

事实证明,近百年来美元的发行一直没有乱套,并且还经过了两次世界大战、无数次金融危机的考验。这是如何做到的?这就要从美国联邦储备委员会的组织机构和相互掣肘作用谈起了。

根据美国《1913年联邦储备法》,美国一共分为12个储备区,每个区设立1个联邦储备银行,另外下辖25个分行。这12个联邦储备银行都有一个董事会,每个董事会由9名董事组成;分成A、B、C 3组,每组3个人,分别代表着不同的利益。具体地说,A组代表的是联邦储备系统中作为会员单位的商业银行集团,B组、C组代表的是公众利益集团。A组、B组的董事从该联邦储备委员会会员银行中选举产生,C组的董事由联邦储备委员会任命。B组、C组的董事不能在会员银行中担任其他职务,其中C组的董事还不能拥有会员银行任何股份(请特别记住,联邦储备银行董事长是必须在C组董事中产生的)。

联邦储备银行行长、第一副行长都必须由董事提名,经联邦储备委员会批准后上任;联邦储备银行分行董事会由5～7名董事组成,其中多数名额由上级联邦储备委员会任命,少数名额可以自己任命。

每个联邦储备银行及其分行董事会的主要职责是,收集美国各地的经济运营信息,及时向联邦储备委员会、联邦公开市场委员会报告,便于它们做出相应的货币政策。在联邦公开市场委员会召开例会的前两周,这些信息要在经过联邦储备银行整理后,以特别报告(俗称"米色书",Beige Book)的形式向公众发布。除此以外,董事会的另一项重要任务是,每隔

第二章 这台复杂的机器如何运转——金融系统的运作原理

两个星期向联邦储备委员会提出一个适合该储备银行的贴现率，经联邦储备委员会批准后实施。

美国联邦储备银行受美国联邦储备委员会、美国国会监督。美国联邦储备银行每年都要接受联邦储备委员会、美国审计总局的审计，只是其中与外国中央银行的交易及公开市场操作等少数几个领域可以除外。此外，每个联邦储备银行还配备一名内部审计师，专门对联邦储备银行董事会负责。

有了这样严格的制度制约，美国联邦储备委员会的运转效率非常高，而且相当稳健。对照一些社会主义国家的中央银行，虽然由政府管控，但运作机制和过程几乎都是参照美国联邦储备委员会，不同的只是它们的会员银行较多，各级组成人员和官员也多是由中央政府任命，如此而已。

当我们考虑中央银行的性质究竟是国有还是私有时，更应该考虑的是它的管理运作模式是不是符合现代企业制度要求，这才算是抓住了问题的根本。尤其是在美国这样一个老牌资本主义国家，这种私有化就更不必令人担心了。试想，美国联邦快递是私有的，美国电信公司是私有的，哈佛大学、耶鲁大学、普林斯顿大学、斯坦福大学、麻省理工大学等也都是私有的，私有化并无损它们的成功和信誉。

考察金融发展史不难发现，全球许多国家1980年的金融发展水平还达不到《1913年联邦储备法》通过时的水准。究其原因，在于金融管制过多阻碍了金融的进一步发展，甚至使其走向倒退。

在美国联邦储备委员会成立之前，美国的通货膨胀高涨、货币发行泛滥、伪币成灾、银行危机接连发生。正是在这种背景下，美国国会经过反复研究和辩论，通过了《1913年联邦储备法》，并且在该法的基础上成立了美国联邦储备委员会，让它从具体的金融业务中脱离出来，成为维护金融体系稳定、提供安全金融环境、制定金融运作规则的管理者和监督者。

那么，金融管制会带来哪些后果呢？原来，不同的利益集团会在金融管制下竞相操纵金融政策以便牟利，这种互相牵制大大降低了金融体系运作效率。相反，金融自由化则可以使在位的利益集团无法通过金融压制来限制中小企业融资，更无法操纵国外金融机构，这在客观上削减了这些利益集团的相互牵制，促进了金融发展。

客观地说，美国联邦储备委员会与其说是私人的，不如说是股份制。其实际权力，如它的官员任命、政策制定等仍然由美国政府掌握。打个比方说，美国联邦储备委员会类似于我国的行业协会，会长由政府提名、股东选举。从理论上看，股东大会确实拥有否决权；可是从历史上看，美国联邦储备委员会的股东从来就没有行使过这项权力。

难能可贵的是，上述种种措施保证了美国联邦储备委员会基本职能的完全公共性，表现为这家政府机构不但具有极大的独立性，而且非常公开透明。金融市场可以通过公开信息和现有规则来预测美国联邦储备委员会下一步要采取什么行动，比如基准利率上调还是下跌等，这些政策的制定与私人公司的行为完全无关。这表明，美国联邦储备委员会完全具备现代金融市场正式的制度规则、机构组织、法律制度。

主宰世界富人命运的巨无霸
——谈谈美联储

五、潮起潮落——货币政策"三板斧"

众所周知，20世纪90年代俄罗斯的改革问题始于所谓的"休克疗法"。而事实上，经济真正的崩溃始于俄罗斯的矿工要求增加工资以购买突然涨价的食品。为了不让工人饿死，议会迫使政府发放大量货币。结果卢布突然大幅贬值，从而引起了一系列的连锁反应，导致经济崩溃。这个事例说明了一个问题，货币政策具有非常重要的作用，会对经济发展产生很大的影响。

1. 货币政策的含义

狭义货币政策是指中央银行为实现既定的经济目标（稳定物价、促进经济增长、实现充分就业和平衡国际收支），运用各种工具调节货币供给

第二章 这台复杂的机器如何运转——金融系统的运作原理

和利率,进而影响宏观经济的方针和措施的总和。

广义货币政策是指政府、中央银行和其他有关部门所有有关货币方面的规定和采取的影响金融变量的一切措施(包括金融体制改革,也就是规则的改变等)。

狭义货币政策和广义货币政策的不同主要在于后者的政策制定者包括政府及其他有关部门,它们往往影响金融体制中的外生变量,改变游戏规则,如硬性限制信贷规模、信贷方向、开放和开发金融市场。前者则是中央银行在稳定的体制中利用贴现率、准备金率、公开市场业务达到改变利率和货币供给量的目标。

货币政策调节的对象是货币供应量,即全社会总的购买力,具体表现形式为:流通中的现金和个人、企事业单位在银行的存款。流通中的现金与消费物价水平变动密切相关,是最活跃的货币,一直是中央银行关注和调节的重要目标。

2. 货币政策的工具

货币政策工具是指中央银行为调控货币政策中介目标而采取的政策手段。根据央行的定义,货币政策工具库主要包括公开市场业务、存款准备金、再贷款或贴现以及利率政策和汇率政策等。

货币政策的运用分为紧缩性货币政策和扩张性货币政策。总的来说,紧缩性货币政策是通过减少货币供应量达到紧缩经济的作用,扩张性货币政策是通过增加货币供应量达到扩张经济的作用。中央银行的政策工具主要有一般性工具、选择性工具和补充性工具等。

(1) 一般性政策工具。

a. 法定存款准备金率政策。法定存款准备金率是指存款货币银行按法律规定存放在中央银行的存款与其吸收存款的比率。

法定存款准备金率政策的真实效用体现在它对存款货币银行的信用扩张能力和对货币乘数的调节。由于存款货币银行的信用扩张能力与中央银行投放的基础货币存在乘数关系,而乘数的大小与法定存款准备金率成反比,因此若中央银行采取紧缩政策,提高法定存款准备金率,则限制了存款货币银行的信用扩张能力,降低了货币乘数,最终起到收缩货币供应量和信贷量的效果,反之亦然。

但是,法定存款准备金率政策存在三个缺陷:一是当中央银行调整法定存款准备金率时,存款货币银行可以变动其在中央银行的超额存款准备金，从反方向抵消法定存款准备金率政策的作用；二是法定存款准备金率对货币乘数的影响很大，作用力度很强，往往被当作一剂"猛药"；三是调整法定存款准备金率对货币供应量和信贷量的影响要通过存款货币银行的辗转存、贷，逐级递推而实现，成效较慢、时滞较长。因此，法定存款准备金政策往往是作为货币政策的一种自动稳定机制，而不将其当作适时调整的经常性政策工具来使用。

b. 再贴现政策。再贴现是指存款货币银行持客户贴现的商业票据向中央银行请求贴现，以取得中央银行的信用支持。就广义而言，再贴现政策并不单纯指中央银行的再贴现业务，也包括中央银行向存款货币银行提供的其他放款业务。

再贴现政策的基本内容是中央银行根据政策需要调整再贴现率（包括中央银行掌握的其他基准利率，如其对存款货币银行的贷款利率等），当中央银行提高再贴现率时，存款货币银行借入资金的成本上升，基础货币得到收缩，反之亦然。与法定存款准备金率工具相比，再贴现工具的弹性相对要大一些、作用力度相对要缓和一些。但是，再贴现政策的主动权却操纵在存款货币银行手中，因为向中央银行请求贴现票据以取得信用支持，仅是存款货币银行融通资金的途径之一，存款货币银行还有其他诸如出售证券、发行存单等融资方式。因此，中央银行的再贴现政策是否能够获得预期效果，还取决于存款货币银行是否采取主动配合的态度。

c. 公开市场业务。中央银行公开买卖债券等业务活动即为中央银行的公开市场业务。中央银行在公开市场开展证券交易活动，其目的在于调控基础货币，进而影响货币供应量和市场利率。

公开市场业务是比较灵活的金融调控工具。与法定存款准备金政策相比较，公开市场操作政策更具有弹性，更具有优越性：一是中央银行能够运用公开市场业务，影响存款货币银行的准备金，从而直接影响货币供应量；二是公开市场业务使中央银行能够随时根据金融市场的变化，进行经常性、连续性操作；三是通过公开市场业务，中央银行可以主动出击；四是由于公开市场业务的规模和方向性可以灵活安排，中央银行有可能用其对货币供应量进行微调。但是，它的局限性也比较明显：一是金融市场不仅必须具备全国性，而且具有相当的独立性，可用以操作的证券种类必须齐全并达到必需的规模；二是必须有其他货币政策工具配合，如果没有法定准备金制度配合，这一工具就无法发挥作用。

(2)选择性和补充性工具。

传统的三大货币政策都属于对货币总量的调节,以影响整个宏观经济。除了这些一般性政策工具以外,还可以有选择地对某些特殊领域的信用加以调节和影响,其中包括消费者信用控制、证券市场信用控制、优惠利率、预缴进口保证金等。

消费者信用控制是指中央银行对不动产以外的各种耐用消费品的销售融资予以控制。主要内容包括规定分期付款购买耐用消费品的首付最低金额、还款最长期限、使用的耐用消费品种类等。

证券市场信用控制是中央银行对有关证券交易的各种贷款进行限制,目的在于限制过度投机。比如可以规定一定比例的证券保证金,并随时根据证券市场状况进行调整。

a. 直接信用控制。直接信用控制是指中央银行以行政命令或其他方式,从质和量两个方面,直接对金融机构尤其是存款货币银行的信用活动进行控制。其手段包括利率最高限、信用配额、流动比率和直接干预等。其中,规定存贷款最高和最低利率限制是最常使用的直接信用管制工具,如 1980 年以前美国的 Q 条例。

b. 间接信用指导。间接信用指导是指中央银行通过道义劝告、窗口指导等办法间接影响存款货币银行的信用活动。

道义劝告是指中央银行利用其声望和地位,对存款货币银行及其他金融机构经常发出通告或指示,或与各金融机构负责人面谈,劝告其遵守政府政策并自动采取贯彻政策的相应措施。

窗口指导是指中央银行根据产业行情、物价趋势和金融市场动向等经济运行中出现的新情况和新问题,对存款货币银行提出信贷的增减建议。若存款货币银行不接受,中央银行将采取必要的措施,如可以减少其贷款的额度,甚至采取停止提供信用等制裁措施。窗口指导虽然没有法律约束力,但影响力往往比较大。

间接信用指导的优点是较为灵活,但是中央银行必须在金融体系中有较高的地位,并拥有控制信用的足够的法律权利和手段,才能起作用。

3. 货币政策的终极目标

货币政策的最终目标,是指中央银行组织和调节货币流通的出发点和归宿,它反映了社会经济对货币政策的客观要求。货币政策的最终目标一般有四个:稳定物价、充分就业、促进经济增长和平衡国际收支。

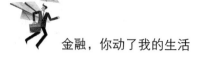

金融，你动了我的生活

（1）稳定物价。稳定物价目标是中央银行货币政策的首要目标，而物价稳定的实质是币值的稳定。

所谓币值，原指单位货币的含金量，在现代信用货币流通条件下，衡量币值稳定与否，已经不再是根据单位货币的含金量，而是根据单位货币的购买力，即在一定条件下单位货币购买商品的能力。它通常以一揽子商品的物价指数或综合物价指数来表示。

目前各国政府和经济学家通常采用综合物价指数来衡量币值是否稳定。物价指数上升，表示货币贬值；物价指数下降，则表示货币升值。稳定物价是一个相对概念，就是要控制通货膨胀，使一般物价水平在短期内不发生急剧的波动。

衡量物价稳定与否，从各国的情况看，通常使用的指标有三个：一是CNP（国民生产总值）平均指数，它以构成国民生产总值的最终产品和劳务为对象，反映最终产品和劳务的价格变化情况；二是消费物价指数，它以消费者日常生活支出为对象，能较准确地反映消费物价水平的变化情况；三是批发物价指数，它以批发交易为对象，能较准确地反映大宗批发交易的物价变动情况。

需要注意的是，除了通货膨胀以外，还有一些属于正常范围内的因素，如季节性因素、消费者嗜好的改变、经济与工业结构的改变等，也会引起物价的变化。

总之，在动态的经济社会里，要将物价冻结在一个绝对的水平上是不可能的，问题在于能否把物价控制在经济增长所允许的限度内。这个限度的确定，各个国家不尽相同，主要取决于各国的经济发展情况。

另外，传统习惯也有很大的影响。有人认为，物价水平最好是不增不减，或者只能允许在1%的幅度内波动，这就是物价稳定；也有人认为，物价水平不增不减是不可能的，只要我们能把物价的上涨幅度控制在1%～2%就算稳定了；还有人认为，物价每年上涨在3%左右就可以称之为物价稳定。

（2）充分就业。所谓充分就业目标，就是要保持一个较高的、稳定的水平。在充分就业的情况下，凡是有能力并自愿参加工作者，都能在较合理的条件下随时找到适当的工作。

充分就业，是针对所有可利用资源的利用程度而言的。但要测定各种经济资源的利用程度是非常困难的，一般以劳动力的就业程度为基准，即

第二章 这台复杂的机器如何运转——金融系统的运作原理

以失业率指标来衡量劳动力的就业程度。所谓失业率，指社会的失业人数与愿意就业的劳动力之比，失业率的大小也就代表了社会的充分就业程度。失业，从理论上讲，表示了生产资源的一种浪费，失业率越高，对社会经济增长越是不利，因此各国都力图把失业率降到最低的水平，以实现其经济增长的目标。造成失业的原因主要有：

a. 总需求不足。由于社会总供给大于总需求，使经济社会的各种经济资源（包括劳动力资源）无法得到正常与充分的利用，主要表现为：一是周期性的失业，这是在经济周期中的经济危机与萧条阶段由于需求不足所造成的失业；二是持续的、普遍性的失业，这是真正的失业，是由一个长期的经济周期或一系列的周期所导致的劳动力需求长期不足的失业。

b. 摩擦性失业。当一个国家某个地区的某一类职业的工人找不到工作，而在另外一些地区却又缺乏这种类型的工人时，就产生了摩擦性失业。

c. 季节性失业。有些行业的工作季节性很强，而各种季节性工作所需要的技术工作又不能相互替代，季节性失业可以设法减少，但无法完全避免。

d. 结构性失业。在动态的经济社会中，平时总有一些人要变换他们的工作，或者换一个职业，或者换一个雇主，有的可能调到其他地区工作，当某项合同到期时也会出现多余劳动力。在这些情况中，未找到另一个工作之前，常常会有短暂的失业。

西方经济学认为，除需求不足造成的失业外，其他种种原因造成的失业是不可避免的现象。从经济效率的角度看，保持一定的失业水平是适当的，充分就业目标不意味着失业率等于零，美国多数学者认为4%的失业率即为充分就业，而一些较为保守的学者则认为应将失业率压低到2%～3%以下。

（3）促进经济增长。所谓经济增长就是指国民生产总值的增长必须保持合理的、较高的速度。目前各国衡量经济增长的指标一般采用人均实际国民生产总值的年增长率，即用人均名义国民生产总值年增长率剔除物价上涨率后的人均实际国民生产总值年增长率来衡量。政府一般对计划期的实际国民生产总值增长幅度定出指标，用百分比表示，中央银行即以此作为货币政策的目标。

当然，经济的合理增长需要多种因素的配合，最重要的是要增加各种

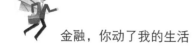
金融，你动了我的生活

经济资源，如人力、财力、物力，并且要求各种经济资源实现最佳配置。中央银行作为国民经济中的货币主管部门，直接影响到其中的财力部分，对资本的供给与配置产生巨大作用。因此，中央银行以经济增长为目标，指的是中央银行在接受既定目标的前提下，通过其所能操纵的工具对资源的运用加以组合和协调。一般地说，中央银行可以用增加货币供给或降低实际利率水平的办法来促进投资增加；或者通过控制通货膨胀率，以消除其所产生的不确定性和延期效应对投资的影响。

虽然目前世界上大多数国家的中央银行普遍将经济增长列为货币政策目标之一，但由于它在各国货币政策目标中所处的地位不同，其重要程度也不尽相同；就一国而言，在各个历史时期也并不一样。从美国来看，高度重视经济增长是在20世纪30—50年代，因为当时美国面临"二战"之后的生产严重下降，以及随后出现的20世纪50年代初的经济衰退。而自20世纪70年代以来，尤其是1981年里根担任总统之后，美国的货币政策目标则以反通货膨胀为重点。日本在"二战"后也同样提出了发展经济的目标，但那是基于战后的生产极度衰退而言，实际上在经济增长与稳定物价这两个目标的重点选择上，日本始终以稳定物价为主。联邦德国由于吸取两次世界大战之后爆发恶性通货膨胀的惨痛教训，因而虽把经济增长也列入政策目标之一，但在实际执行中宁愿以牺牲经济增长来换取马克的稳定。不过也有例外，如韩国的货币政策目标曾一度以经济增长为主，稳定物价被置于次要位置。

（4）平衡国际收支。所谓平衡国际收支目标，简言之，就是采取各种措施纠正国际收支差额，使其趋于平衡。因为一国国际收支出现失衡，无论是顺差或逆差，都会对本国经济造成不利影响，长时期的巨额逆差会使本国外汇储备急剧下降，并承受沉重的债务和利息负担；而长时期的巨额顺差又会造成本国资源使用上的浪费，使一部分外汇闲置，特别是如果因大量购进外汇而增发本国货币，则可能引起或加剧国内通货膨胀。当然，相比之下，逆差的危害尤甚，因此各国调节国际收支失衡一般着力于减少逆差以致消除逆差。

从各国平衡国际收支目标的建立来看，一般都与该国国际收支出现问题有关。美国开始并未将平衡国际收支列入政策目标，直到20世纪60年代初美国国际收支出现长期逆差，才开始重视平衡国际收支。从1969—1971年三年期间，美国国际收支逆差累计达到400亿美元，黄金储备大量

第二章 这台复杂的机器如何运转——金融系统的运作原理

流失,这时平衡国际收支才成为货币政策的第四个目标。

日本的情况与美国类似。20世纪50年代以后,日本对外贸易和国际收支经常出现逆差,严重影响国内经济的发展,因此才将平衡国际收支列为政策目标。1965年以前,日本银行在国际收支方面主要解决逆差问题,此后日本国际收支呈现出完全顺差的趋势。当时日本因致力于国内物价稳定而忽视了对顺差的关注,结果导致顺差进一步扩大,并由此引起了1971年12月的日元升值,之后日本银行转而解决国际收支顺差长期化问题。

英国的情况有所不同,因其国内资源比较缺乏,对外经济在整个国民经济中占有较大的比重,所以国际收支状况对国内经济发展影响很大,特别是国际收支失衡会使国内经济和货币流通产生较大的波动,因此战后英国一直把国际收支平衡列为货币政策的重要目标。

六、倚天一出,谁与争锋——货币政策对股市、房市、债市的影响

正如前面提到的,中央银行负责制定和实施货币政策,目的是保持金融市场的稳定,防范和化解金融市场的风险。因为中央银行制定的货币政策对我国经济的方方面面都会产生影响,所以市场对中央银行的动静特别关注。如果你知道了这一点,就不会对市场人士为什么那么在意中央银行行长的讲话、国家对货币政策基调的制定表示诧异。以我国为例,不夸张地说,中国人民银行在货币政策调整方面的任何一点举动,都牵动着市场人士的神经。它对我国的股市、房市和债券市场都有很大的影响。

1. 货币政策对股票市场的影响

货币政策与股票市场的关系是金融研究的最前沿课题。在全民皆股民的社会里,这一关系更值得去了解。在此深入地研究货币政策对股票市场的影响是很难办到的,但是可以从理论上去分析两者之间的关系。

中央银行影响股票市场可以通过传统的工具,如存款准备金率、公开市场操作和再贴现率,以及其他一些辅助调控措施来进行,也可以使用力度更强的利率政策来调控。

以存款准备金率工具为例,存款准备金率作为三大传统货币政策之一,通常被认为是比较猛烈的货币政策手段。中央银行可以通过调整法定存款准备金率政策调节货币供应量,从而影响货币市场和资本市场的资金供求,进而影响股票市场。如果中央银行提高法定存款准备金率,这在很

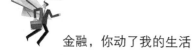

大程度上限制了商业银行对外放款的能力，就等于冻结了一部分商业银行的超额准备。由于法定存款准备金率对应数额庞大的存款总量，并通过货币乘数的作用，使货币供应量更大幅度地减少，股票行情趋于下跌。

但是调整存款准备金率对货币量和信贷量的影响要通过商业银行的辗转存、贷，逐级递推而实现，成效较慢，时滞较长，对股票市场的短期影响较小。而从长期来看，存款准备金率对货币供应量的影响还是深远的。

不论是调整存款准备金率，还是运用信贷控制，归根结底都是对货币供应量进行调整。因此，研究货币供应量的变化即可看清这些货币政策对股票市场的长期影响。这里通过研究 M_1 和 M_2 的变化来分析其对股票市场的影响。

M_1 同比增幅与股市涨跌有比较明显的规律。自 1995 年年末以来，中国货币供应量始终保持较高的增速。而 M_1 从 1995 年末至今，有 5 次单月同比增幅降到了 10% 左右，分别是 1996 年 1 月的 11.4%、1998 年 6 月的 8.7%、2002 年 1 月的 9.5%、2005 年 3 月的 9.9% 和 2009 年 1 月的 6.68%。巧合的是，当时无一例外股市出现了大涨行情。其中有 3 次是牛市的开始，一次是自 2008 年 1664 点以来的上涨行情，另一次是 2002 年 1 月大熊市中的一次反弹，幅度为 26%。

M_1 自 1995 年年末以来，有 4 次同比增幅超过 20%，同时股市都出现了向下的拐点。这四次分别是 1997 年 1 月的 22.2%、2000 年 6 月的 23.7%、2003 年 6 月的 20.24% 和 2007 年 8 月的 22.8%。除了第三次，拐点分别在 4 个月之后、12 个月之后和 2 个月之后出现，而第二次拐点虽然在 1 年之后出现，但在这一年中累计涨幅仅 16% 左右。而 2003 年 6 月之后，在 2004 年 3 月，M_1 同比增幅出现了一个次高点 20.1%，而拐点出现在 4 月。如果将这次的次高点作为出现拐点的信号，四个时间点的间隔分别是 41 个月、45 个月和 41 个月，也非常有规律。

但是在我国，有时候这种关系反映并不是特别明显。以 2007 年我国股票市场的火热为例，当时股票市场从 3000 点左右开始上扬，一路飙升到 6100 点附近，股票市场的火热吸引了大量的资金进入，股指节节攀高。在这个过程中，我国的中央银行——中国人民银行实施了从紧的货币政策，多次上调存款准备金率，频繁地发行央行票据来对冲市场上过多的流动性，但是这些措施都没能抑制住股价指数的上升。可见，在市场火热、投资者对市场信心十足甚至到疯狂的地步时，这种关系并不是很明显的。

第二章 这台复杂的机器如何运转——金融系统的运作原理

对于利率政策，从理论上讲，利率下降时，股票价格就上升；而利率上升时，股票价格就下降。这主要有两方面原因：一方面，利率水平的变动直接影响到公司的融资成本。利率降低，可以通过减少公司的利息负担以降低财务费用，直接增加公司盈利，这对于负债较多的公司尤为有利，因此促进股票价格上涨；而利率升高，公司筹资成本也高，利息负担重，增加财务费用，造成公司利润下降，从而使股价下跌。另一方面，利率变化对于社会存量资金及其结构起到很强的调控作用。利率降低，资金储蓄意愿减弱，会使部分资金从储蓄转向证券市场，从而推高股票价格；反之，若利率上升，一部分资金将会从证券市场转向银行存款，致使股价下降。

通常情况下，利率对股票价格的短期影响比较明显，市场反应也比较迅速。例如，1987 年美国股市的"黑色星期一"，就是在美联储宣布上调联邦基金利率之后发生的，在当时美国股市已经逼近高峰时导致了市场的暴跌。"黑色星期一"是指 1987 年 10 月 19 日（星期一）的股灾。当日全球股市在纽约道琼斯工业平均指数带头暴跌下全面下泻，引发金融市场恐慌，随之而来的是 20 世纪 80 年代末的经济衰退。在一个完整利率变化周期内，利率变化对证券市场的影响也与理论分析相符。

但对一个完整利率变化周期进行分解，可以发现并不是每一次利率变化对证券市场的影响与理论分析一致。原因是利率变化不仅仅对经济实体产生影响，同样对人们心理预期产生影响。当利率不断上升时，人们会认为是由于经济不断升温而导致中央银行采取降温措施，从而产生对上市公司更加强烈的业绩上升预期，因此追加股票投资；直到当利率上升到一定高度后，使投资者认识到公司业绩难以为继，而储蓄更有吸引力，从而使预期发生改变。反之亦然。

因此，要把握住股票价格的走势，要对利率的变化趋势进行全面掌握。

2. 货币政策对债券市场的影响

股票市场和债券市场在某种程度上存在一种互补的关系。假如你是一名投资者，当股票市场上的风险加大时，你肯定会考虑要不要将投资的领域从股票市场转入债券市场，因为与股票市场相比，债券市场上的收益虽然比较低，但是比较稳定，有保障。

尽管存在着这么一个替代关系，但是货币政策对两者的影响有时候还

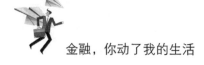

金融，你动了我的生活

是相似的。例如货币政策趋紧时都会引起资金的紧张，导致证券价格的下跌；当提高利率时，也会引起证券价格的下跌。反之亦然。

中央银行的公开市场操作业务对债券市场的影响更大，这在于中央银行的公开市场业务的运作是直接以国债为操作对象，从而直接关系到国债市场的供求变动，因此对于国债价格影响要比股票价格影响直接。

2009年7月9日，央行重启一年央票。2008年在适度宽松的货币政策下，央行公开市场操作逐渐减量，一年期央票从隔周发行到最终暂停发行，显示了央行不断放松回笼的趋势。一年期央票重启则被认为是对于货币政策的微调发出了更加明确的信号。一年期央票的重新出笼，表明央行的回笼力度在期限上和规模上都在加大，这也是央行加大资金回笼力度的一个标志。正是由于一年央票的重启，当天从中债收益率曲线变化趋势看，中债银行间固定利率国债收益率曲线各关键期限点平均上涨5.42bp，其中2年、3年及4年期限分别上涨11.39bp、17.56bp、13.05bp至1.365%、2.1618%和2.4142%水平。银行间固定利率政策性金融债收益率曲线各关键期限点平均上涨4.93bp，其中2年期上涨14.25bp至2.1986%。央票各关键期限点平均上涨5.58bp，其中2年期和3年期分别上涨16.52bp和15.02bp至2.1409%和2.2%。其余固定利率债券收益率曲线中短端也出现了大幅度的上行。各中短期固定利率债券价格整体都出现了较大的跌幅。

因此，央行公开市场业务对证券市场尤其是债券市场的影响是非常大的。

3. 货币政策对房地产市场的影响

货币政策对房地产市场的影响，我们不妨从两个方面来讨论，一方面从购房者的角度来考虑，另一方面从房企或者房地产开发商的角度考虑。

（1）从购房者角度考虑。以中央银行实施从紧货币政策为例。从紧的货币政策可能通过以下途径来影响购房者：通过收紧商业银行的流动性来增加购房者购房贷款的难度；通过提高购房首付的比例来达到调节房地产市场供求状况的目的；通过提高利率等方式来增加购房的成本等。

假如你是一名潜在的购房者，当信贷政策趋紧以后，很可能你现在的资信条件已经无法达到商业银行的最低要求，因此你的房屋贷款申请很可能被驳回；假使你的资信状况很好，能够达到最低的要求，但是提高付款的比例也会增加你购房的难度。原来一套房只需要30万元就可以按揭，现现在需要 50 万元，因此你的购房计划很可能被推迟。

对购房者影响更大的是提高利率的政策。一般来说，提高利率之后，在房屋价格一定的情况下，购房者的按揭压力会降低。但是从另一方面看，提高利率会提高房地产开发商的融资成本，从而推高房屋的价格，也从一定程度上提高购房的成本。

总之，从购房者角度分析货币政策对房地产市场的影响情形较简单。

（2）从房地产开发商角度看。还是以从紧的货币政策为例。2010 年伊始，新年第一周新增信贷可能超过 6000 亿元的消息刚刚出炉，央行于 1 月 13 日晚宣布，从 1 月 18 日起上调存款类金融机构人民币存款准备金率 0.5 个百分点，这是自 2008 年 6 月以来央行首次上调存款准备金率。此外，央行决定，为增强支农资金实力，支持春耕备耕，农村信用社等小型金融机构暂不上调。

央行之所以选择上调准备金率主要是基于两方面考虑：一方面可以达到控制银行信贷规模的目的；另一方面可以避免上调利率所带来的全局性的流动性紧缩和人民币升值压力。

"央行此次是出于担心经济过热而上调存款准备金率，特别是针对房地产泡沫，希望各银行在贷款方面收紧一点"，国家发改委宏观经济研究院原副院长刘福垣在接受媒体采访时表示。中国社会科学院研究员曹建海认为，这项政策或促使目前的房地产价格出现拐点，整体的货币供应收紧后，"房地产开发贷款肯定首当其冲受到挤压。对于 2009 年的地王企业和扩张企业来说，这是个噩耗"。据曹海建估计，2009 年 1 到 11 月，房地产业 4.8 万亿元的资金来源，其中有约 3 万亿元来自银行贷款。

从以上说明中可以看到，在房地产企业融资还主要依靠银行贷款的情况下，中央银行收紧银根肯定会对房地产开发商构成资金趋紧的压力，会加大房地产企业获得银行信贷的难度。

那么，通过上调利率的方式来收紧银根会对房地产市场造成什么影响呢？

首先，可能刺激房价进一步攀高。信贷紧缩和上调贷款利率会导致开发企业融资成本上升。

从积极方面说，这将促进房地产开发企业优化资产结构、降低负债率和不断提高其经营管理水平。加息在一定程度会提高房地产行业的集中度、优化房地产行业的资源配置，客观上形成了对房地产企业的新一轮洗

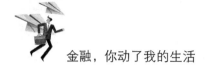

牌，缺乏实力的房地产开发商成为被淘汰的对象。

从消极因素来看，在我国土地稀缺、求大于供的前提下，企业就可以将加息成本、加税等通过调高房价转嫁给消费者，导致房价可能进一步上升。货币政策本意是要抑制通货膨胀，维持内外币值稳定，但是上调法定存款准备金率、提高利率等可能促使房价上升。衡量通货膨胀的CPI并非包括了资产价格，因此代表通货膨胀的CPI可能被控制住，但是资产价格如房价却攀升得更高，这就是宏观调控的困境所在。

其次，可能增加开发企业"捂盘"和"捂地"的现象，拉大供需的缺口。

由于融资渠道单一、融资成本上升，加之用地成本的上升，导致企业改变了开发建设的时序。在紧缩政策影响下，许多房地产企业因资金不足，只能分期开发，推迟或延长开发期，无法形成有效的住宅供给，从而加剧了市场的供需矛盾。

以上提到的主要是政策调控的消极面，其实任何一项调控政策的出台可能有它的本意，而这种本意肯定是积极的。

以从紧的货币政策为例，该政策可能减少商业银行的信贷资金供给量，从而能够减少流入房地产市场的资金量，使房地产市场失去房价持续攀升的助力，最终起到降低房价、压缩房地产市场的泡沫、维护房地产市场稳定的目的。

特别是在当前房地产价格持续攀升，房屋价格已经远远超出人们的购买能力的情况下，这样的政策更亟待出台。

第三章 金融在那里
——金融市场与金融机构

有这样一个舞台,整天上演着一个个惊心动魄的故事。有的角色在其中快速地成长、崛起并发展壮大,也有些"帝国大厦"在一夜之间化作废墟;有些人在其中一夜暴富,也有些人顷刻之间就倾家荡产……舞台上有时能听到人们激动的欢呼声;有时万籁俱寂,看到的是人们惊慌失措的表情、沉寂的面孔。这里是诞生奇迹的地方,是演绎传奇的地方,也是一些人流过泪水、铭记悔恨的地方。它就是金融市场,演绎故事的主角们就是金融市场的参与者。

一、"媒介器""调节器""润滑剂"——金融市场

曾经有一个非常贫穷的皮匠,他所拥有的皮革只够做一双靴子。有一天半夜,当他熟睡后两个好心的小精灵替他做了一双漂亮的靴子。皮匠醒来后惊奇地发现了靴子。他把靴子出售后,有了足够的钱来购买制作两双靴子所需要的皮革。第二天夜里,两个小精灵又替他做了两双靴子。以后的事大家很容易就可以猜到了:皮匠可以用来出售的靴子越来越多,出售靴子换来的钱可以买到的皮革也越来越多,然后他发了财。

我们可以为这个故事构想一个新的结局:如果两个小精灵继续保持惊人的生产速度,那么到了第四十天,精灵们制造出来的靴子将会多到地球上所有的男人、女人和孩子平均每人可以拥有 200 双。从这个角度出发,我们应该庆幸那两个小精灵没有存在于现实当中,否则它们将会被人们报复。因为它们狂热地生产靴子的行为破坏了市场的平衡,扰乱了货币流通,并最终会耗尽地球的资源。

在皮匠的故事中,他的生意建立在资本上,他的问题不在于人们不想买他的靴子,也不在于靴子的价格过低,而是他需要更多的资本去购买更

多的皮革，从而生产出更多的靴子。换句话来讲，这就叫作"钱生钱"。所有的生意都离不开资本。

而在"钱生钱"的过程中，金融市场是必不可少的，它正成为我们生活中越来越重要的组成部分。

金融市场是金融学里非常重要的概念，它指资金供应者和资金需求者双方通过信用工具进行交易而融通资金的市场，广而言之，是实现货币借贷和资金融通、办理各种票据和有价证券交易活动的市场。

金融市场又称为资金市场，包括货币市场和资本市场，是资金融通市场。所谓资金融通，是指在经济运行过程中，资金供求双方运用各种金融工具调节资金盈余的活动，是所有金融交易活动的总称。在金融市场上交易的是各种金融工具，如股票、债券、储蓄存单等。资金融通简称为"融资"，一般分为直接融资和间接融资两种。直接融资是资金供求双方直接进行资金融通的活动，也就是资金需求者直接通过金融市场向社会上有资金盈余的机构和个人筹资；与此对应，间接融资则是指通过银行所进行的资金融通活动，也就是资金需求者采取向银行等金融中介机构申请贷款的方式筹资。金融市场对经济活动的各个方面都有着直接而深刻的影响，如个人的财富、企业的经营、经济运行的效率，都直接取决于金融市场的活动。

1. 金融市场的基本要素

一个完备的金融市场，应包括四个基本要素。

（1）资金供应者和资金需求者。主要包括政府、金融机构、企业事业单位、居民、外商等，既能向金融市场提供资金，也能从金融市场筹措资金。这是金融市场得以形成和发展的一项基本因素。

（2）信用工具。这是借贷资本在金融市场上交易的对象。如各种债券、股票、票据、可转让存单、借款合同、抵押契约等，是金融市场上实现投资、融资活动必须依赖的标的。

（3）信用中介。这是指一些充当资金供求双方的中介人，起着联系媒介和代客买卖作用的机构，如银行、投资公司、证券交易所、证券商和经纪人等。

（4）价格。金融市场的价格是指它所代表的价值，即规定的货币资金及其所代表的利率或收益率的总和。

2. 金融市场的功能

金融市场最基本的功能是满足社会再生产过程中的投资需求，促进资本的集中与转换；有效地动员筹集资金、合理配置和引导资金、灵活调度和转化资金，实现风险分散，降低交易成本。

金融市场对于一国的经济发展具有以下三方面的功能。

(1) 融通资金的"媒介器"。通过金融市场使资金供应者和需求者在更大范围内自主地进行资金融通，把多渠道的小额货币资金聚集成大额资金来源。

(2) 资金供求的"调节器"。中央银行可以通过公开市场业务调剂货币供应量，有利于国家控制信贷规模，并有利于利用市场利率，由资金供求关系决定来促进利率作用的发挥。

(3) 经济发展的"润滑剂"。金融市场有利于促进地区间的资金协作，有利于开展资金融通方面的竞争，提高资金使用效率。

3. 金融市场的类别

金融市场的构成十分复杂，它是由许多不同的市场组成的一个庞大体系。但是，一般根据金融市场上交易工具的期限，把金融市场分为货币市场和资本市场两大类。货币市场是融通短期资金的市场，资本市场是融通长期资金的市场。货币市场和资本市场又可以进一步分为若干不同的子市场。货币市场包括金融同业拆借市场、回购协议市场、商业票据市场、银行承兑汇票市场、短期政府债券市场、大面额可转让存单市场等。资本市场包括中长期信贷市场和证券市场。中长期信贷市场是金融机构与工商企业之间的贷款市场；证券市场是通过证券的发行与交易进行融资的市场，包括债券市场、股票市场、基金市场、保险市场、融资租赁市场等。

除了按照交易工具的期限来分类外，金融市场还可以从不同的角度做如下分类。

(1) 按地理范围可分为：①国际金融市场。由经营国际货币业务的金融机构组成，其经营内容包括资金借贷、外汇买卖、证券买卖、资金交易等。②国内金融市场。由国内金融机构组成，办理各种货币、证券及作用业务活动。它又分为城市金融市场和农村金融市场，或者分为全国性、区域性、地方性的金融市场。

(2) 按经营场所可分为：①有形金融市场。指有固定场所和操作设施的金融市场。②无形金融市场。以营运网络形式存在的市场，通过电子、

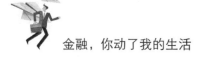

电讯手段达成交易。

（3）按交易性质可分为：①发行市场。也称一级市场，是新证券发行的市场。②流通市场。也称二级市场，是已经发行、处在流通中的证券的买卖市场。

（4）按交易对象可分为：拆借市场、贴现市场、大额定期存单市场、证券市场（包括股票市场和债券市场）、外汇市场、黄金市场和保险市场。

（5）按交割期限可分为：①金融现货市场，融资活动成交后立即付款交割。②金融期货市场，投融活动成交后按合约规定在指定日期付款交割。

按照上述各内在联系对金融市场进行科学系统的划分，是进行金融市场有效管理的基础。

二、金融市场的警察——证监会、银监会、保监会

任何一个市场都要有参与者，否则这个市场"不活"；同时这个市场还要有监管者，才能保证这个市场"不乱"。金融市场就是这样一个市场。在金融市场上存在着各种各样的参与者，有个人，有机构。机构的种类也很多，中央银行、商业银行、保险公司、证券公司、信托公司、基金管理公司以及参与到金融市场进行融资借贷的实业公司等，都是金融市场的参与者。这么多的参与者融入一个市场中，必然要有监管机构对其进行监管，才能保证这个市场平稳有序地运行。

在我国，中国人民银行最早负责我国的金融监管。后来为了让中国人民银行专注于货币政策的研究、制定和调整，国家决定分设三个机构来分别对我国的证券业、保险业和银行业进行监管，从而形成了目前"一行三会"的金融监管格局。

1. 证监会

中国证券监督管理委员会简称证监会，是国务院直属机构，是全国证券期货市场的主管部门，按照国务院授权履行行政管理职能，依照法律、法规对全国证券、期货业进行集中统一监管，维护证券市场秩序，保障其合法运行。

中国证监会设在北京，现设主席1名，副主席4名，纪委书记1名（副部级），主席助理3名；会机关内设18个职能部门，1个稽查总队，

3个中心。根据《中华人民共和国证券法》第14条规定,中国证监会还设有股票发行审核委员会,委员由中国证监会专业人员和所聘请的会外有关专家担任。中国证监会在省、自治区、直辖市和计划单列市设立36个证券监管局,以及上海、深圳证券监管专员办事处。

(1) 历史沿革。改革开放以来,随着中国证券市场的发展,建立集中统一的市场监管体制势在必行。1992年10月,国务院证券委员会(简称"国务院证券委")和中国证券监督管理委员会(简称"中国证监会")宣告成立,标志着中国证券市场统一监管体制开始形成。国务院证券委是国家对证券市场进行统一宏观管理的主管机构。中国证监会是国务院证券委的监管执行机构,依照法律、法规对证券市场进行监管。

国务院证券委和中国证监会成立以后,其职权范围随着市场的发展逐步扩展。

1993年11月,国务院决定将期货市场的试点工作交由国务院证券委负责,中国证监会具体执行。

1995年3月,国务院正式批准《中国证券监督管理委员会机构编制方案》,确定中国证监会为国务院直属副部级事业单位,是国务院证券委的监管执行机构,依照法律、法规的规定,对证券期货市场进行监管。

1997年8月,国务院决定,将上海、深圳证券交易所统一划归中国证监会监管;同时,在上海和深圳设立中国证监会证券监管专员办公室;11月,中央召开全国金融工作会议,决定对全国证券管理体制进行改革,理顺证券监管体制,对地方证券监管部门实行垂直领导,并将原由中国人民银行监管的证券经营机构划归中国证监会统一监管。

1998年4月,根据国务院机构改革方案,决定将国务院证券委与中国证监会合并组成国务院直属正部级事业单位。经过这些改革,中国证监会职能明显加强,集中统一的全国证券监管体制基本形成。

1998年9月,国务院批准了《中国证券监督管理委员会职能配置、内设机构和人员编制规定》,进一步明确中国证监会为国务院直属事业单位,是全国证券期货市场的主管部门,进一步强化和明确了中国证监会的职能。

(2) 基本职能:

a. 建立统一的证券期货监管体系,按规定对证券期货监管机构实行直接管理。

b. 加强对证券期货业的监管，强化对证券期货交易所、上市公司、证券期货经营机构、证券投资基金管理公司、证券期货投资咨询机构和从事证券期货中介业务的其他机构的监管，提高信息披露质量。

c. 加强对证券期货市场金融风险的防范和化解工作。

d. 负责组织拟订有关证券市场的法律、法规草案，研究制定有关证券市场的方针、政策和规章；制订证券市场发展规划和年度计划；指导、协调、监督和检查各地区、各有关部门与证券市场有关的事项；对期货市场试点工作进行指导、规划和协调。

e. 统一监管证券业。

（3）主要职责：

a. 研究和拟定证券期货市场的方针政策、发展规划；起草证券期货市场的有关法律、法规；制定证券期货市场的有关规章。

b. 统一管理证券期货市场，按规定对证券期货监督机构实行垂直领导。

c. 监督股票、可转换债券、证券投资基金的发行、交易、托管和清算；批准企业债券的上市；监管上市国债和企业债券的交易活动。

d. 监管境内期货合约上市、交易和清算；按规定监督境内机构从事境外期货业务。

e. 监管上市公司及其有信息披露义务股东的证券市场行为。

f. 管理证券期货交易所，按规定管理证券期货交易所的高级管理人员；归口管理证券业协会。

g. 监管证券期货经营机构、证券投资基金管理公司、证券登记清算公司、期货清算机构、证券期货投资咨询机构；与中国人民银行共同审批基金托管机构的资格并监管其基金托管业务；制定上述机构高级管理人员任职资格的管理办法并组织实施；负责证券期货从业人员的资格管理。

h. 监管境内企业直接或间接到境外发行股票、上市；监管境内机构到境外设立证券机构；监督境外机构到境内设立证券机构、从事证券业务。

i. 监管证券期货信息传播活动，负责证券期货市场的统计与信息资源管理。

j. 会同有关部门审批律师事务所、会计师事务所、资产评估机构及其成员从事证券期货中介业务的资格并监管其相关的业务活动。

k. 依法对证券期货违法违规行为进行调查、处罚。

l. 归口管理证券期货行业的对外交往和国际合作事务。

m. 国务院交办的其他事项。

2. 银监会

中国银行业监督管理委员会,简称"中国银监会"。根据授权,中国银监会统一监督管理银行、金融资产管理公司、信托投资公司以及其他存款类金融机构,维护银行业的合法、稳健运行。

中国银行业监督管理委员会自 2003 年 4 月 28 日起正式履行职责。银监会的成立与职责明确的过程同时也就是人民银行职责专业化的过程,两者正是在这一期间进行职责分工的明确与细化。央行监管职责的剥离与银监会的设立,实现金融宏观调控与金融微观监管的分离,是与中国经济、金融发展大环境密不可分的,是金融监管与调控的对象——金融业、金融市场日益复杂化、专业化、技术化的必然要求。

(1) 基本职能。根据十届全国人大一次会议的国务院机构改革方案,2003 年 3 月中国首次设立中国银行业监督管理委员会,其构成主要由中国人民银行的银行一司、银行二司、非银行司、合作管理司、银行管理司,中央金融工委现有人员组成(银行业协会也将有可能从人民银行并入银监会),统一监管银行、资产管理公司、信托投资公司及其他存款类金融机构。其职能如下:

a. 负责制定有关银行业监管的规章制度和办法。

b. 对银行业金融机构实施监管,维护银行业的合法、稳健运行;审批银行业金融机构及其分支机构的设立、变更、终止及其业务范围。

c. 对银行业金融机构实行现场和非现场监管,依法对违法违规行为进行查处。

d. 审查银行业金融机构高级管理人员任职资格。

e. 负责编制全国银行数据、报表,并按照国家有关规定予以公布。

f. 加强对银行业金融机构风险内控的监管,重视其公司治理机制的建设和完善,促使其有效地防范和化解金融风险。

(2) 主要职责:

a. 依照法律、行政法规制定并发布对银行业金融机构及其业务活动监督管理的规章、规则。

b. 依照法律、行政法规规定的条件和程序,审查批准银行业金融机构的设立、变更、终止以及业务范围。

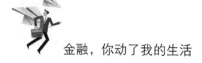

c. 对银行业金融机构的董事和高级管理人员实行任职资格管理。

d. 依照法律、行政法规制定银行业金融机构的审慎经营规则。

e. 对银行业金融机构的业务活动及其风险状况进行非现场监管，建立银行业金融机构监督管理信息系统，分析、评价银行业金融机构的风险状况。

f. 对银行业金融机构的业务活动及其风险状况进行现场检查，制定现场检查程序，规范现场检查行为。

g. 对银行业金融机构实行并表监督管理。

h. 会同有关部门建立银行业突发事件处置制度，制定银行业突发事件处置预案，明确处置机构和人员及其职责、处置措施和处置程序，及时、有效地处置银行业突发事件。

i. 负责统一编制全国银行业金融机构的统计数据、报表，并按照国家有关规定予以公布；对银行业自律组织的活动进行指导和监督。

j. 开展与银行业监督管理有关的国际交流、合作活动。

k. 对已经或者可能发生信用危机，严重影响存款人和其他客户合法权益的银行业金融机构实行接管或者促成机构重组。

l. 对有违法经营、经营管理不善等情形的银行业金融机构予以撤销。

m. 对涉嫌金融违法的银行业金融机构及其工作人员以及关联行为人的账户予以查询；对涉嫌转移或者隐匿违法资金的申请司法机关予以冻结。

n. 对擅自设立银行业金融机构或非法从事的银行业金融机构业务活动予以取缔。

o. 负责国有重点银行业金融机构监事会的日常管理工作。

p. 承办国务院交办的其他事项。

（3）监管对象。中国银监会的监管对象主要是全国银行业金融机构及其业务活动。银行业金融机构，是指在中华人民共和国境内设立的商业银行、城市信用合作社、农村信用合作社等吸收公众存款的金融机构以及政策性银行。

银监会也负责监督管理在中华人民共和国境内设立的金融资产管理公司、信托投资公司、财务公司、金融租赁公司以及经国务院银行业监督管理机构批准设立的其他金融机构，和经银监会批准在境外设立的金融机构以及前二款金融机构在境外的业务活动。

(4) 银监会监管的原则和监管理念。

a. 监管原则：①依法、公开、公正和效率原则。②独立性原则：监督机构及其工作人员依法履行监督管理职责，受法律保护，政府、社会团体和个人不得干涉。③协同原则：和中国人民银行、国务院其他金融监管管理机构建立监督管理信息共享机制。

b. 监管理念：①"管风险"，即坚持以风险为核心的监管内容，通过对银行业金融机构的现场检查和非现场监管，对风险进行跟踪监控，对风险早发现、早预警、早控制、早处置。②"管法人"，即坚持法人监管，重视对每个银行业金融机构总体金融风险的把握、防范和化解，并通过法人实施对整个系统的风险控制。③"管内控"，即坚持促进银行内控机制的形成和内控效率的提高，注重构建风险的内部防线。④"提高透明度"，即加强信息披露和透明度建设，通过加强银行业金融机构和监管机构的信息披露，提高银行业金融机构经营和监管工作的透明度。

3. 保监会

中国保险监督管理委员会（简称"中国保监会"）成立于1998年11月18日，是国务院直属事业单位。根据国务院授权履行行政管理职能，依照法律、法规统一监督管理全国保险市场，维护保险业的合法、稳健运行。2003年，国务院决定将中国保监会由国务院直属副部级事业单位改为国务院直属正部级事业单位，并相应增加职能部门、派出机构和人员编制。中国保险监督管理委员会内设15个职能机构，并在全国各省、直辖市、自治区、计划单列市设有35个派出机构。

(1) 基本职能。中国保监会的基本职能：一是规范保险市场的经营行为；二是调控保险业的健康发展。具体分为以下四个方面：

a. 拟定有关商业保险的政策法规和行业发展规划。

b. 依法对保险企业的经营活动进行监督管理和业务指导，维护保险市场秩序，依法查处保险企业违法违规行为，保护被保险人利益。

c. 培育和发展保险市场，推进保险业改革，完善保险市场体系，促进保险企业公平竞争。

d. 建立保险业风险的评价与预警系统，防范和化解保险业风险，促进保险企业稳健经营与业务的健康发展。

(2) 主要职责：

a. 研究和拟定保险业的方针政策、发展战略和行业规划；起草保险业

的法律、法规；制定保险业的规章。

b. 依法对全国保险市场实行集中统一的监督管理，对中国保险监督管理委员会的派出机构实行垂直领导。

c. 审批保险公司及其分支机构、中外合资保险公司、境外保险机构代表处的设立；审批保险代理人、保险经纪人、保险公估行等保险机构的设立；审批境内保险机构在境外设立机构；审批境内非保险机构在境外设立保险机构；审批保险机构的合并、分立、变更、接管、解散和指定接受；参与、组织保险公司、保险机构的破产、清算。

d. 审查、认定各类保险机构高级管理人员的任职资格，制定保险从业人员的基本资格标准。

e. 制定主要保险险种的基本条款和费率，对保险公司上报的其他保险条款和费率审核备案。

f. 按照国家统一规定的财务、会计制度，拟定商业保险公司的财务会计实施管理办法并组织实施和监督；依法监管保险公司的偿付能力和经营状况；负责保险保障基金和保证金的管理。

g. 会同有关部门研究起草制定保险资金运用政策，制定有关规章制度，依法对保险公司的资金运用进行监管。

h. 依法对保险机构及其从业人员的违法、违规行为以及非保险机构经营保险业务或变相经营保险业务进行调查、处罚。

i. 依法监管再保险业务。

j. 依法对境内保险及非保险机构在境外设立的保险机构进行监管。

k. 建立保险风险评价、预警和监控体系，跟踪分析、监测、预测保险市场运行态势，负责保险统计，发布保险信息。

l. 会同有关部门审核律师事务所、会计师事务所、审计师事务所及其他评估、鉴定、咨询机构从事与保险相关业务的资格，并监管其有关业务活动。

m. 集中统一管理保险行业的对外交往和国际合作事务。

n. 受理有关保险业的信访和投诉。

o. 归口管理保险行业协会和保险学会等行业社团组织。

p. 承办国务院交办的其他事项。

第三章 金融在那里——金融市场与金融机构

金融市场的警察
——证监会、银监会、保监会

三、融通资金的媒介——商业银行

1. 商业银行的定义

我国存在的银行有如下几类：①三家政策性银行，分别是国家开发银行、农业发展银行、进出口银行。如今，国家开发银行已经走上了商业化的道路。②5家国有控股商业银行（中、农、工、建、交）。③11家股份制商业银行，如中信银行、华夏银行、招商银行、光大银行、民生银行等。④110家城市商业银行。⑤20多家村镇银行以及农村商业银行和乡村银行。

"商业银行"是英文"Commercial Bank"的意译。中西方对商业银行的概念提法不尽相同。我们认为商业银行的定义应包括以下要点：第一，商业银行是一个以信用为经营基础的中介机构；第二，商业银行是以获取利润为目的的企业；第三，商业银行是唯一能提供"银行货币"（活期存款）的金融组织。综合来说，对商业银行这一概念可理解为：商业银行是以经营工商业存、放款为主要业务，并以获取利润为目的的货币经营企业。

商业银行在我国的银行体系中占有至关重要的地位，是金融市场货币创造的中间环节。我们在平常生活中办理存款、取款、转账等业务时，接

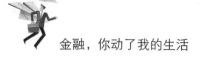

触的也都是商业银行。

2. 商业银行的特征

（1）商业银行与一般工商企业一样，是以盈利为目的的企业。它也具有从事业务经营所需要的自有资本，依法经营，照章纳税，自负盈亏。它与其他企业一样，以利润为目标。

（2）商业银行又是不同于一般工商企业的特殊企业。其特殊性具体表现为经营对象的差异。工商企业经营的是具有一定使用价值的商品，从事商品生产和流通；而商业银行是以金融资产和金融负债为经营对象，经营的是特殊商品——货币和货币资本。经营内容包括货币收付、借贷以及各种与货币运动有关的或者与之相联系的金融服务。从社会再生产过程看，商业银行的经营是工商企业经营的条件。同一般工商企业的区别，使商业银行成为一种特殊的企业——金融企业。

（3）商业银行与专业银行相比又有所不同。商业银行的业务更综合，功能更全面，经营一切金融"零售业务"（门市服务）和"批发业务"（大额信贷业务），为客户提供所有的金融服务。而专业银行只集中经营指定范围内的业务和提供专门服务。随着西方各国金融管制的放松，专业银行的业务经营范围也在不断扩大，但与商业银行相比，仍差距甚远；商业银行在业务经营上具有优势。

（4）经营大量货币性项目，要求建立健全严格的内部控制。

（5）从事的交易种类繁多、次数频繁、金额巨大，要求建立严密的会计信息系统，并广泛使用计算机信息系统及电子资金转账系统。

（6）分支机构众多、分布区域广、会计处理和控制职能分散，要求保持统一的操作规程和会计信息系统。

（7）存在大量不涉及资金流动的资产负债表表外业务，要求采取控制程序进行记录和监控。

（8）高负债经营，债权人众多，与社会公众利益密切相关，受到银行监管法规的严格约束和政府有关部门的严格监管。

3. 商业银行经营的业务种类

按照1995年我国颁布的《中华人民共和国商业银行法》的规定，商业银行可以经营下列部分或者全部业务：①吸收公众存款；②发放短期、中期和长期贷款；③办理国内外结算；④办理票据承兑与贴现；⑤发行金融债券；⑥代理发行、代理兑付、承销政府债券；⑦买卖政府债券、金融债券；⑧从事同业拆借；⑨买卖、代理买卖外汇；⑩从事银行卡业务；⑪提供信用证服务及担保；⑫代理收付款项及代理保险业务；⑬提供保管箱服务；⑭经国务院银行业监督管理机构批准的其他业务。

4. 商业银行的职能

商业银行的职能是由它的性质所决定的，主要有四个基本职能。

（1）信用中介职能。信用中介是商业银行最基本、最能反映其经营活动特征的职能。这一职能的实质，是通过银行的负债业务（吸收存款），把社会上的各种闲散货币集中到银行里来，再通过资产业务（发放贷款），把它投向经济各部门。商业银行是作为货币资本的贷出者与借入者的中介人或代表，实现资本的融通；并从吸收资金的成本与发放贷款利息收入、投资收益的差额中，获取利益收入，形成银行利润。商业银行成为买卖"资本商品"的"大商人"。商业银行通过信用中介的职能实现资本盈余和短缺之间的融通，并不改变货币资本的所有权，改变的只是货币资本的使用权。

（2）支付中介职能。商业银行除了作为信用中介、融通货币资本以外，还执行着货币经营业的职能。通过存款在账户上的转移，代理客户支付，在存款的基础上为客户兑付现款等，成为工商企业、团体和个人的货币保管者、出纳者和支付代理人。以商业银行为中心，形成经济过程中无始无终的支付链条和债权、债务关系。

（3）信用创造功能。商业银行在信用中介职能和支付中介职能的基础上，产生了信用创造职能。商业银行是能够吸收各种存款的银行，并用其所吸收的各种存款发放贷款。在支票流通和转账结算的基础上，贷款又转化为存款，在这种存款不提取现金或不完全提现的基础上，就增加了商业银行的资金来源，最后在整个银行体系，形成数倍于原始存款的派生存款。长期以来，商业银行是各种金融机构中唯一能吸收活期存款、开设支票存款账户的机构，在此基础上产生了转账和支票流通。商业银行通过自己的信贷活动创造和收缩活期存款，而活期存款是构成货币供给量的主要部分，因此商业银行就可以把自己的负债作为货币来流通，具有了信用创造功能。

（4）金融服务职能。随着经济的发展，工商企业的业务经营环境日益复杂，银行间的业务竞争也日益剧烈，银行由于联系面广，信息比较灵通，特别是电子计算机在银行业务中的广泛应用，使其具备了为客户提供

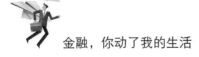

信息服务的条件，咨询服务、对企业决策支援等服务应运而生。工商企业生产和流通专业化的发展，又要求把许多原来的属于企业自身的货币业务转交给银行代为办理，如发放工资、代理支付其他费用等。个人消费也由原来的单纯钱物交易，发展为转账结算。现代化的社会生活，从多方面给商业银行提出了金融服务的要求。在强烈的业务竞争驱使下，各商业银行也不断开拓服务领域，通过金融服务业务的发展，进一步促进资产负债业务的扩大，并把资产负债业务与金融服务结合起来，开拓新的业务领域。在现代经济生活中，金融服务已成为商业银行的重要职能。

（5）调节经济职能。调节经济是指商业银行通过其信用中介活动，调剂社会各部门的资金短缺，同时在央行货币政策和其他国家宏观政策的指引下，实现经济结构、消费比例投资、产业结构等方面的调整。此外，商业银行通过其在国际市场上的融资活动还可以调节本国的国际收支状况。

商业银行因其广泛的职能，使其对整个社会经济活动的影响十分显著，在整个金融体系乃至国民经济中具有特殊而重要的地位。随着市场经济的发展和全球经济的一体化发展，现在的商业银行已经凸现了职能多元化的发展趋势。

5. 商业银行的经营原则

商业银行是金融市场上影响最大、数量最多、涉及面最广的金融机构。商业银行的经营一般至少应当遵守下列原则。

（1）效益性、安全性、流动性原则。商业银行作为企业法人，盈利是其首要目的。但是，效益以资产的安全性和流动性为前提。安全性又集中体现在流动性方面，而流动性则以效益性为物质基础。商业银行在经营过程中，必须在三者之间寻求有效的平衡。

（2）依法独立自主经营的原则。这是商业银行作为企业法人的具体体现，也是市场经济机制运行的必然要求。商业银行依法开展业务，不受任何单位和个人的干涉。作为独立的市场主体，商业银行有权依法处理其一切经营管理事务，自主参与民事活动，并以其全部法人财产独立承担民事责任。

（3）保护存款人利益原则。存款是商业银行的主要资金来源，存款人是商业银行的基本客户。商业银行作为债务人，是否充分尊重存款人的利益，严格履行自己的债务，切实承担保护存款人利益的责任，直接关系到银行自身的经营。如果存款人的合法权益得不到有效的尊重和保护，他们就选择其他银行或退出市场。

（4）自愿、平等，诚实信用原则。商业银行与客户之间是平等主体之间的民事法律关系。因此，商业银行与客户之间的业务往来，应以平等自愿为基础，公平交易，不得强迫，不得附加不合理的条件，双方均应善意、全面地履行各自的义务。

四、有借有还，再借不难——货币市场

假设苹果公司发明了一种新的音视频播放工具，要将之投放市场需要2000万美元的资金。可以预期的是，在历经半年大规模的市场投放活动后，2000万美元的成本就可以收回，但是此时苹果公司的现金流不足以支出2000万美元。这时，它就需要通过金融市场来筹措到这笔资金，然后在半年后将其归还。这种短期债务工具（期限为1年以下）交易的市场就是货币市场。

换个更显而易见的例子，现代社会几乎人手数张的信用卡，也是货币市场的工具之一。

1. 什么是货币市场

货币市场（money market）是融资期限在1年以内的短期资金交易市场。风险性低和流动性高是货币市场受投资者欢迎的主要原因。

作为短期资金融通的市场，货币市场的交易主体和交易对象十分广泛，既有直接融资，如短期国库券交易、票据交易等交易活动，又有间接融资，如银行短期信贷、短期回购等交易；既有银行内的交易，也有银行外的交易。由于早期商业银行的业务主要局限于短期商业性贷款业务，因而货币市场是最早和最基本的金融市场。

货币市场有以下几个基本特征。一是期限较短。货币市场工具期限最长为一年，最短为一天、半天，以3～6个月居多。二是流动性强。货币市场的流动性主要是指金融工具的变现能力，货币市场工具期限较短，变现能力自然较强。三是短期融资。交易的目的主要是短期资金周转的供求需要，一般的去向是弥补流动资金临时不足。

2. 货币市场的主要参与者

货币市场的参与者主要是机构与专门从事货币市场业务的专业人员。机构类参与者包括商业银行、中央银行、非银行金融机构、政府、非金融

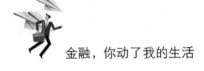

性企业；货币市场专业人员包括经纪人、交易商、承销商等。

政府参与货币市场的主要目的是筹集资金以弥补财政亦字，以及解决财政收支过程中短期资金不足的困难。财政发行债券的期限有短、中、长期之分。发行何种期限的债券取决于政府债务管理的考虑。政府债务管理的一个基本原则就是保证发行顺利和发行成本最低。一般来说，资本市场的利率走势不易预测，这给政府确定适当的国债利率带来一定的困难。如利率定得过高，会使发行价格低于面值，发行成本过高；货币市场利率相对稳定，容易预测，则有助于降低发行成本。因此，货币市场是政府筹措资金，尤其是短期资金的重要场所。由于政府参与货币市场的主要目的是筹集资金，因此政府在货币市场中的活动主要集中于一级发行市场。从外国经验看，国债的规模越大，政府参与货币市场的程度越高，短期国债发行与交易对货币市场的影响就越大。

中央银行是货币市场的主要参与者。中央银行参与货币市场的主要目的是通过进行公开市场交易，实现货币政策目标。中央银行运用货币政策工具，调节货币数量和利率水平，实现宏观经济调控的目的，已成为20世纪30年代以来各国的普遍做法。在货币政府工具中，公开市场业务已经被越来越多人认为是一种相对灵活、有效的政策工具。由于公开市场业务对市场的规模、市场流动性均有较高的要求，而货币市场拥有大量信誉较高、流动性较强的短期国债，货币市场便成为中央银行进行公开市场业务操作的理想场所。鉴于中央银行参与货币市场的主要目的，其活动基本集中于货币市场的二级交易市场。

商业银行参与货币市场的主要目的，是为了进行头寸管理。商业银行的头寸不是银根，而是指在某一时点上银行可以营运的资金，一般以天为计。头寸多少取决于一天以前资金来源增长和各项未到期金融资产的差额。银行头寸不能太多也不能太少，头寸少了无法满足基本的现金经营的需求，头寸多了会产生太多的闲置资金，影响盈利，这决定了银行经营的一个重要内容就是调度头寸。银行调度头寸的重要途径是参与货币市场交易，以借贷和买卖短期证券的方式取得或售出头寸。由于商业银行的经营性质与经营规模决定了它在货币市场上每次交易的量较大，交易频繁，因此商业银行是货币市场参与者中的大户。

保险公司、养老基金和各类共同基金，也是货币市场的重要参与者。它们参与货币市场的主要目的，是希望利用该市场提供的低风险、高流动性的金融工具，实现最佳投资组合。这类金融机构的共同特点是拥有大量个人的长期资金，通过专家式的投资运作和管理，在追求高投资利润的同时，尽可能降低风险。为此，需要将资产组合调整到一个最佳位置，即资产构成中不仅包含高收益率的风险资产，还必须包含收益率虽低但风险亦低的资产。市场价格、风险、收益率的频繁变动，使得这些金融机构频繁出入于货币市场，以实现资产组合调整的目标。保险公司与各类基金参与货币市场活动的主要目的，决定了他们更看中的是这个市场高流动性与低风险性，而非营利性。

参与货币市场的金融专业人员是指该市场上的经纪人、交易商和承销商。他们接受客户的委托进行证券发行与交易，或直接进行交易。货币市场专业人员一般是以证券公司和投资银行人员的身份出现。他们长期活跃于各类证券市场上，扮演经纪人、交易商和承销商的角色。货币市场专业人员中的一部分还具有做市商的资格。做市商（market maker）在发行市场中的作用是充当承销商，即买进新发行的证券，然后向零售商及最终投资人推销。做市商在流通市场中的作用是不断提出买卖价格。这些报价一部分为做市商自己提出，另一部分为其他非做市商的交易商提出。不断公开报价的作用在于维持市场稳定交易品种的交易作价。货币市场专业人员通过进行以上活动，可以取得佣金收入和差价收入。收入的高低取决于市场交易的规模、证券上市规模以及价格变动的幅度。

企业参与货币市场活动的目的，是调整流动性资产比重，取得短期投资收益。非金融企业，如从事贸易、工农业生产、通讯、交通等行业的企业，经营过程中会形成一定数量的短期闲置资金。这些资金闲置期可能很短，如果存在银行活期存款账上，将无分文利息，但投入于流动性高的货币市场，却能取得可观的利息收入，并且不至于冒很大资本金损失的风险。因此，货币市场流动性高低以及收益水平的高低，都是企业关注的对象。

个人投资者参与货币市场活动的目的在于既能获取投资收益，又能保持个人持有金融资产的流动性。

3. 货币市场的金融工具

货币市场的主要工具包括票据、大额转让存单、短期国债、信用证和信用卡等。

票据是指载明金额和期限，到期时由付款人向持票人或指定人（受转

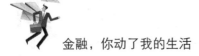

让人、贴现人）支付款项的书面债务凭证。企业之间商品交易活动引起的债权、债务关系由企业签发的票据为商业票据，由银行签发和承担付款义务的票据为银行票据。票据主要有汇票、本票和支票三种。

大额可转让定期存单由银行签发，分不同币种和期限（一般是 3 个月至 1 年期），到期支付，可自由转让，如英镑存单、美元存单、欧元存单等。大额可转让定期存单除了可以自由转手以外，还可向银行要求抵押放款。

短期国债的发行是为解决财政的先支后收或筹措短期资金需要。期限一般有 1 年、9 个月、6 个月、3 个月、2 个月和 1 个月的，其中 2~6 个月较受欢迎。短期国债的最大特点是安全性，另外它的起购点较低，面额种类齐全，适合一般投资者购买。短期国债这些特点使它成为一种普及率很高的货币市场工具。

信用证是银行根据进口商的要求，向出口商所签发的在有效期限内，凭规定的货运单据，支付一定金额的、有条件的付款承诺书。信用证上注明有支付货款的条件，如货物规格、数量等。信用证开出后，由银行履行付款责任。由于这种结算方式对出口商取得货款起保证作用，因此它是国际贸易中主要使用的一种信用工具。

信用卡是银行或公司签发的证明持有人信誉良好，可以在指定场所进行记账消费的一种信用凭证。

4. 货币市场的功能

货币市场的功能包括：媒介短期资金融通，促进资金流动，对社会资源进行再分配；联络银行和其他金融机构，协调资金的供需；显示资金形势，有助于进行宏观调控。

货币市场的存在使得工商企业、银行和政府可以从中借取短缺资金，也可将它们暂时多余的、闲置的资金投放其中作短期投资，生息获利，从而促进资金合理流动，解决短期性资金融通问题。

各家银行和金融机构的资金，通过货币市场交易，从分散到集中，从集中到分散，从而使整个金融机构体系的融资活动有机地联结起来。

货币市场在一定时期的资金供求及其流动情况，是反映该时期金融市场银根松紧的指示器，它在很大程度上是金融当局进一步贯彻其货币政策、宏观调控货币供应量的帮手。

5. 货币市场与资本市场的区别

货币市场和资本市场的最大区别是，货币市场上出现的金融交易工具都是期限在 1 年以下的，如果在 1 年以上就属于资本市场了。

财务核算是以年、月为时间单位的，所以在考察资金流动性方面，财务上通常把 1 年作为时间界限，即 1 年以内的资金是临时、短期（其中 3 个月以内称为"临时"，3 个月以上、1 年以内称为"短期"）资金，1 年以上的资金则是中、长期资金（1 年以上、3 年以内称为"中期"，3 年以上称为"长期"）。

货币市场活动的目的，主要是保持资金流动性，以便能随时随地获得现实的货币用于正常周转。换句话说，它一方面要能满足对资金使用的短期需求，另一方面也要为短期闲置资金寻找出路。

6. 货币市场的市场结构细分

关于货币市场，可以从市场结构出发主要关注以下几个方面。

（1）同业拆借市场。同业拆借市场也叫同业拆放市场，主要是为金融机构之间相互进行短期资金融通提供方便。参与同业拆借市场的除了商业银行、非银行金融机构外，还有经纪人。

比如，在一个营业日终了时，往往出现资金收支不平衡的情况，一些金融机构收大于支，另一些金融机构支大于收，这样一来，为了经营的需要，资金不足者要向资金多余者融入资金以平衡收支，于是产生了金融机构之间进行短期资金相互拆借的需求。但同业拆借主要是为了弥补短期资金不足、票据清算差额以及解决其他临时性资金短缺的需要。所以，拆借期限很短，短则一两天，长则一两个星期，一般不会超过一个月。

由于同业拆借资金的时间很短，所以它的利率是按照日利率来计算的，利息占本金的比率称为"拆息率"，而且每天甚至每时每刻都会发生调整。

在我国，同业拆借市场最早是 1984 年成立的。1996 年 1 月，中国人民银行正式启动全国统一的同业拆借市场，分为中央一级网络、地方二级网络两部分金融机构，拆借期限分为 1 天、7 天、14 天、20 天、30 天、60 天、90 天、120 天、6 个月、9 个月、1 年等。

（2）货币回购市场。货币回购主要是通过回购协议来融通短期资金。这种回购协议，是指出售方在出售证券时与购买方签订协议，约定在一定期限后再按照原定价格或约定价格将出售的证券买回来，从而取得临时周

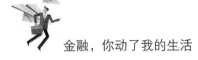

转资金。这种货币回购业务实际上是把证券作为抵押品取得抵押贷款。

反向的货币回购叫逆回购。意思是说,买入方在买入证券时与出售方签订逆回购协议,同意在一定时间后按照原定价格或约定价格出售所买入的证券。

上述货币回购业务中所指的证券,包括股票、债券等各种类型。在我国,目前允许进行回购交易的证券主要是政府债券(国债)、金融债券、中央银行债券。回购协议期限最少可以是1天,最长可以几个月。

从中可以看出,每一笔货币回购都会涉及交易双方两个主体、初始交易和回购交易两张契约。

(3) 商业票据市场。商业票据分为本票和汇票两种。所谓本票,是指债务人向债权人发出的支付承诺书,债务人承诺在约定期限内支付款项给债权人。所谓汇票,是指债权人向债务人发出的支付命令,命令债务人在约定期限内支付款项给持票人或其他人。

而商业票据市场上的主要业务,则是对上述还没有到期的商业票据如商业本票、商业承兑汇票、银行承兑汇票等进行承兑和贴现。所谓承兑,是指付款人接受出票人的付款委托,同意支付汇票金额。所谓贴现,是指把还没有到期的票据转让给银行,在扣除从贴现日起到票据到期日之间所应当承担的利息后,从银行得到贷款。

在这里,贴现日比较明确,而票据到期日的计算则不太容易理解。一般有这样两种计算方法。

a. 如果约定按"月"计算:

这时候如果是月末出票的,无论月份大小都以到期月份的最后一天计算。例如,3月31日出票,1个月到期,到期日就是4月30日;6个月到期,到期日就是9月30日。

如果是月中出票的,则以到期月的同一天为到期日。例如,3月15日出票,1个月到期,到期日就是4月15日;6个月到期,到期日就是9月15日。

b. 如果约定按"天"计算:

到期日的计算原则是"算头不算尾"或"算尾不算头"。例如,3月15日出票,7天到期,到期日就是22日;14天到期,到期日就是29日。

(4) 可转让定期存单市场。转让定期存单,是指银行发行的不记名、可转让、金额较大并且固定的银行存单。这种存单虽然也是"定期"的,可是与定期储蓄相比，它是可以转让给别人的，并且它的金额通常较大。

可转让定期存单的方法主要有两种：一种是银行预先把发行总额、利率、发行日期、到期日、存单面额等进行公告，供大家选购，称之为"批发式"发行；另一种是银行直接在柜台出售存单，利率、存单面额、期限等双方面谈，称之为"零售式"发行或"分档式"发行。

在我国，可转让定期存单发行业务最早是1986年由交通银行、中国银行发行的，1989年后扩大到其他银行。发展到现在，主要是在各银行（而且只能是银行）柜台上直接面向投资者出售，利率比同档银行存款利率略高，期限为1个月、3个月、6个月、9个月、1年等。

投资者购买这样的可转让定期存单后，如果需要转让，我国规定必须在证券交易所进行，禁止发行银行回购。

（5）短期政府债券市场。短期政府债券，是指政府为了筹集短期资金、弥补财政预算赤字和国库资金临时不足发行的短期债务凭证。这种债券的偿还期限一般不超过1年。

短期政府债券期限短、风险小，既可以出售也可以贴现，所以流动性很强。因为是政府债券，还可以免缴利息所得税。

短期政府债券发行一般采用拍卖方式，持有人在有资格进行债券转让的金融机构柜台进行交易。

政府债券在国外一般叫作国库券，在我国称其为短期国债。虽然我国从20世纪80年代到1995年也曾经使用过"国库券"的名称，但偿还期大多超过1年，与国外短期政府债券的国库券概念有所不同。有鉴于此，我国从1995年开始不再称之为国库券，而改称为无记名国债、凭证式国债、记账式国债等，其实质都是短期国债。

五、发行和买卖证券的中间人——证券公司

你炒股吗？如果你是一名股民，想想你是在哪家公司开立的证券交易账户。那家公司就是一家证券公司，你就是那家公司的一位客户。

证券公司，又称券商、投资银行，是指依照《中华人民共和国公司法》和《中华人民共和国证券法》的规定设立并经国务院证券监督管理机构审查批准而成立的专门经营证券业务，具有独立法人地位的有限责任公司或者股份有限公司。据证券业协会的统计，目前全国总共有证券公司

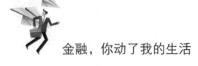

119家。我们平时经常听到的中信证券、银河证券、国泰君安证券、中金证券等都属于证券公司。

证券公司是经主管机关批准并到有关工商行政管理局领取营业执照后专门经营证券业务的机构。它具有证券交易所的会员资格，可以承销发行、自营买卖或自营兼代理买卖证券。普通投资人的证券投资都要通过证券商来进行。由于个人投资者不能直接进入上海证券交易所或者深圳证券交易所进行股票投资交易，因此我们必须通过证券公司去进行交易，这也是为什么普通投资者进行股票投资都要先选择一家证券公司开户的原因。

为什么又称证券公司为"投资银行"呢？这是人们为区别商业银行而形成的一个理论上的称谓。这种称谓起源于20世纪30年代大危机之后，美、英等主要国家采取将银行业与证券业相分离的金融体制，将以证券业务为核心的投资银行业务和以存贷业务为核心的商业银行业务截然分开，因而产生了现代意义上的投资银行。在实际业务中，投资银行并不称作"××投资银行"，而是叫作"××证券公司"或"××公司"，例如摩根斯坦利公司、美林证券公司、野村证券公司、高盛证券公司等，它们都是投资银行。

1. 证券公司的分类

按照证券经营公司的功能分，可分为证券经纪商、证券自营商和证券承销商。

（1）证券经纪商，即证券经纪公司，是代理买卖证券的证券机构。它们接受投资人委托、代为买卖证券，并收取一定手续费（即佣金），如江海证券经纪公司。

（2）证券自营商，即综合型证券公司，是除了证券经纪公司的权限外，还可以自行买卖证券的证券机构。它们资金雄厚，可直接进入交易所为自己买卖股票，如国泰君安证券。

（3）证券承销商，以包销或代销形式帮助发行人发售证券的机构。实际上，许多证券公司是兼营这三种业务的。按照各国现行的做法，证券交易所的会员公司均可在交易市场进行自营买卖，但专门以自营买卖为主的证券公司为数极少。

另外，一些经过认证的创新型证券公司还具有创设权证的权限，如中信证券。

证券登记公司是证券集中登记过户的服务机构。它是证券交易不可缺少的部分,并兼有行政管理性质。它须经主管机关审核批准方可设立。

2. 证券公司的业务范围

证券公司的业务范围主要有以下六个方面。

(1) 代理证券发行。

(2) 代理证券买卖或自营证券买卖。

(3) 兼并与收购业务。

(4) 研究及咨询服务。

(5) 资产管理。

(6) 其他服务,如代理证券还本付息和支付红利,经批准还可以经营有价证券的代保管及鉴证、接受委托办理证券的登记和过户等。

目前,我国经营证券业务的金融机构基本上有两种类型:一类是证券专营机构,即专门从事与证券经营有关的各项业务的证券公司;另一类是证券兼营机构,即通过设立的证券业务部经营证券业务的信托投资公司,证券经营只是它们经营业务的一种。

3. 证券公司的组织形式

证券公司的组织形式为有限责任公司或者股份有限公司,国家对证券公司实行分类管理,分为综合类证券公司和经纪类证券公司,并由中国证监会按照其分类颁发业务许可证。

(1) 综合类证券公司。设立综合类证券公司,必须具备下列条件:注册资本的最低限额为人民币5亿元;主要管理人员和业务人员必须具有证券从业资格;有固定的交易场所和合格的交易设施;有健全的管理制度、规范的自营业务与经纪业务分业管理的体系。

(2) 经纪类证券公司。设立经纪类证券公司的主要条件包括:必须在其名称中表明"经纪"字样;其注册资本的最低限额为人民币5000万元;主要管理人员和业务人员必须具有证券从业资格;有固定的交易场所和合格的交易设施;有健全的管理制度。

六、巴菲特的神话——股票市场

股神巴菲特的故事众人皆知。沃伦·巴菲特(Warren buffett)1930年8月30日出生在美国内布拉斯加州的奥马哈市。他从小就极具投资意识,1941年,年仅11岁的巴菲特购买了平生第一张股票。他的股票在30年间

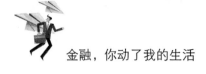

金融，你动了我的生活

上涨了2000倍，而标准普尔500家指数内的股票平均才上涨了近50倍。1947年，巴菲特进入宾夕法尼亚大学攻读财务和商业管理。两年后，巴菲特考入哥伦比亚大学金融系，拜师于著名投资理论学家本杰明·格雷厄姆。多年来，巴菲特一直在《福布斯》的全球富豪榜上稳居前三名。

作为对公司收益的要求权（股票）进行交易的市场，巴菲特大展宏图的股票市场是人们最为关注的金融市场，股票市场上股票价格的大涨大落总是晚间新闻的头条消息。人们经常对这个市场的走势发表看法，而且经常向你讲述他们最近的一次"大赚"（尽管你很少听到他们最近的"大亏"）。这一市场之所以受到重视，或许可用这样一个简单的事实加以说明：它是一个可使人们发横财的地方。

1. 股票市场的含义

股票市场是已经发行的股票按时价进行转让、买卖和流通的市场，包括交易市场和流通市场两部分。

股票是社会化大生产的产物，至今已有将近400年的历史。随着人类社会进入社会化大生产的时期，企业经营规模扩大与资本需求不足的矛盾日益突出，于是产生了以股份公司形态出现的、股东共同出资经营的企业组织。股份公司的变化和发展产生了股票形态的融资活动，股票融资的发展产生了股票交易的需求，股票的交易需求促成了股票市场的形成和发展，而股票市场的发展最终又促进了股票融资活动和股份公司的完善和发展。所以，股份公司、股票融资和股票市场的相互联系和相互作用，推动着股份公司、股票融资和股票市场的共同发展。

股票交易市场可以远溯到1602年，荷兰人开始在阿姆斯特河桥上买卖荷属东印度公司股票，这是全世界第一支公开交易的股票，而阿姆斯特河大桥则是世界上最早的股票交易所。当时那里挤满了等着与股票经纪人交易的投资人，甚至惊动警察进场维持秩序。荷兰的投资人在第一个股票交易所投资上百万荷币，只为了拥有这家公司的股票，以彰显身份的尊荣。

而真正的股票市场起源于美国，已有两百年以上的历史，至今仍十分活络，其交易的证券种类非常繁多。股票市场是供投资者集中进行股票交易的机构，大部分国家都有一个或多个股票交易所。

纽约证券交易所是美国最大、最早、最有人气的市场，已有200多年的历史，大部分历史悠久的"财富500强"都会在这里挂牌。在纽约证交所，经纪人在场内走动叫喊来寻找最佳买卖主，经纪人依客户所开的条件在场内公开寻找买卖主，本身不左右价格。

2. 股票市场的职能

在市场经济条件下，股票市场的职能包括积聚资本、转让资本、转化资本、赋予股票价格。

一方面，通过股票的发行，大量的资金流入股市，又流入了发行股票的企业，这些企业通过流入的资金不断地发展壮大，大大加快了商品经济的发展。另一方面，通过股票的流通，使小额的资金汇集了起来，又加快了资本的集中与积累。所以股市既可以为股票的流通转让提供基本的场所，又可以通过股市的盈利刺激人们购买股票的欲望，这样也促进了一级发行市场的发展。同时由于股市的交易价格能比较客观地反映出股票市场的供求关系，股市也能为一级市场股票的发行提供价格及数量等方面的参考依据。

股票市场的职能反映了股票市场的性质。在市场经济社会中，股票有如下四个方面的职能。

（1）积聚资本。上市公司通过股票市场发行股票来为公司筹集资本。上市公司将股票委托给证券承销商出售，证券承销商再在股票市场上发行给投资者。而随着股票的发行，资本就从投资者手中流入了上市公司，使得社会上分散的资本得以积聚。

（2）转让资本。股市为股票的流通转让提供了场所，使股票的发行得以延续。如果没有股市，我们很难想象股票将如何流通，这是由股票的基本性质决定的。当一个投资者选择银行储蓄或购买债券时，他不必为这笔钱的流动性担心。因为无论怎么说，只要到了约定的期限，他都可以按照约定的利率收回利息并取回本金。特别是银行存款，即使提前去支取，除本金外也能得到少量利息。总之，将投资撤回、变为现金不存在任何问题。但股票就不同了，一旦购买了股票就成为企业的股东，此后你既不能要求发行股票的企业退股，也不能要求发行企业赎回。如果没有股票的流通与转让场所，购买股票的投资就变成了一笔死钱，即使持股人急需现金，股票也无法兑现。如果这样，人们购买股票就会有后顾之忧，股票的发行就会出现困难。有了股票市场，股民就可以随时将持有的股票在股市上转让，按比较公平合理的价格将股票兑现，让死钱变为活钱。

（3）转化资本。股市使非资本的货币资金转化为生产资本，它在股票买卖者之间架起了一座桥梁，为非资本的货币向资本的转化提供了必要的

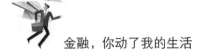
金融，你动了我的生活

条件。货币本身是不能增值的，正是通过股市，货币流入进行生产的企业，创造出了财富，实现了增值。股市的这一职能对资本的追加、促进企业的经济发展有着极为重要的意义。

（4）给股票赋予价格。股票本身并无价值，虽然股票也像商品那样在市场上流通，但其价格的多少与其所代表的资本的价值无关。股票的价格只有在进入股票市场后才表现出来，股票在市场上流通的价格与其票面金额不同，票面金额只是股票持有人参与红利分配的依据，只能代表股东对上市公司的权益份额，不等于其本身所代表的真实资本价值，也不是股票价格的基础。在股票市场上，股票价格有可能高于其票面金额，也有可能低于其票面金额。股票在股票市场上的流通价格是由股票的预期收益、市场利息率以及供求关系等多种因素决定的。但即使这样，如果没有股票市场，无论预期收益如何，市场利率有多大的变化，也不会对股票价格造成影响。所以说，股票市场具有赋予股票价格的职能。

在股市中，由于股价的走向取决于资金的运动。资金实力雄厚的机构大户就能在一定程度上影响甚至操纵股价的涨跌。它们可以利用自身的资金实力，采取多种方式制造虚假的行情而从中获利，因而使得股票市场有投机的一面。但这并不能代表股票市场的全部，也不能反映股票市场的实质。

对于股票市场上的投机行为要进行客观的评价。股票市场上的种种投机行为固然会对商品经济的发展产生很大的副作用，但不可忽视的是，投机活动也是资本集中的一个不可缺少的条件。我们应该认识到，正是由于投机活动有获得暴利的可能，才刺激了某些投资者将资金投入股票市场，从而促进资本的大量集中，使货币资金转化为资本。

3. 股票市场的作用

股票市场的发展对国家经济发展、企业融资及加强管理、增加股票投资者的投资灵活性等都有着重要的作用。值得注意的是，股票市场的风险性是客观存在的，必须加以重视。

（1）对国家经济发展的作用：

a. 可以广泛地动员、积聚和集中社会的闲散资金，为国家经济建设发展服务，扩大生产建设规模，推动经济的发展，并收到"利用内资不借内债"的效果。

b. 可以充分发挥市场机制，打破条块分割和地区封锁，促进资金的横向融通和经济的横向联系，提高资源配置的总体效益。

c. 可以为改革完善我国的企业组织形式探索一条新路子，有利于不断完善我国的全民所有制企业、集体企业、个人企业、三资企业和股份制企业的组织形式，更好地发挥股份经济在我国国民经济中的地位和作用，促进我国经济的发展。

d. 可以促进我国经济体制改革的深化发展，特别是股份制改革的深入发展，有利于理顺产权关系，使政府和企业能各就其位、各司其职、各用其权、各得其利。

e. 可以扩大我国利用外资的渠道和方式，增强对外的吸纳能力，有利于更多地利用外资和提高利用外资的经济效益，收到"用外资而不借外债"的效果。

（2）对股份制企业的作用：

a. 有利于股份制企业建立和完善自我约束、自我发展的经营管理机制。

b. 有利于股份制企业筹集资金，满足生产建设的资金需要，而且由于股票投资者是股份制企业的股东，这就表明了这笔投资的无期性，不需还本，因此可长期使用，有利于股份制企业的经营和扩大再生产。

（3）对股票投资者的作用：

a. 可以为投资者开拓投资渠道，扩大投资的选择范围，适应投资者多样性的投资动机、交易动机和利益的需求，一般来说能为投资者提供获得较高收益的可能性。

b. 可以增强投资的流动性和灵活性，有利于投资者股本的转让、出售交易活动，使投资者随时可以将股票出售变现，收回投资资金。股票市场的形成，完善和发展为股票投资的流动性和灵活性提供了有利的条件。

4. 股票市场的不利影响

股票市场的活动对股份制企业、股票投资者以及国家经济的发展亦有不利的影响。股票价格的形成机制颇为复杂，多种因素的综合利用和个别因素的特殊作用都会影响股票价格的剧烈波动。股票价格既受政治、经济、市场因素的影响，也受技术和投资者行为因素的影响。因此，股票价格经常处在频繁的变动之中。股票价格的频繁变动扩大了股票市场的投机性活动，使股票市场的风险性增大。股票市场的风险性是客观存在的，这种风险性既能给投资者造成经济损失，也可能给股份制企业以及国家的经

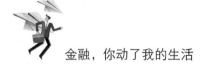

济建设带来一定的副作用。另外，股票市场的波动也会产生联动性的影响，由于各国经济贸易及国际资本的联系加深，一国股市的剧烈波动会迅速传导到其他国家，引发国际金融危机，这是必须正视的问题。

七、人人可以拥有的理财专家——基金管理公司

2008年股票市场不太乐观的时候，市场上曾流传着"做股民不如做基民"的说法。所谓的"基民"就是指基金的投资者。而这里说的"基金"，其实是一款投资理财产品，由投资者去购买。发行这种产品的主体就是市场上大大小小的基金管理公司。

1. 什么是基金管理公司

假设你有一笔钱想投资债券、股票等这类证券进行增值，但自己又一无精力二无专业知识，而且你的钱也不算多，于是你就想到与其他10个人合伙出资，雇一个投资高手，操作大伙合出的资产进行投资增值。但是如果10多个投资人都与投资高手随时交涉，那事情就乱套了，于是大伙就推举其中一个最懂行的牵头办这事，并定期从大伙合出的资产中按一定比例提成给他，由他代为付给高手劳务费报酬。当然，他自己牵头出力张罗大大小小的事，包括挨家跑腿，有关风险的事向高手随时提醒着点，定期向大伙公布投资盈亏情况等，提成中的钱也有他的劳务费。这些事就叫作合伙投资。将这种合伙投资的模式放大100倍、1000倍，就是基金。

基金是指凭借专门的知识和经验，运用所管理基金的资产，根据法律、法规及基金章程或基金契约的规定，按照科学的投资组合原理进行投资决策，谋求所管理的基金资产不断增值，并使基金持有人获取尽可能多收益的机构。目前市场上大家熟知的基金管理公司有华夏、南方、嘉实、大成基金、易方达、景顺长城、泰达荷银等，数量众多。以上提到的这些都是一些公募基金，当然还有一些私募股权基金，它们的业务运作与下面的风险投资基金比较类似。

2. 基金管理公司的设立

根据《中华人民共和国证券投资基金法》的规定，设立基金管理公司，应当具备下列条件。

（1）有符合《中华人民共和国证券投资基金法》和《中华人民共和国公司法》规定的章程。

（2）注册资本不低于1亿元人民币，且必须为实缴货币资本。

（3）主要股东具有从事证券经营、证券投资咨询、信托资产管理或者其他金融资产管理的较好的经营业绩和良好的社会信誉，最近3年没有违法记录，注册资本不低于3亿元人民币。

（4）取得基金从业资格的人员达到法定人数。

（5）有符合要求的营业场所、安全防范设施和基金管理业务有关的其他设施。

（6）有完善的内部稽核监控制度和风险控制制度。

（7）法律、行政法规规定的和经国务院批准的国务院证券监督管理机构规定的其他条件。

3. 基金公司的分类

基金公司有公募基金和私募基金之分。公募基金（public offering of fund）受政府主管部门监管，其投资者是不特定的，这些基金在法律的严格监管下，有着信息披露、利润分配、运行限制等行业规范。例如目前国内证券市场上的封闭式基金属于公募基金。

私募基金为私下向特定投资人募集的基金。私募基金具有人数限制、公开信息较少以及不得向大众宣传等特点，因此一般人较不易亲近。由于私募基金笼罩在神秘的面纱之下，也被市场昵称为"地下基金"。虽然相对于公募基金，只有特定人士能参与私募基金投资，但由于私募基金具有人数限制，且不需时时披露信息，因此能针对其投资人量身定做投资策略，操作上较公募基金灵活，市面上有许多对冲基金就是以私募方式进行，私募基金的投资者多为资金雄厚的个人或机构。

公募基金和私募基金各有千秋，它们的健康发展对金融市场的发展都有至关重要的意义。两者的区别主要体现在以下方面。

（1）募集方式。私募基金通常以非公开方式募集，而公募基金则以公开方式募集。

（2）募集对象。私募股权基金的募集对象为少数特定投资者，多为有一定风险承受能力、资产规模较大的个人或机构投资者，而公募基金的募集对象为不确定的社会公众投资者。

（3）信息披露的要求。私募基金相关信息公开披露较少，一般只需半年或一年私下公布投资组合及收益，投资更具隐蔽性；而公募基金则要求定期披露详细的投资目标、投资组合等。

(4) 服务方式。私募基金采用"量体裁衣"式服务,投资决策主要体现投资者的意图和要求;而公募基金则采用"批发"式,投资决策主要基于基金管理公司的风格和策略。

(5) 监管标准。私募基金的监管相对宽松,基金运作上有相当高的自由度,较少受监管部门的限制或约束,投资更灵活;而公募基金对基金管理人有严格的要求;对基金投资活动有严格的限制。

(6) 对投资者的要求。私募基金由于风险较大,要求投资者具有一定的投资资金规模以及理性的投资理念,而公募基金对投资者的要求要低一些。

因此,总结来看,与公募基金相比,私募基金具有以下优势:由于私募基金面向少数特定的投资者,因此其投资目标可能更具有针对性,能够根据客户的特殊需求提供量身定做的投资服务产品;一般来说,私募基金所需的各种手续和文件较少,受到的限制也较少,一般法规要求不如公募基金严格详细,如单一股票的投资限制放宽,某一投资者持有基金份额可以超出一定比例,对私募基金规模的最低限制更低等,因此私募基金的投资更具有灵活性;在信息披露方面,私募基金不必向公募基金那样定期披露详细的投资组合,一般只需半年或一年私下公布投资组合及收益即可,政府对其监管远比公募基金宽松,因而投资更具有隐蔽性,获得高收益回报的机会也更大。

但是,私募基金也存在明显的缺陷:私募基金受到政府监管相对较宽松,操作缺乏透明度,有可能出现内幕交易、操纵市场等违规行为,不利于基金持有人利益的保护;在可能取得较高收益的同时,蕴藏着较大的投资风险,如基金管理者的道德风险、代理风险等。此外,以这种方式发行的基金证券一般数量不大,而且投资者的认同性、流动性较差,不能上市交易。

4. 基金管理公司的业务特点

(1) 基金管理公司管理的是投资者的资产,一般并不进行负债经营,因此基金管理公司的经营风险相对具有较高负债的银行、保险公司等其他金融机构要低得多。

(2) 基金管理公司的收入主要来自以资产规模为基础的管理费,因此资产管理规模的扩大对基金管理公司具有重要的意义。

(3) 投资管理能力是基金管理公司的核心竞争力,因此基金管理公司在经营上更多地体现出一种知识密集型产业的特色。

（4）开放式基金要求必须披露上一工作日的份额净值，而净值的高低直接关系到投资者的利益，因此基金管理公司的业务对时间与准确性的要求很高，任何失误与迟误都会造成很大问题。

5. 基金管理公司的具体职责

（1）依法募集基金，办理或者委托经中国证监会认定的其他机构代为办理基金份额的发售、申购、赎回和登记事宜。

（2）办理基金备案手续。

（3）对所管理的不同基金财产分别管理、分别记账，进行证券投资。

（4）按照基金合同的约定确定基金收益分配方案，及时向基金份额持有人分配收益。

（5）进行基金会计核算并编制基金财务会计报告。

（6）编制中期和年度报告基金。

（7）计算并公告基金资产净值，确定基金份额申购、赎回价格。

（8）办理与基金财产管理业务活动有关的信息披露事项。

（9）召集基金份额持有人大会。

（10）保存基金财产管理业务活动的记录、账册、报表和其他相关资料。

（11）以基金管理人名义、代表基金份额持有人利益行使诉讼权利或者实施其他法律行为。

（12）中国证监会规定的其他职责。

从以上对基金管理公司职责的规定中不难看出，在整个基金的运作中，基金管理公司实际上处于中心地位，起着核心作用。基金投资者投资基金最主要的目的就是实现资产的保值、增值。基金管理公司的投资管理能力与风险控制能力的高低直接关系到投资者投资回报的高低与投资目标能否实现。

6. 基金管理公司对投资风险的控制

为提高基金投资的质量，防范和降低投资的管理风险，切实保障基金投资者的利益，基金管理公司都建立了一套完整的风险控制机制和风险管理制度，并在基金合同和招募说明书中予以明确规定。

（1）基金管理公司设有风险控制委员会（或合规审查与风险控制委员会）等风险控制机构，负责从整体上控制基金运作中的风险。

（2）制定内部风险控制制度。其内容主要包括：严格按照法律法规和基金合同规定的投资比例进行投资，不得从事规定禁止基金投资的业务；坚持独立性原则，基金管理公司管理的基金资产与基金管理公司的自有资产应相互独立，分账管理，公司会计和基金会计严格分开；实行集中交易制度，每笔交易都必须有书面记录并加盖时间章；加强内部信息控制，实行空间隔离和门禁制度，严防重要内部信息泄露；前台和后台部门应独立运作等。

（3）内部监察稽核控制。监察稽核的目的是检查，评价公司内部控制制度和公司投资运作的合法性、合规性和有效性，监督公司内部控制制度的执行情况，揭示公司内部管理及投资运作中的风险，及时提出改进意见，确保国家法律法规和公司内部管理制度的有效执行，维护基金投资者的正当权益。

基金管理公司是现代资本市场的主要支柱，是资本市场长期资金的主要组织者和供应者。它要成为资本市场的主导力量，一定要有成熟的投资理念、专业化的研究方法、良好的治理结构、标准化的产品、严格的内部风险控制制度、严格的外部监管和信息披露制度。它作为资本市场的买方，要与证券公司相互制衡，对上市公司进行合理估值和定价，促进上市公司改善公司治理，推动产业升级，优化产业结构，加快技术、产品和制度创新，提高资本回报率，让广大投资者分享公司成长的红利，实现投资者与资本市场的共赢。同时，它还要按照诚实信用、勤勉尽责的原则，认真履行受托义务，根据市场投资价值的变化，搞好投资者教育，合理决定基金募集的时机和规模。广大投资者应该充分意识到基金管理公司所宣传的业绩往往不能代表未来的利益，对那些片面宣传、不充分揭示风险、做误导广告的基金管理公司保持高度的警惕。

八、值得信赖的承诺——债券市场

每当国家发行国债的时候，你会看到早上银行门口会排起长长的队伍，那些人就是在等着购买国债。其实这只是我国国债发售的一种方式之一，大部分国债通过无形的市场发售给机构投资者，居民买到的国债其实是整个国债发行的一部分，甚至是很小的一部分。

1. 债券市场及其分类

债券市场和股票市场统称证券市场。因此，债券市场也是我国证券市场发展的一个重要的部分。

债券市场是发行和买卖债券的场所。债券市场是金融市场的一个重要组成部分，根据不同的分类标准，债券市场可分为不同的类别，最常见的分类有以下三种。

（1）根据债券的运行过程和市场的基本功能，可将债券市场分为发行市场和流通市场。

a. 债券发行市场，又称一级市场，是发行单位初次出售新债券的市场。债券发行市场的作用是将政府、金融机构以及工商企业等为筹集资金向社会发行的债券，分散发行到投资者手中。债券发行市场主要由发行者、认购者和委托承销机构组成。只要具备发行资格，不管是国家、政府机构和金融机构，还是公司、企业和其他法人，都可以通过发行债券来借钱。认购者就是投资的人，主要有社会公众团体、企事业法人、证券经营机构、非营利性机构、外国企事业机构和家庭或个人。委托承销机构就是代发行人办理债券发行和销售业务的中介人，主要有投资银行、证券公司、商业银行和信托投资公司等。债券的发行方式有公募发行、私募发行和承购包销三种。

国债发行按是否有金融中介机构参与出售的标准来看，有直接发行与间接发行之分，其中间接发行又包括代销、承购包销、招标发行和拍卖发行四种方式。

直接发行，一般指作为发行体的财政部直接将国债券定向发行给特定的机构投资者，也称定向私募发行，采取这种推销方式发行的国债数额一般不太大。而作为国家财政部每次国债发行额较大，如美国每星期仅中长期国债就发行100亿美元，我国每次发行的国债至少也达上百亿元人民币，仅靠发行主体直接推销巨额国债有一定难度，因此使用该种发行方式较为少见。

代销方式，指由国债发行体委托代销者代为向社会出售债券，可以充分利用代销者的网点，但因代销者只是按预定的发行条件，于约定日期内代为推销，代销期终止若有未销出余额，全部退给发行主体，代销者不承担任何风险与责任，因此代销方式也有不如人意的地方：不能保证按当时的供求情况形成合理的发行条件；推销效率难尽人意；因为有预约推销期

金融，你动了我的生活

的限制发行期较长。所以，代销发行仅适用于证券市场不发达、金融市场秩序不良、机构投资者缺乏承销条件和积极性的情况。

承购包销发行方式，指大宗机构投资者组成承购包销团，按一定条件向财政部承购包销国债，并由其负责在市场上转售，任何未能售出的余额均由承销者包购。这种发行方式的特征是：承购包销的初衷是承销者先承销国债，然后再将国债在市场上销售出去，因而承销者是作为发行主体与投资者间的媒介而存在的；承购包销是用经济手段发行国债的标志，并可用招标方式决定发行条件，是国债发行转向市场化的一种形式。

公开招标发行方式，指作为国债发行体的财政部直接向大宗机构投资者招标，投资者中标认购后，没有再向社会销售的义务，因而中标者即为国债认购者，当然中标者也可以按一定价格向社会再行出售。相对承购包销发行方式，公开招标发行不仅实现了发行者与投资者的直接见面，减少了中间环节，而且使竞争和其他市场机制通过投资者对发行条件的自主选择投标而得以充分体现，有利于形成公平合理的发行条件，也有利于缩短发行期限，提高市场效率，降低发行体的发行成本，使国债发行方式市场化的进一步加深。

拍卖发行方式，指在拍卖市场上，按照例行的经常性的拍卖方式和程序，由发行主体主持，公开向投资者拍卖国债，完全由市场决定国债发行价格与利率。国债的拍卖发行实际是在公开招标发行基础上更加市场化的做法，是国债发行市场高度发展的标志。由于该种发行方式更加科学合理、高效，所以目前西方发达国家的国债发行多采用这种形式。

实际上，不管是什么方式对投资者来说都不重要，在发行市场上认购国债还是需要缴纳手续费。

b. 债券流通市场，又称二级市场，指已发行债券买卖转让的市场。债券一经认购，即确立了一定期限的债权债务关系，但通过债券流通市场，投资者可以转让债权，把债券变现。债券发行市场和流通市场相辅相成，是互相依存的整体。发行市场是整个债券市场的源头，是债券流通市场的前提和基础。发达的流通市场是发行市场的重要支撑，是发行市场扩大的必要条件。

（2）根据市场组织形式，债券流通市场亦可进一步分为场内交易市场和场外交易市场。

证券交易所是专门进行证券买卖的场所，如我国的上海证券交易所和深圳证券交易所。在证券交易所内买卖债券所形成的市场，就是场内交易市场，这种市场组织形式是债券流通市场的较为规范的形式。交易所作为债券交易的组织者，本身不参加债券的买卖和价格的决定，只是为债券买卖双方创造条件、提供服务，并进行监管。

场外交易市场是在证券交易所以外进行证券交易的市场，柜台市场为场外交易市场的主体，许多证券经营机构都设有专门的证券柜台，通过柜台进行债券买卖。在柜台交易市场中，证券经营机构既是交易的组织者，又是交易的参与者。此外，场外交易市场还包括银行间交易市场，以及一些机构投资者通过电话、电脑等通信手段形成的市场等。目前，我国债券流通市场由三部分组成，即沪深证券交易所市场、银行间交易市场和证券经营机构柜台交易市场。

（3）根据债券发行地点的不同，债券市场可以划分为国内债券市场和国际债券市场。

国内债券市场的发行者和发行地点同属一个国家，而国际债券市场的发行者和发行地点不属于同一个国家。

2. 债券市场的发展过程

中国债券市场是从20世纪80年代开始逐步发展起来的，经历了场外柜台市场为主、以交易所市场为主和以银行间场外市场为主三个发展阶段。

（1）以柜台为主（1988—1991年）。1988年年初，中国首先在7个城市进行国债流通转让的试点，通过商业银行柜台办理国债买卖业务；同年6月，政府又批准了54个大中城市进行国库券流通转让试点，标志着中国债券市场的正式形成。这个时期，债券也就是国债的市场还处于"幼年"阶段，属于柜台市场，主要通过商业银行和证券经营机构的柜台进行交易。此时的债券投资者结构是以个人投资者为主体，因此这种市场模式符合个人投资者的交易需求，在一定程度上促进了债券市场的发展。

（2）以场内市场为主（1992—2000年）。1990年12月，上海证交所成立，国债逐步进入了交易所交易。由于二级托管制度的原因，各地出现了大量的国债买空、卖空、挪券和假回购等违规行为。1994年，国家开始对各地分散的证券交易所进行清理整顿，将国债集中到上海和深圳两个证券交易所来进行，场内市场发展迅速。1997年上半年，股票市场过热，大量银行资金通过各种渠道违规进入股市。1997年，根据国务院的部署，开始规范银行资金,要求商业银行退出交易所市场,将托管在交易所的债券全部转到中央结算公司,并通过全国银行间同业拆借中心提供的交易系统进行交易。1997年6月16日,同业拆借中心开始办理银行间债券回购和现券交易,标志着全国银行间市场的正式运行。此时,中国的债券市场同时存在场内交易所市场和场外银行间市场,并且以交易所市场为主。

(3) 以银行间市场为主(2001年至今)。在银行间市场刚成立的1997年,商业银行持有的债券资产占总资产的比重为5%,债券市场的主要参与者还是以个人和小机构投资者为主。但从2000年开始,中国债券市场的投资者结构发生了巨大变化。人民银行作为主管机构,始终坚持面向机构投资者的市场定位,不断放宽市场准入条件,增加银行间债券市场投资者的数量,丰富投资者类型,先后将保险公司、证券公司和基金管理公司等主要金融机构引入银行间债券市场。2002年,人民银行将市场准入从核准制改为备案制,企业等非金融机构大量涌入银行间债券市场。机构投资者逐渐成为债券市场的主体。

3. 债券市场的功能

(1) 融资和投资功能。债券市场首先是个投融资的市场,为资金的融通提供平台。一方面,债券发行人为筹集资金而在债券市场中发行债券,实现融资的目的;同时,债券的初次持有人从债券发行人处购买债券,实现投资的目的。另一方面,债券的持有人可以在债券市场中进行"债券质押式回购"交易,以其所持有的债券作为质押物进行融资,也是一种融资行为;同时,"债券质押式回购"交易中的相对方则融出资金,获得相应的收益,亦为一种投资行为。此外,债券市场为各类追求长期、稳健收益的投资者,特别是保险资金、社保基金、企业年金等,提供了投资渠道。

(2) 提供市场基准利率的功能。从国际金融市场的一般运行规律来看,在比较健全的金融市场上,信誉好、流通性强的金融产品的利率能够提供市场的基准利率。而国债一般被视为无风险的金融资产,国债的利率一般被用来为其他资产和衍生工具提供定价的基准。在我国,国债的发行量以及交易量均占据全部债券种类发行量和交易量的绝大部分比例,因此以国债发行和交易为最大容量的债券市场,能够提供市场的基准利率。

(3) 资源配置功能。债券市场的出现,在很大程度上削弱了生产要素在不同产业部门间转移的障碍,能够实现资源的合理配置。在债券市场中,资产是一种有价证券,可以自由流通,一些效益好、有发展前途的企业可以发行债券,广泛吸收社会资金,其资金来源不受个别资本数额的限制,打破了个别资本有限、难以进入一些产业部门的障碍。通过这种方式,债券市场为生产要素在不同产业部门之间转移、进而促进资源合理分配提供了广阔的可能性空间。

(4)宏观调控功能。从宏观角度来看,债券市场不仅可以有效筹集资金,而且还有资金"蓄水池"的作用和功能,这种"蓄水池"是可以调节的。中央银行可以通过在债券市场上的公开市场业务、利用这种"蓄水池"的功能实现其对货币流通量的宏观调节,以实现货币政策目标。比如,当社会生产衰落、资金紧缺的时候,中央银行会在债券市场上买入债券,投放货币,其目的在于扩大投资、刺激生产;当社会投资过度,资金闲置,中央银行就卖出债券,回笼货币,以达到紧缩信贷,减少投资,平衡市场货币流通量的目的。

九、培养未来富豪的孵化器——风险投资基金

PE 和 VC 是近年来屡见报端的字母缩写,它们是什么意思?频频被相提并论的它们到底有什么区别呢?

1. 什么是风险投资

VC 是 venture capital 的缩写,即风险投资。

风险投资基金又叫创业基金,是当今世界上广泛流行的一种新型投资机构。它以一定的方式吸收机构和个人的资金,投向于那些不具备上市资格的中小企业和新兴企业,尤其是高新技术企业。

风险投资基金无须风险企业的资产抵押担保,手续相对简单。它的经营方针是在高风险中追求高收益。风险投资虽然多是一种股权投资,但投资的目的并不是为了获得企业的所有权,不是为了控股,更不是为了经营企业,而是通过投资和提供增值服务把投资企业做大,然后通过公开上市(IPO)、兼并收购或其他方式退出,在产权流动中实现投资回报。一旦公司股票上市后,风险投资基金就可以通过证券市场转让股权而收回资金,继续投向其他风险企业。

从投资行为的角度来讲,风险投资是把资本投向蕴藏着失败风险的高新技术及其产品的研究开发领域,旨在促使高新技术成果尽快商品化、产业化,以取得高资本收益的一种投资过程。从运作方式来看,风险投资是

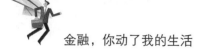

指由专业化人才管理下的投资中介向特别具有潜能的高新技术企业投入风险资本的过程,也是协调风险投资家、技术专家、投资者的关系,利益共享、风险共担的一种投资方式。

风险投资一般采取风险投资基金的方式运作。风险投资基金在法律结构上采取有限合伙的形式,而风险投资公司则作为普通合伙人管理该基金的投资运作,并获得相应报酬。在美国采取有限合伙制的风险投资基金,可以获得税收上的优惠,政府也通过这种方式鼓励风险投资的发展。

2. 风险投资基金的发行方法

在一些风险投资较为发达的国家,风险投资基金主要有两种发行方法。

一种是私募的公司风险投资基金。通常由风险投资公司发起,出资1%左右,称为普通合伙人,其余的99%吸收企业或金融保险机构等机构投资人出资,称为有限合伙人;同股份有限公司股东一样,只承担有限责任。普通合伙人的责权利,基本上是这样规定的:一是以其人才全权负责基金的使用、经营和管理;二是每年从基金经营收入中提取相当于基金总额2%左右的管理费;三是基本期限一般为15～20年,期满解散而收益倍增时,普通合伙人可以从收益中分得20%,其余出资者分得80%。

另一种是向社会投资人公开募集并上市流通的风险投资基金,目的是吸收社会公众关注和支持高科技产业的风险投资,既满足他们高风险投资的渴望,又给予他们高收益的回报。这类基金,相当于产业投资基金,是封闭型的,上市时可以自由转让。

3. 风险投资的运作特点

(1) 投资对象为处于创业期(start – up)的中小型企业,而且多为高新技术企业。

(2) 投资期限至少3～5年以上,投资方式一般为股权投资,通常占被投资企业30%左右股权,不要求控股权,也不需要任何担保或抵押。

(3) 投资决策建立在高度专业化和程序化的基础之上。

(4) 风险投资人(venture capitalist)一般积极参与被投资企业的经营管理,提供增值服务;除了种子期融资外,风险投资人一般也对被投资企业以后各发展阶段的融资需求予以满足。

(5) 由于投资目的是追求超额回报,当被投资企业增值后,风险投资人会通过上市、收购兼并或其他股权转让方式撤出资本,实现增值。

4. 风险投资的退出

风险投资最终将退出风险企业。风险投资虽然投入的是权益资本，但他们的目的不是获得企业所有权，而是盈利，是得到丰厚利润和显赫功绩后从风险企业退出。

风险投资从风险企业退出有三种方式：首次公开发行（initial public offering, IPO）；被其他企业兼并收购或股本回购；破产清算。

显然，能使风险企业达到首次公开上市发行是风险投资家的奋斗目标；破产清算则意味着风险投资可能一部分或全部损失。

以何种方式退出，在一定程度上是风险投资成功与否的标志。在做出投资决策之前，风险投资家就制定了具体的退出策略。退出决策就是利润分配决策，主要考虑在什么时候退出、以何种方式退出可以实现最大收益。

5. 什么是 PE

PE 是 private equity 的缩写，即私募股权投资，是指投资于非上市股权，或者上市公司非公开交易股权的一种投资方式。

私募股权投资起源于美国。1976 年，华尔街著名的投资银行贝尔斯登的 3 名投资银行家合伙成立了一家投资公司 KKR，专门从事并购业务，这是最早的私募股权投资公司。

众多的私募股权投资公司在经过了 20 世纪 90 年代的高峰发展时期和 2000 年之后的发展受挫期之后，目前重新进入上升期。据英国调查机构 Private Equity Intelligence 统计，截至 2007 年 2 月，全世界共有 950 支私募股权投资基金，直接控制了 4400 亿美元。

国外私募股权投资基金经过 30 年的发展，成为仅次于银行贷款和 IPO 的重要融资手段。国外私募股权投资基金规模庞大，投资领域广泛，资金来源广泛，参与机构多样化。目前西方国家私募股权投资占其 GDP 的份额已达到 4%～5%。迄今，全球已有数千家私募股权投资公司，黑石、KKR、凯雷、贝恩、阿波罗、德州太平洋、高盛、美林等机构是其中的佼佼者。

6. PE 与 VC 的联系与区别

PE 与 VC 都是通过私募形式对非上市企业进行的权益性投资，然后通过上市、并购或管理层回购等方式，出售持股，从而获利。私募股权基金的退出方式也主要有三种：上市（IPO）、被收购或与其他公司合并以及重组。

区分 VC 与 PE 的简单方式是：VC 投资企业的前期，PE 投资后期。当然，前后期的划分使得 VC 与 PE 在投资理念、规模上都不尽相同。PE 对处于种子期、初创期、发展期、扩展期、成熟期和 Pre-IPO 各个时期企业进行投资，故广义上的 PE 包含 VC。

目前，很多传统的 VC 机构也介入了 PE 业务，而许多传统上被认为专做 PE 业务的机构也参与 VC 项目。也就是说，PE 与 VC 只是概念上的一个区分，在实际业务中两者的界限越来越模糊。比如著名的 PE 机构凯雷（Carlyle）也涉及 VC 业务，其投资的携程网、聚众传媒等便是 VC 形式的投资。

培养未来富豪的孵化器
——风险投资基金

第四章 决定金融商品价格的关键
——利息和利率

利率是金融市场中一个非常重要的变量,它是各种金融产品定价的基础。市场上存在着各种各样的利率,利率水平自然也不同,有些还需要通过计算才能得出。利率问题包含有关利率的方方面面,远远不止一般人在银行存款时接触的利率那样简单。因此,对于金融领域外的人来说,要理解金融,就要先弄清楚利率是怎么回事。同时,利率政策还是中央银行货币政策的一种,利率政策的威力之大使得利率的调整会对金融市场的各个方面都产生影响。由此,利率在整个金融市场的重要性可见一斑。

一、钱是怎样"生"钱的——利息和利息率

现在,贷出款项收取利息已经成为很自然的事情,货币因贷放而会增值的概念也已经根植于人们的经济观念中。历史上对于利息曾有过否定的看法,然而随着社会由自然经济向商品货币经济的全面发展过度,人们日益正视利息的存在,很多经济学家还提出了对利息实质的认识。

马克思主义经济学说认为利息实质是利润的一部分,是剩余价值的特殊转化形式。货币本身并不能创造货币,货币执行资本的职能,获得一种追加的使用价值,即生产平均利润的能力。所有资本家都追求剩余价值的利益,利润又转化为平均利润。平均利润分割成利息和企业主收入,分别归不同的资本家所占有。因此,利息在本质上与利润一样,是剩余价值的转化形式,反映了借贷资本家和职能资本家共同剥削工人的关系。

西方经济学家中,"实质利息理论"认为利息实质是实际节制的报酬和实际资本的收益,实际利息率最终取决于起初的生产力因素,如技术、资源的可用性和资本存量等。从17世纪古典经济学家对利息开始进行系统研究起,直到20世纪30年代,实质利息理论在利息研究领域一直居于主导地位。

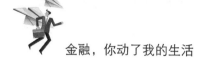

"货币利息理论"认为利息是借钱和出售证券的成本,同时又是贷款和购买证券的收益。作为一种货币现象,利息率的高低完全由货币的供求决定。

利息的多少取决于三个因素:本金、存期和利息率水平。

利息的计算公式为:利息=本金×利息率×存款期限

另外,一些国家规定存款利息收入的一部分要作为税收上缴国家。

1. 利率决定论

利息率又称利率,表示一定时期内利息量与本金的比率,通常用百分比表示。其计算公式是:利息率=利息量/本金/时间×100%

利率是经济学中一个重要的金融变量,几乎所有的金融现象、金融资产均与利率有着或多或少的联系。多年来,经济学家一直在致力于寻找一套能够完全解释利率结构和变化的理论。利率水平是怎样决定的,有哪些因素会使它发生变化,是金融理论中一个极其重要的课题。

当前,世界各国频繁运用利率杠杆实施宏观调控,利率政策已成为各国中央银行调控货币供求,进而调控经济的主要手段,利率政策在中央银行货币政策中的地位越来越重要。合理的利率对发挥社会信用和利率的经济杠杆作用有着重要的意义,而合理利率的计算方法是我们关心的问题。

利息率的高低,决定着一定数量的借贷资本在一定时期内获得利息的多少。利息率政策是宏观货币政策的主要措施,政府为了干预经济,可通过变动利息率的办法来间接调节通货。在萧条时期,降低利息率,扩大货币供应,刺激经济发展。在膨胀时期,提高利息率,减少货币供应,抑制经济的恶性发展。所以,利率对我们的生活有很大的影响。

从借款人的角度来看,利率是使用资本的单位成本,是借款人使用贷款人的货币资本而向贷款人支付的价格;从贷款人的角度来看,利率是贷款人借出货币资本所获得的报酬率。如果用 i 表示利率、用 I 表示利息额、用 P 表示本金,则利率可用公式表示为:$i=I/P$。

一般来说,利率根据计量的期限标准不同,表示方法有年利率、月利率、日利率。

在现代经济中,利率作为资金的价格,不仅受到经济社会中许多因素的制约,而且利率的变动对整个经济产生重大的影响。因此,现代经济学家在研究利率的决定问题时,特别重视各种变量的关系以及整个经济的平衡问题,利率决定理论也经历了古典利率理论、凯恩斯利率理论、可贷资金利率理论、IS-LM 利率分析以及当代动态的利率模型的演变、发展过程。

凯恩斯认为储蓄和投资是两个相互依赖的变量，而不是两个独立的变量。在他的理论中，货币供应由中央银行控制，是没有利率弹性的外生变量。此时货币需求就取决于人们心理上的"流动性偏好"。而后产生的可贷资金利率理论是新古典学派的利率理论，是为修正凯恩斯的"流动性偏好"利率理论而提出的。在某种程度上，可贷资金利率理论实际上可看成古典利率理论和凯恩斯理论的一种综合。

Tips：流动性陷阱是凯恩斯提出的一种假说，是指当一定时期的利率水平降低到不能再低时，人们就会预期利率不会更低，有价证券的价格不会再升高了，此时由于害怕有价证券价格下降，人们更加愿意持有货币，这样货币的需求弹性就会变得无限大，无论货币的供应量增加多少，人们都愿意将它储存起来。发生流动性陷阱时，人们对货币的需求随着货币供给的变化而变化，再宽松的货币政策也无法改变市场利率，使得货币政策失效。

英国著名经济学家希克斯等人则认为以上理论没有考虑收入的因素，因而无法确定利率水平，便于 1937 年提出了一般均衡理论基础上的 IS-LM 模型，从而建立了一种在储蓄、投资、货币供应和货币需求这四个因素的相互作用之下的利率与收入同时决定的理论。

根据此模型，利率的决定取决于储蓄供给、投资需要、货币供给、货币需求四个因素，导致储蓄投资、货币供求变动的因素都将影响利率水平。这种理论的特点是一般均衡分析。该理论在比较严密的理论框架下，把古典理论的商品市场均衡和凯恩斯理论的货币市场均衡有机地统一在一起。

马克思的利率决定理论是从利息的来源和实质的角度，考虑了制度因素在利率决定中的作用，其理论核心是利率是由平均利润率决定的。马克思认为在资本主义制度下，利息是利润的一部分，是剩余价值的一种转换形式。利息的独立化，对于真正显示资金使用者在再生产过程中所起的能动作用有积极意义。

2. 影响利率变化的多种因素

影响利率变化的因素是多种多样的。经济周期、通货膨胀、货币政策和财政政策、国际经济政治关系等，对利率的变动均有不同程度的影响。

在国家经济不发达或非常时期，利率管制也是直接影响利率水平的重

要因素。管制利率的基本特征是由政府有关部门直接制定利率或利率变动界限。由于管制利率具有高度行政干预和法律约束力量,排斥各类经济因素对利率的直接影响,因此尽管许多发达的市场经济国家也实行管制利率,但范围有限,且非常时期结束后就立即解除管制。相比之下,多数发展中国家的利率主要为管制利率。

形成这种局面主要包括以下几方面的原因:

(1) 经济贫困和资金严重不足,迫使政府实行管制利率,期望促成经济发展和防止过高的利率给经济带来不良影响。

(2) 实行管制利率以抑制比较严重的通货膨胀。

(3) 为配合全面的经济控制,如对贸易、物价、投资、生产、外汇等方面的控制,需要对利率实行管制。

(4) 不发达的金融市场与数量不多的金融机构容易形成垄断利率及贷款的垄断分配,并发展为利率管制。

(5) 在实行计划经济的国家中,管制利率是配合实现生产、流通与分配计划的一个重要组成部分,以保证实现计划目标及财政信贷的综合平衡。

钱是怎样"生"钱的
——利息和利息率

二、怎么有那么多种利率——利率体系和利率

利息率,日常简称为利率。我们到银行营业厅看到的利率表,有存款利率、贷款利率,存款利率又分为活期、定期,定期又分为整存整取、零

第四章 决定金融商品价格的关键——利息和利率

存整取、整存整取又要划分期限等；更不用说新闻里经常要提到的加息、基准利率……真是不一而足。

怎么有那么多种利率？存款、房贷利率又是怎么算出来的？为什么有人说钱存在银行里其实利息是负的？

现实生活中的利率都是以某种具体形式存在的。经济学家在著述中谈及的利率计利率理论，通常是就形形色色、种类繁多的利率综合而言的。有时用"市场平均利率"这类概念，也是一个理论概念，而不是指哪一种具体的统计意义上的数量概念。

在利率这个大系统中，按照不同的标准可以划分出多种多样的利率类别，以此更清楚地表明不同种类利率的特征。

（1）按利率的地位可划分为：基准利率与一般利率。

基准利率的概念经常可以见到。它是指在多种利率并存的条件下起决定作用的利率。所谓起决定作用，意思是这种利率变动，其他利率也相应变动。因而，了解这种关键性利率水平的变化趋势，也就可以了解全部利率体系的变化趋势。基准利率在西方国家传统上是以中央银行的再贴现利率为代表，但实际上也不限于这一种。例如，在我国是指中国人民银行对商业银行贷款的利率。

（2）按信用行为的期限长短可划分为：长期利率和短期利率。

（3）按计算利率的期限单位可划分为：年利率、月利率与日利率。

（4）按利率的决定方式可划分为：官定利率、公定利率与市场利率。

由政府金融管理部门或中央银行确定的利率，通常叫官定利率；由非政府部门的民间金融组织，如银行公会等所确定的利率是行业公定利率；随市场规律而自由变动的利率就是市场利率。我国目前以官定利率为主，绝大多数利率仍是由中国人民银行制定，报国务院批准后执行。

（5）按借贷期内利率是否浮动可划分为：固定利率与浮动利率。

固定利率是指在借贷期内不做调整的利率。实行固定利率，对于借贷双方准确计算成本与收益十分方便，是传统采用的方式。浮动利率是一种在借贷期内可定期调整的利率。根据借贷双方的协定，由一方在规定的时间依据某种市场利率进行调整，一般调整期为半年。浮动利率因手续繁杂、计算依据多样而增加费用开支，因此多用于3年以上的及国际金融市场上的借贷，如房地产贷款等。

Tips："固定利率住房贷款"就是在贷款合同签订时即设定好固定的利

率，在贷款合同期内，不论市场利率如何变动，借款人都按照固定的利率支付利息，不需要"随行就市"。对于银行来讲，所定利率偏低，市场风险将全部集中在银行，一旦利率走高，银行亏损难免；利率定得偏高，则客户难以接受，业务根本无法开展。而对于客户来讲，则是对金融风险尤其是利率风险的深入认识和冷静面对的过程。因此，固定房贷利率适合的人群是那些对于未来的支出有一个精确的规划，或是对未来利率变动有自己的认识的投资者。

（6）按利率的真实水平可划分为：名义利率与实际利率。

（7）按借贷主体不同划分为：中央银行利率，包括再贴现、再贷款利率等；商业银行利率，包括存款利率、贷款利率、贴现率等；非银行利率，包括债券利率、企业利率、金融利率等。

（8）按是否具备优惠性质可划分为：一般利率和优惠利率。

利率的各种分类之间是相互交叉的。例如，3年期的居民储蓄存款利率为4.95%，这一利率既是年利率，又是固定利率、差别利率、长期利率与名义利率。

各种利率之间以及内部都有相应的联系，彼此间保持相对结构，共同构成一个有机整体，从而形成一国的利率体系。

三、利率为什么要不断调整——利率市场化

银行利率经常会调整，目的是要更好地适应资本市场发展需求。从长远来看，利率市场化是必然的发展趋势，不以人们的意志为转移。

所谓利率市场化，是指利率的数量结构、期限结构、风险结构都由交易双方自主确定，中央银行只是通过调控基准利率来间接影响市场利率，从而实现调整货币政策的目标。

从全球范围来看，无论发达国家还是发展中国家，过去都曾经实行过非常严格的利率管制。利率管制虽然在不同的历史阶段产生过一些积极作用，但随着时代的发展，尤其是在各种金融工具层出不穷的今天，利率管制越来越脱离市场需求，表现为不适应经济发展需要，甚至阻碍经济发展。

在这种情况下，从20世纪七八十年代开始，市场利率化就已经在全球初露端倪。有些国家默许银行等金融机构挣脱利率管制束缚，有些国家则

第四章 决定金融商品价格的关键——利息和利率

干脆逐步放松甚至废除利率管制。

例如，在英国、德国、法国等欧洲国家，20世纪70年代就已经完成了存贷款利率市场化进程。美国从1980年开始分阶段取消存款利率上限，并且在1986年1月取消了定期储蓄存款利率上限，完全实现了利率市场化。与此同时，加拿大、日本等国家也基本取消了贷款、存款利率限制。

我国是全球最大的发展中国家，在利率市场化改革方面不能照搬照抄西方发达国家的做法。而国际货币基金组织通过对许多成员方进行研究分析认为，发展中国家要推进利率市场化改革，必须具备一定条件，那就是：市场经济体制已经初步形成；现有利率体系合理、间接金融要向直接金融转化；对银行体系有一套审慎的监管制度。

有鉴于此，中国人民银行从1986年开始允许各商业银行的贷款利率在法定利率基础上浮动，这实际上已经迈开了利率市场化步伐。1986年9月，中国人民银行和当时的国家体制改革委员会，批准浙江省温州市作为全国金融体制改革和利率市场化试点城市。10年后的1996年，利率市场化改革在我国开始稳步推进。

我国从世界各国利率市场化改革中总结出以下八方面的经验教训。

（1）利率市场化是整个经济自由化、金融自由化的重要环节。经济自由化必然要求金融自由化，金融自由化又必然要求利率市场化。利率体制改革是金融体制改革乃至经济体制改革不可或缺的一部分。

（2）要先建立完备的市场经济体系，然后才能推进利率市场化。只有首先建立完备的市场经济体系，才能有效实现间接的金融宏观调控，避免因为放开利率而导致经济不良波动。

（3）利率市场化必须在法律框架内进行。也就是说，必须在立法指导下实行利率市场化。这一点在美国、日本等发达国家，以及韩国、阿根廷等发展中国家特别受重视。

（4）利率市场化是一个渐进过程，不可能一蹴而就。例如，利率市场化改革过程在美国经历了70多年，其他西方发达国家基本上都经历了20年时间。相反，阿根廷想用两年时间进行"爆炸式"利率市场化改革，结果被碰得头破血流而宣告失败。

（5）利率市场化改革要有周密步骤安排。例如，美国从20世纪60年代酝酿修改1933年《银行法》中的利率管制上限开始，到1986年完全废除该条款，长达20年。美国在20世纪七八十年代明确提出，取消该条款

准备用五六年时间来实现。韩国也是用 6 年时间、分 4 个步骤来推进这项工作的。

（6）一定要找到一个合适的突破口。有的国家是先放开存款利率，然后放开贷款利率；有的国家是从国债利率市场化入手，扩大到存贷款利率和贴现率；有的国家则以扩大银行利率自主浮动范围为起点，让基准利率起到宏观调控的作用，然后让浮动利率与市场逐步接轨。

（7）要通过金融创新推动利率市场化进程。利率市场化必须通过金融创新来实现。例如，在规避利率管制过程中，大额可转让存单等金融工具的出现会模糊管制利率和自由利率之间的区别，从而变相使得利率管制失效，推进市场化进程。

（8）利率市场化并不是完全放开利率，金融监管不可或缺。利率市场化是相对的，不是绝对的。这就是说，在推进利率市场化进程中，金融监管不可一日或缺。就好像无论车速多快，也不能缺少刹车一样。不过在这里，这种金融监管主要是靠中央银行利率、货币政策工具，只有在极少数情况下才能由政府出面进行直接干预。应该提醒的是，利率市场化会增强金融企业之间的竞争程度，加速不良金融企业倒闭，这一点是政府监管部门必须考虑的。

正是在总结国外利率市场化改革经验教训的基础上，我国推出的指导原则是："先放开货币市场利率和债券市场利率，再逐步推进存贷款利率的市场化。存贷款利率市场化按照先外币、后本币；先贷款、后存款；先长期、大额，后短期、小额的顺序推进。"

据此，我国从 1996 年起先后放开银行之间的拆借市场利率、债券市场利率、银行间市场国债和政策金融债的发行利率，放开境内外币贷款、大额外币存款利率，并且试办了人民币长期大额协议存款，逐步扩大以至于完全放开了贷款利率上浮空间。与此同时，还实行了人民币存款利率下浮制度，把计结息主动权下放到各商业银行。

利率市场化是我国金融界长期关注的热点问题，尤其是 2000 年以来更是受到政府的高度重视。

经国务院批准，我国从 2000 年 9 月 21 日起改革外币利率管理体制，首先是放开外币贷款利率，由金融机构根据国际金融市场利率变动情况以及资金成本、风险差异等因素，自行确定各种外币贷款利率及其结息方式。

2003年，我国又推出中央银行票据以及2006年开始实行国债余额管理，创设了短期基准利率市场。

2004年1月，我国进一步扩大金融机构贷款利率浮动区间，并且于10月29日放开了商业银行贷款利率上限、存款利率下限。

2005年，中国人民银行发布《稳步推进利率市场化报告》，大幅度降低超额准备金利率，完全放开金融机构同业存款利率。

应该说，到目前为止，我国的利率市场化已经覆盖了大部分领域，还没有完全实现市场化的领域主要是以下三块。

（1）银行存贷款利率上下限管理。各个期限的存款利率上限和贷款利率下限，仍然是由中国人民银行规定的，目的是为了保证金融机构有一个合理的利差水平。

（2）企业发行债券的利率管理。中国人民银行在银行之间的债券市场上推出的短期融资券已经实现利率市场化，但对一般企业债券的发行利率仍然是加以管制的，目的是为了要让它与银行贷款利率下限保持协调。

（3）银行之间的债券市场与交易所债券市场依然处于分割状态。

四、谁决定了利率的涨跌——影响我国利率的主要因素

利率作为资金的价格，所受到的决定因素和影响因素非常多，而且非常复杂。也就是说，利率水平的高低和调整，最终是由各种复杂因素的综合影响所决定的。

这几年我国银行利率调整步伐十分频繁，这在许多人看来不可思议，其实是有依据的——那就是利率调整必须尊重客观经济规律，并不是谁坐在办公室里拍拍脑袋就能推出这种政策来的。

利率调整主要应当考虑两个方面：一是究竟要达到什么目的，二是调整的依据何在。从利率调整的目的来看，主要是解决以下六方面的问题。

（1）调节社会资金总供求关系。在其他条件不变的情况下，调高银行利率有助于吸引闲散资金存入银行，从而推迟社会消费品购买力的实现，减少社会总需求。与此同时，银行利率的提高也会增加企业贷款成本，抑制商品销售，减少企业盈利。所以，当出现社会资金总需求大于总供给引发通货膨胀时，银行会采取提高利率来进行干预。调低银行利率的作用恰恰相反。

(2) 优化社会产业结构。政府通过对需要扶持、优先发展的行业实行优惠利率政策，能够很好地从资金面来支持其发展；相反，对需要限制发展的行业或企业，则可以通过适当提高银行利率的方式来提高其投入成本。两者相结合，就能很好地调节社会资源，实现产业结构的优化配置。

(3) 调节货币供应量。当全社会的货币供应量超过需求量时会引发通货膨胀，导致物价上涨。所以，政府可以通过调整银行利率来调节货币供应量。这主要是通过提高利率来减少信贷规模、减少货币投放，来达到压缩通货膨胀、稳定物价的目的。

(4) 促使企业提高经济效益。银行通过提高利率水平，会间接地迫使企业不断加强经济核算、努力降低利息负担，这在客观上提高了企业的管理水平，促进了企业和全社会经济效益的提高。如果企业认识不到这一点，或者根本做不到这一点，一旦整个企业的资金使用效益还够不上银行利息，或者贷款到期时无法正常归还贷款，就可能会被迫关门。

(5) 调节居民储蓄。银行通过提高利率水平，可以吸引居民把闲余资金存入银行，减少社会货币总量，抑制通货膨胀。通过降低利率水平，可以驱使储蓄从银行转入消费领域、促进消费。而在这个过程中，利率的调整就会对居民储蓄结构产生实质性影响，调节实物购买、股票投资比重。

(6) 调节国际收支。银行通过调整利率水平，不但会在国内金融市场产生影响，而且还会在国际金融市场产生联动作用，调节国际收支。具体地说，如果国内利率水平高于国际水平，由于有利可图，就会吸引国外资本向国内流动，从而导致国际收入大于国际支出。反之亦然。

利率调整的目的，就是要保持国际收支基本平衡，至少是不能大起大落，否则是会影响国家金融安全的。

为了达到上述目的，利率调整必须在众多复杂关系中考虑以下主要因素。

(1) 社会平均利润率。马克思认为，利息是利润的一部分。所以银行在调整利率时，必然会关注社会平均利润率的高低，既不会因为少数企业的利润率偏低就降低利率，也不会因为少数企业的利润率偏高而提高利率。

总的来说，社会平均利润率越高，利率水平也会相应提高，否则就无法正确反映利率的杠杆作用；社会平均利润率越低，利率水平也要相应降低，否则大多数企业会承受不了这样的高利率水平。利率水平最高不可能

第四章 决定金融商品价格的关键——利息和利率

高于社会平均利润率，但最低也不能低于零。

（2）资金供应状况。利率水平的调整必须参考整个社会资金面供应情况。利率作为资本的价格，与普通商品一样，它的价格调整必定会受到货币供求状况影响。市场经济越成熟，资金供应状况对利率调整的影响作用就越大，利率调整对资金供应状况的调节作用也就越大。

总的来看，当资金供应不足时利率水平会上升，当资金供大于求时利率水平会下降。一方面，资金供应状况会促使银行调整利率；另一方面，利率水平的调整也会改善资金供应状况，两者是相辅相成的。

在我国，由于整个社会的资金、资源比较缺乏，所以在调整利率水平时尤其重视资金供求状况，这也是我国既没有放开利率水平，也不能完全根据资金供应状况调整利率水平的主要原因。

（3）国家经济政策。利率水平是国家经济政策干预社会经济生活的重要方面。国家经济政策尤其是中央银行的货币政策，与银行利率政策的方向是相一致的、效应也是一致的。

例如，中华人民共和国成立后，我国长期实行低利率政策，目的是为了稳定物价、稳定市场。1978年改革开放后，我国在一些部门、企业率先实行差别利率，这又体现了国家政策的引导、限制目的。

毫无疑问，国家在某个时期内制定的经济发展战略、速度、方向，都会客观决定资金需求状况、资金流向。可以想见，我国今后相当长的一个时期内，都会把利率控制在一个较低的水平上，并对不同行业实行差别利率政策。

（4）银行成本。上面已经提到，利率包括存款利率和贷款利率两类。贷款利率与存款利率的差额大小，直接决定了银行盈利水平高低。所以在调整利率水平时，必然会考虑银行成本高低，看银行是否承受得了。

银行发放贷款所取得的利息收入，只有完全弥补吸收存款需要支付的利息和其他业务费用，并且在此基础上有盈余，银行的运转才能正常进行下去，银行开展业务才有积极性。所以，银行贷款利率必然会高于存款利率，两者之间需要一个合理的利差。尤其是在我国，银行盈利主要靠利息收入，这一点更重要。

（5）物价水平。一般认为，银行存款利率必须高于通货膨胀率，否则人们把钱存在银行里不但不会增值，而且还会遭受本金损失，这样就会促使储户提取存款、抢购商品了。

105

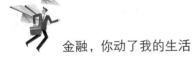

金融，你动了我的生活

银行贷款利率要高于存款利率，所以更应该高于通货膨胀率。如果贷款利率低于通货膨胀率，那么银行就会遭受本金损失，发放出去的贷款越多亏损越大，正常业务难以为继。相反，贷款企业却可以因此减轻债务负担，并且从贷款利率与通货膨胀率之差中获得额外收益，诱导企业千方百计扩大贷款数额，从而加剧资金供应紧张的局面。

（6）国际利率水平。银行利率调整还必须考虑国际利率水平高低。如果国内的银行利率高于国际水平，国外资本就会大量涌入，导致银行体系流动性增强，银行利率下降；相反，如果国内银行利率低于国际水平，资本就会流至国外，减少银行体系的流动性，促使银行利率上升。市场利率化程度越高，上述因素所起的作用就越大。

五、央行加息和上调存款准备金率是一回事吗——利率与存款准备金率

这几年我国频繁调整存款准备金率。每当新闻报道中播出存款准备金率调整的消息后，总有人以为银行利率又调整了。虽然存款准备金率和利率之间有关联，但两者终究不是一回事。

所谓存款准备金，是金融机构为了保证客户提取存款和资金清算的需要存在中央银行的存款。中央银行要求存款准备金占银行存款总额的比例，称为存款准备金率。

存款准备金只发生在金融机构与中央银行之间，与存款人只具有间接关系。实行存款准备金制度的目的，是要限制金融机构贷款规模，同时保证客户提取存款、资金清算能够顺利实现。

那么，存款准备金率和银行利率之间有什么关系呢？一般来说，存款准备金率提高了，表明中央银行发出了紧缩货币政策信号，这时候的银行利率也会有上升趋势，就这么简单。

随着金融制度的发展，存款准备金已经成为非常重要的货币政策工具，间接调整货币供应量。当中央银行降低存款准备金率时，那么商业银行存放在中央银行的存款准备金自然也相应地降低，这样一来商业银行可以用于发放贷款的资金增加了，整个社会的贷款总量和货币供应量也会相应增加；反之，整个社会的贷款总量和货币供应量就会相应减少。

我国是从1984年开始实行存款准备金制度的，当时是按照存款种类规定法定存款准备金率的，具体规定为：企业存款的准备金率是20%，农村

第四章 决定金融商品价格的关键——利息和利率

存款是 25%，储蓄存款是 40%。第二次调整法定存款准备金率是 1985 年，统一调整为 10%。

我国从 2006 年以来加快了存款准备金率调整步伐。究其原因在于，经济的快速增长带动了投资增速过快，需要通过提高存款准备金率的办法减缓货币性增长，保持国民经济健康发展。

存款准备金包括法定存款准备金、超额存款准备金两种。

法定存款准备金是指中央银行在法律赋予的权力范围内，强制要求各银行按照规定比率从所吸收的存款中提取一定金额，交存给中央银行。超额存款准备金是指从银行全部现金准备中扣除法定准备金后的余额，可以是现金，也可以是其他流动性强的金融资产。

上述概念的相互关系是：

存款准备金 = 法定存款准备金 + 超额存款准备金
　　　　　 = 银行库存现金 + 商业银行在中央银行的存款
法定存款准备金 = 法定存款准备金率 × 存款总额
超额存款准备金 = 存款准备金 − 法定存款准备金

在银行吸收的存款总额一定的情况下，法定存款准备金率越高，商业银行能够用于发放贷款的资金就越少，从而导致能够生存的派生存款就越少。

那么，什么叫派生存款呢？派生存款是商业银行信用创造的核心，是多家商业银行之间连续不断地"存款""贷款"造成的，单独一家银行无法完成。

具体地说，当某家商业银行吸收一笔存款后，只要扣除一定比率作为法定存款准备金，其余的部分就可以作为贷款发放出去。如此这般，该银行经过反复的存、贷业务关系，会不断形成新的存款、新的法定存款准备金，从而使得派生存款的规模不断扩大，但不会无限扩大。因为存款准备金率的提高，会在客观上压缩这种派生存款规模。

所以，从理论上看，银行存款可以分为原始存款和派生存款两部分，当然实际工作中并没有这种区分的必要，也是分不清的。在这种情况下，存款准备金率的高低，在调控信贷规模方面的作用显而易见。

举个最简单的例子来说，假设客户把存款存入银行后就不再提取现金了；并且这家银行只提取法定存款准备金，暂时不考虑提取超额存款准备金；银行在吸收存款后，扣除法定准备金外的部分全都用来发放贷款。

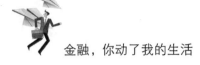

在上述条件下，如果 A 银行吸收到一笔人民币存款 10 万元，那么 A 银行这时首先必须按照当时的法定存款准备金率提取存款准备金，把它存入中央银行的法定存款准备金账户。只有这样，其余的部分才能用于发放贷款。

假如这时候的存款准备金率是 14.5%，那么这时候 A 银行就要把 10×14.5%＝1.45（万元）人民币存入中央银行存款准备金账户，能够用于发放贷款的数额是 10－1.45＝8.55（万元）。

A 银行把这 8.55 万元贷款发放给了某企业，该企业取得这笔贷款后马上用于支付欠款给了业务单位，该业务单位把收到的支票存入了它的开户银行 B 银行。这样，B 银行就有了一笔 8.55 万元的人民币存款。这时候 B 银行又必须按照当时的法定存款准备金率提取存款准备金了。

如果这时候的法定存款准备金率仍然是 14.5%，那么 B 银行就必须把其中的 8.55×14.5%＝1.24（万元）存入中央银行的存款准备金账户，能够用于发放贷款的数额只能是 8.55－1.24＝7.31（万元）。

如此这般，这一过程一直延续下去，最终把涉及的所有银行的存款进行累加后发现，存款总额已经扩大了许多倍，而累计后的存款总额减去初始存款，就是上面所说的派生存款。

六、利率调整怎样影响股票指数——利率和股市

利率调整是短期内影响股市走势的重要因素，长期看也会对股价变动产生显著负相关关系，不过这两者之间的关系很复杂。

一般认为，金融因素是影响股票价格最敏感的因素，而在金融因素中，利率的调整对股市行情影响最直接、最迅速。有人用格兰杰（Cranser）因果检验方法研究发现，利率调整会在一个相当长的时期内影响股市走势；相反，利率调整政策的制定却不需要受股市走势影响。具体地说，利率政策对股市的长期走势表现为：股票价格与利率呈反比关系——提高利率，股票指数会下跌；降低利率，股票指数会上涨。

进一步研究表明，股票指数有关利率的弹性系数为 －0.4667。这就是说，在一般情况下，一年期定期存款利率调整幅度达到 1%，股票指数价格将会反方向调整 0.4667%。

股票价格变动方向为什么会和利率调整呈反方向呢？原因如下：

(1) 利率的上升，会增加上市公司借款成本，提高贷款难度，这样就必然会挤占公司利润、压缩生产规模，导致未来股价下跌。反之亦然。

(2) 利率上升时，投资者用来评估股票价格所用的折现率也会调高，股票内在价值会因此下降，导致股票价格相应下跌。反之亦然。

(3) 利率上升时，一部分资金会从股市撤出转而购买债券或存入银行，从而减少股市中的资金流通量，这种股市"失血"会导致股市下跌。反之亦然。

既然利率调整与股票价格变动之间存在着上述关系，那么投资者就有必要密切关注利率调整的时间、方向和力度。如果可能，还要对利率调整做出预测，以便抢先一步进行股票买卖决策。

从我国实际情况来看，可以主要关注以下几方面：

(1) 贷款利率调整幅度。贷款资金是由存款来供应的，所以从贷款利率的调整可以推测出存款利率也会出现相应调整。

(2) 市场景气动向。市场兴旺，物价上涨，利率一般会向上调整，因为只有这样才能吸引更多存款，减轻市场压力；反之，利率会向下调整。

(3) 资金市场的紧张程度和国际金融市场利率水平。道理很简单，在一个开放的市场体系中货币是没有国界的，必须从全球范围看问题。

在金融学理论中，利率通常被看作宏观经济的"指挥棒"，而股票市场则是宏观经济的重要组成部分。所以，从这一点上看，利率和股市之间必然会具有密不可分的关系。

例如，2007年5月18日，中国人民银行宣布将金融机构一年期存款基准利率上调0.27个百分点，马上就引发第二天的股市波动。因为存款基准利率的上调会给外界传达出这样一个信息：政府要加强金融调控力度、防止经济增长从偏快转为增长过热，并希望给火爆的资本市场降降温。

不过需要指出的是，利率调整对股市走势的作用并不一定都会如此直接，两者之间的影响作用非常复杂。从历史上看，1996年5月的利率下调对我国股市的冲击最大，随后的5次利率下调冲击作用就较弱，表明降低利率对股市资金供给的影响作用不大。

有人甚至总结出这样的规律：利率上调从短期来看对股市的负面影响较大，从中期来看这种影响究竟如何就比较难判断，从长期（3个月以上）来看则会变成正面影响。

一份研究报告对1993年3月26日至2007年5月7日上海证券交易所

每天的收盘指数与一年期银行定期存款利率数据进行了充分对比，从中发现两者之间的联动关系具有以下特征。

（1）我国股市对利率调整具有一定的敏感性。这种敏感性从统计学研究来看，它的方差、均值的 F（用组内均方去除以组间均方的商，如果 F 值接近1，说明各组均数之间的差异没有统计学意义；如果 F 值远远大于1，则说明各组均数间的差异具有统计学意义）和 t 检验（在对均值进行假设检验时，与方差分析相类似的另一种参数检验方法）大多数情况下都会通过显著性检验。也就是说，利率调整后，股票指数的方差和均值都发生了显著改变。不过总体来看，如果利率调整前后方差没有显著变化，这时候股票指数的均值变化会较小；相反，股票指数的均值则会发生显著变化。

（2）我国股市对利率调整不是太敏感。从上述期间13次利率变动的影响看，利率下调有时候不但没能引起股指上升甚至还会一直下跌。1996年5月1日、1998年3月25日、1998年12月7日的情形都是如此，这又是为什么呢？

a. 利率调整只是股市变动的诸多影响因素之一。

除了利率调整以外，还有许多因素可以制约股市的发展。尤其是在一个不成熟的股市中，绝不可以小看了庄家操纵、行政干预、投机过度、信息不对称等不规范因素对股市走势的干扰。

例如，我国股市中的投机因素太强，2007年股市暴涨、2008年股市暴跌，其中相当一部分因素是过度投机和非理性行为造成的，大大破坏了利率与股票价格之间正常的联动关系。

b. 股市发展对利率调整缺乏应有的敏感度。

一方面是我国正处于经济转轨时期，各种社会福利保障制度，如医疗、住房、教育制度的改革，使得居民对未来的预期不稳定，从而导致利率变动所带来的投资替代效应不强；另一方面，我国居民参与股市投资的比例并不是很高，这也必然使得银行利率的调整对股市资金流量影响不大，弱化了利率变动对投资的替代效应。

c. 真正能影响股市发展的应当是实际利率。

我们知道，利率分为名义利率和实际利率。虽然名义利率和实际利率有关系，但还不能说调整名义利率就是调整实际利率，因为在这其中还有一个物价指数的变量在起作用。

目前国际上通用的实际利率计算公式是：实际利率＝(1＋名义利率)/(1＋物价指数)－1。也可以简单地理解为：实际利率＝名义利率－物价指数。

显而易见，利率调整的只是名义利率，而能够对股市走势产生影响的应该是实际利率，并不是名义利率。尤其是在物价指数不断变动的背景下，名义利率的上升或下降幅度较大，有可能使得实际利率的变动方向与名义利率相反。如果是这样，利率调整与股票指数的涨跌方向就更没有一致性了。

例如，1997年年末我国一年期存款利率为5.67%，当时的物价指数为0.8%，表明实际利率为4.87%。一年后的1998年年末，我国一年期存款利率为3.78%，物价指数为－2.6%，这时候的实际利率高达6.38%。

了解了这一点就很容易理解，为什么1998年连续几次利率下调后，实际利率反而升高了。因为物价指数在那里起作用。这时候再看股票指数一直在下跌，当然就比较容易理解了。

d. 股票指数变动对利率调整有一定的滞后性和条件性。

利率调整对股市走势的影响作用不一定会马上表现出来，要等到市场主体心态趋稳之后才能显现出来。

例如，1996年8月23日、1998年7月1日两次下调利息，利率下调3天后股票指数都出现了显著上升，而且保持了相当长的一段时间。这说明利率下调的不利因素已经在消息出台后3天内消化完毕，之后反映的才是对这两次利率调整的客观结果。

e. 利率调整对股市的刺激效应会呈递减趋势。

究其原因在于，这种一而再再而三的利率调整效应会被股市提前消化。

例如，2007年5月19日的利率上调，当时的居民消费价格指数已经连续2个月超过3%，市场不但早有心理准备，而且早就盼望着出台升息政策了。所以，这时候利率上调政策真的出台时就很难达到预期效果。事实上，就在利率上调的消息公布的前一个星期，股市就出现了两次震荡，已经在相当程度上消化了利率上调可能带来的影响。

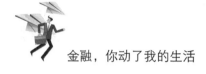

七、利率调整怎样影响债券价格——利率和债市

我们很容易发现,自己购买的债券将来所能获得的实际收益,并不一定与票面上规定的利息率相同,有时会大大超出票面规定的收益;有时又会低于票面规定,从而变成实际收益下降。这实际上就揭示出了债券和利息率之间的一种联动关系。换句话说,利息率与债券投资收益率是两个不同概念,并不是说利息率越高债券收益率就越高。

例如,如果某人拥有一张面值1000元的债券,它的票面年利率为3.5%。如果你要以900元的价格买下它,你的当期收益率有多少?

在这里,首先要弄清两个概念。一个是年息票收入,另一个是当期收益率。年息票收入是指定期支付的债券(或其他票据)的利息,在这里就是3.5%;当期收益率是指年息票收入与当前购买价格的比率。

根据上述关系,有以下计算过程:当期收益率=1000×3.5%/900=3.89%,由于3.89%大于3.5%,这就表明投资该债券的当期收益率要比票面收益率来得高。究其原因在于,你的买入价格低于票面价值;相反,如果你的买入价格高于票面价值,当期收益率就要低于票面收益率。只有当你是以1000元的票面价值购买该债券时,当期收益率才能与票面上所载明的3.5%年收益率相同。

如果该债券你是以980元的价格买入的,一年后又以1020元的价格卖出的,这一年中你能得到多少实际回报率?

如果是这种情况,那么要计算的就不是当期(现在)收益率而是持有期收益率了。该债券的持有期收益率,可以看作此期间内的投资回报率,其中包括两部分:一部分是该债券的利息收入,另一部分是买卖该债券价格与票面价格之间的差价而形成的资本利得。所以,这种投资回报率并不一定就等于该债券票面载明的利率。

这时候的计算公式是:债券持有期收益率=(1000×3.5%+1020-980)/980×100%=7.65%。

从中很容易看出,它已经远远超过票面上载明的3.5%的到期收益率。究其原因在于,其中还包括资本利得率在内。在西方国家,平时所说的债券收益率就是指持有收益率,而不是当期收益率。

一般来说,利率调整的方向与债券收益率变动方向一致,与债券价格变动的方向相反。也就是说，当市场利率上升时，持有固定利率债券的投资者会发现，这时候自己持有的债券收益率也同样提高了，不过这时候的债券价格相对来说却降低了。

这种变动方向，有可能促使投资者用原有价格迅速卖出手中持有的债券，从而造成该债券在市场上供大于求，直接引发债券价格下跌。这种供大于求的局面，反过来又会使得该债券的收益率重新回升、向市场利率靠拢，慢慢扭转原来的局面。

举例来说，如果面值1000元的1年期债券，年利率为3.5%，那么到期后它的本利和就是1000×（1+3.5%）=1035（元）。毫无疑问，如果这时候的市场利率就是3.5%，那么该债券的价格就是1000元，即1035÷（1+3.5%）=1000（元）。假如这时候的市场利率上升到了5%，那么该债券的收益率也就相应提高了，变成了1000×（1+5%）=1050（元）；与此同时，债券价格却相应降低到了1035÷（1+5%）=985.71（元）。相反，如果这时候的市场利率下跌到了2.2%，该债券的收益率也会相应下跌到1000×（1+2.2%）=1022（元）；债券价格相应上涨到1035÷（1+2.2%）=1012.72（元）。

利率与债券收益率之间的关系，在不同期限的债券上表现各不相同。虽然利率变动与债券收益率的同方向变动、债券价格的反方向变动规律不变，可是对投资者所带来的风险、投资收益高低各不相同。

一条普遍规律是，由于债券到期时要按票面载明的利率进行兑现，所以离债券到期日越近，该债券的投资风险就越小。换句话说，长期债券的利率风险要大于短期债券的利率风险，当债券即将到期时，就意味着这种风险也即将消失。

下面通过一个美国证券市场上的实例来加以说明。

假设不同期限的债券的年息票收入都是10%，在第一年利率上升时当期收益率并没有变化，都是10%。随着第二年利率继续上升，不同期限债券的资本利得率各不相同。总的来看，期限越长的债券损失越大。例如，当利率由10%上升到20%时，30年期限的债券资本损失达到49.7%；这样，在扣除第一年档期收益率后，总的回报率就是损失了39.7%。只有当债券持有期与到期日相一致时，才与最初的到期收益率完全相等。

第五章 懂金融，会理财
——金融与家庭理财

如同生活需要自己精心去打理一样，自己拥有的钱也同样需要去精心打理，这样才能使自己的钱生出更多的钱。然而，现实情况是人们把自己辛辛苦苦积攒的钱存入银行就不去管它，需要的时候去取，不需要的时候就让它在那里安静地待着。这些人其实错过了很多使钱生钱的机会。人们总说"一个人越是有钱就越是有钱"，这又是怎么回事呢？金融学里的马太效应到底是怎么回事？本章内容主要向读者介绍一些个人理财的知识。

一、从"负翁"到"富翁"——消费信贷

杰西卡是位十足的现代女性，拥有良好的教育背景和高收入的工作，在消费方面也毫不示弱，本着"能花才能挣"的精神，杰西卡可以算是商场的最佳顾客了。尤其在改用信用卡支付以后，消费额度有增无减。最近几天，她却有些犯愁，因为通过银行的对账单，她发现自己已经在支付大额的循环利息了，而且因为自己的信用卡数量太多，有种一团乱麻、无从下手的感觉。问题到底出在哪里呢？

1. 消费信贷

曾几何时，中国人还为"既无内债，又无外债"而欣慰，与美国政府的债台高筑相比，这在当时很让人自豪。10多年前流传着美国老太太贷款购房及中国老太太临死前才购房的故事；到了现在，人们已经普遍接受按揭购房，消费信贷已深入到我们的生活中。

消费信贷是个人和家庭用于满足个人需求（房产抵押贷款例外）的信贷，与企业信贷相反。消费信贷是商业企业、银行或其他金融机构对消费者个人提供的信贷，主要用于消费者购买耐用消费品（如家具、家电、汽车等）、房屋等。

第五章 懂金融，会理财——金融与家庭理财

消费信贷有两种基本类型：封闭式信贷和开放式信贷。

封闭式信贷：在一段时间内以相同金额分数次偿还债务的方式，包括抵押贷款、汽车贷款和分期付款贷款（分期付款销售合同、分期现金支付信贷和一次性信贷）等。

开放式信贷：循环发放的贷款，部分付款根据定期邮寄的账单缴付，包括旅游与娱乐卡、透支保护、百货商店发行的卡和银行卡（银联、Visa、MasterCard）等。

消费信贷的形式主要有：

（1）赊销。零售商向消费者提供的短期信贷，即用延期付款的方式销售商品。西方国家对此多采用信用卡的方式，定期结算清偿。

（2）分期付款。消费者在购买高档消费品时，只支付一部分货款，然后按合同分期加息支付其余货款。如果消费者不能按时偿还所欠款项，其所购商品将被收回，并不再退回已付款项。

（3）消费贷款。银行通过信用放款或抵押放款以及信用卡、支票保证卡等方式向消费者提供的贷款。消费信贷又可分为买方信贷和卖方信贷，前者是对消费品的购买者直接发放贷款；后者则是以分期付款单做抵押，对销售消费品的商业企业发放贷款，或由银行同以信用方式销售商品的商业企业签订合同，用现金的形式把货款付给商业企业。

消费信贷的产生和存在是社会生产发展和人们消费结构变化的客观要求，在一定程度上可以缓和消费者有限的购买力与不断提高的生活需求之间的矛盾。但是，消费者对未来购买力的超前预支，往往会造成一时的虚假需求，掩盖生产与消费之间的矛盾。

2. 别成为"负翁"

信用卡是典型的双刃剑，它是我们生活的好帮手，出差、旅游、购物利用它可以免去身上携带大量现金的麻烦，但一不留神，就有可能付出昂贵的代价。如何用好信用卡，也是时尚消费的必修课。

现在，很多银行在用户申请信用卡的时候一般会免掉用户的第一年年费，开卡送礼也已经不是新鲜事了，从迪士尼玩具到Swatch手表，银行显得异常慷慨而且宽容。但是，银行在提供给你礼物的同时，也具备了收取以后每年信用卡年费及其他各项费用的权利。

第一年免年费并不意味着年年免费，一般情况下，一旦申请成功并拿了礼物，半年内是不能销卡的，稍加忽略就很容易跨越两个收费年度。而

且需要提醒的是,信用卡一旦激活即使从来没用过,也要收取年费。如果持卡人到期没有缴纳年费,银行将会在持卡人账户内自动扣款,如果卡内没有余额,就算作透支消费。免息期一过,这笔钱就会按年利率"利滚利"计息。

很多银行都推出了不限额度刷卡消费六次就可以免掉当年年费的优惠,消费者可要选好是哪家银行提供这样的服务,从而方便自己的消费。

目前,办理信用卡变得很容易,而且信用卡从功能到卡面设计都越来越完善,越来越吸引人,所以很多朋友都有少则一两张,多则七八张信用卡,在消费的时候随手拿起一张就刷,次数多了也不记得到底用了哪张,到底花了多少钱,到底要还哪张卡的钱,这就很容易导致自己不能及时还款,从而陷入了高达每日万分之五的循环利息中。

一般来讲,有一到两张信用卡就足够用了,对于已经申请多张信用卡的人来说,则应选择还款方便、服务质量好、功能适合自己的一张或两张卡使用就可以了。比如经常出差的朋友,不妨申请有酒店打折、里程积分的信用卡,再配合一张购物消费打折的卡片;没有时间经常去银行的朋友,可以考虑有理财功能的信用卡,再配合其他功能的信用卡,等等。

当然,仅仅靠个人意志是不够的,国家需要建立一系列配套制度来控制"负翁"的产生。

在美国,消费信贷为社会经济埋下祸端的可能性微乎其微,因为有许多与消费信贷制度相配套的完备的制度规范。"负翁"从借贷之初就处于制度监控之中:有没有不良资信记录,具不具备还债能力,借出去的钱如何花,等等。有了这些制度规范,"负翁"就处于制度框架以内。

首先就是建立严格的消费审查制度,用来监督"负翁"们在消费什么。并不是只要消费就能拉动内需从而促进经济发展的,正如某位经济学家所言,只有消费那些"发展资料"才能有力地推动经济的可持续发展。一般来说,信贷消费的对象包括"享受资料"和"发展资料",只有对于"发展资料"的消费,才能不仅仅满足于人们当下的欲望,而且有利于个体和社会的长远发展。对于目前有不少"负翁"是在高消费"享受资料"的现象,我们要及时制止他们进行信贷消费就是为了超前享受、及时行乐的思想,避免超前消费给我们的社会带来破坏性的危险。然而,对于"发展资料",我们就要鼓励其多消费。消费审查制度就是对不利于个体和社会发展的消费现象进行制度的约束,规范"负翁"的消费选择。

其次就是以规范对"负翁"们的信贷过程进行合法性审查。严格对贷款者进行全方位检查,在银行审批贷款项目时,就要看贷款者的信用和收入证明是否真实,贷款使用的项目是否符合规定,贷款者在本行和其他银行还有没有其他贷款,有没有超越他的偿还能力,以此减少贷款变成坏账的可能性。

此外,我们还要建立个人诚信记录审查制度,一个有说谎记录的"负翁"是对消费信贷制度最大的危险。我们也可以借鉴国外的经验,完善信用担保机构,推行个人破产制度,在个人资产小于个人负债且无能力偿还的情况下,如同企业破产一样,实施个人破产制度。

3. 消费方式的选择

这是一个消费时代,各种消费方式五花八门,每个人、每个家庭的消费观和消费目标千差万别,年轻人在走上家庭生活道路时,选择一种正确的消费方式非常重要,因为合理的消费可以为未来的发展打下良好的基础。

一般人们的消费方式可以归纳为以下三类。

(1)计划型。按家庭收入的实际情况和夫妻生活的目标制订计划,消费时大致按计划进行,非常理智,很少出现盲目和突击性消费。

(2)随意型。这种类型的人完全按照个人喜好和临时兴趣进行消费,较少考虑整体消费效益,所谓"钱多多花,钱少少花"是这部分人的突出特点,较易出现盲目和浪费性消费。

(3)节俭型。消费时精打细算,能省即省,并且善于利用再生性消费。这一类型的消费方式能够使家庭逐渐殷实,然而过于节俭的意识有时可能因过量购买便宜货而造成积压性消费。

这三种消费方式都各有利弊,过分按计划消费,遇到临时性的消费时有可能错过好产品;年轻的夫妻大多喜欢随意型消费,但没有计划的随意型消费有可能导致入不敷出,影响夫妻关系;节俭型的消费大多是老年人的选择,但同样适用于年轻的家庭,适当地节俭可以带来可观的效益。

在具体消费时,应注意以下几点。

(1)避免盲目性消费。缺乏计划,花钱凭一时冲动,随大流抢购市场热销而自己并不急需的商品,这种消费方式是不可取的。

(2)减少浪费性消费。浪费性消费通常表现在生活的细枝末节上,如食品买太多变质了、水龙头漏水、不随手关灯等。

金融，你动了我的生活

（3）限制积压性消费。造成积压性消费的原因往往是抢购和赶时髦，购进大量家庭一时用不完或暂时用不了的东西，造成积压，使商品逐渐减少甚至失去使用价值，也可能使自己丧失购买更急需或更合心意的商品的支付能力。这本质上也是一种浪费。

（4）抑制冲动性消费。冲动性消费往往源于享乐意识，看见某件喜爱的东西，明知价格偏高，亦毫不犹豫地买下，等日后在其他地方发现同样的东西价格要便宜得多，便后悔不迭。或者一时兴起上饭馆大吃一顿，到KTV痛玩一场等，一个月的生活费在几小时内挥霍一空。这种冲动性消费对工薪阶层危害不小，应理智地予以控制。

消费人人都会，但合理有效地消费还需要进一步学习。寻找一条行之有效的消费方式，无疑是促进个人发展和家庭和睦的良方。小心，可别让自己"破产"哦！

二、信用卡，有时对你很有用——利用银行卡理财

"工行的工资卡，建行的储蓄卡，招行的信用卡，牡丹交通卡，商场的消费卡，水、电、煤气费的缴费卡，还有旅行卡，一共七张。"做了五年软件工程师的小赵拿出钱包随便翻了翻就找出这么多卡，"家里好像还有几张'睡眠卡'，估计找不着了。"小赵说。

现今，像小赵般马虎的"持卡族"不在少数。殊不知，辛苦赚来的钱很可能就在马虎中一点点流失了，甚至陷入"卡奴"的生活难以自拔。

其实，如果用心规划一下，银行卡不仅能为你带来生活上的便利，还会成为你理财的好帮手。

1. 选择合适的银行卡

刘翔卡、MSN迷你卡、世界杯主题卡、英镑卡、航班延误保障卡……一时间各种各样的新型卡片闪亮登场，吸引了"爱卡族"的眼球。"我办这张校园信用卡，是因为卡上印了我们学校的校门，可以留作纪念。"小苏拿着建行专门为大学生定制的信用卡，洋溢着一脸的幸福。当前，办理银行卡的门槛越来越低，各家银行也使出浑身解数，以各种优惠活动吸引客户，免年费、开卡送礼、幸运抽奖……着实让人眼花缭乱。

寻觅一款适合自己的银行卡，才是最佳选择。首先，要了解银行卡的种类，同时更要了解自己的各种习惯和需求，之后再仔细阅读发卡银行的

用户手册或领卡协议，做到心中有数。当然，还要考虑银行网点的便利程度或个人的其他特殊需求。最后，无论最终如何选择，都应该适度地使用银行卡，信用卡要及时还款。

（1）卡不在多重在精。面对形形色色的银行卡，很多人掉进了银行的"陷阱"。打开钱包，几十张银行卡看起来的确挺有派头，可暗地里的苦只有自己才知道。那么，如何搭配使用银行卡才最合理？

对于一般的工薪族而言，一张储蓄卡（借记卡）、一张信用卡（贷记卡）就足够了。借记卡可以承担储蓄和日常理财功能；信用卡可以在购买大件物品时进行贷款以备不时之需。这样的搭配，完全可以满足一般人的生活需要。

理财专家建议，银行卡尤其是信用卡，并非越多越好。如果说各银行的信用卡功能和优惠各异，用户需要进行适当选择，那么同一银行的信用卡则没有必要办两张。

另外，银行陆续推出了需要支付跨行查询费、小额账户管理费等的服务，多张银行卡只会造成不必要的财产流失。因此，要及时清理"睡眠卡"，只留下自己必需的银行卡，比如工资卡、还贷账户和个人储蓄账户等，合多卡为一卡，实现一卡多用是必要的。这样可以避免小账户收费，并能节省多余的卡的年费。因为银行卡如果注销不及时，可能会造成年费等额外支出成本。忘记按时还款，还会给个人信用增加污点。

Tips：目前大部分银行都要收取小额账户管理费。如果闲置的卡里面有剩余资金，大多数银行将按照每季度3元的标准，自动扣除账户内余额，直至把其扣清。当账户余额不足时，多数银行会要求储户补足所欠管理费，但不会在其他同名账户中扣去。一般情况下，银行把卡里的余额扣完为止，如果卡里重新存入钱，只会追收当年的管理费，而不会扣之前累计欠下的管理费。

（2）刷卡消费要适度。适度的负债能够让人充分享受生活的乐趣，提高家庭生活质量，但过度负债则会成为负担。对于"刷卡族"来说，要使自己不成为"负翁"，就要避免超出个人支付能力的过度消费，因为过度消费难以积累丰厚的个人资产，一旦自己在经济上出现"风吹草动"，就有可能陷入经济负债的泥潭。另外，过度消费有可能会被银行列为风险客户，增加自己的信用风险，负债严重的还会影响房贷、车贷等个人信贷业务。

专家建议，对于自制力相对较差、花钱欲望旺盛的消费者，适宜摈弃

金融，你动了我的生活

信用卡，使用储蓄卡消费。由于储蓄卡在保持了便利的特点的同时，不能够透支，有多少花多少，这在很大程度上可以减小消费欲望。对"月光族"而言，先理财后消费是必要的。因为只有留存部分额度的可支配收入，才能为今后的生活奠定更好的基础。

2. 用卡支招

使用银行卡，特别是信用卡消费是现今最为流行的一种支付方式，如何用好信用卡，其实也要讲究技巧，下面给你支几招。

（1）读懂账单。如果不能读懂账单，你就不知道被银行扣去了多少钱。一般银行提供两种账单：电子账单和邮寄账单。邮寄账单有时不准时，还可能因为邮件丢失而耽误还款或泄露个人信息，加之环保起见，建议选择电子账单。你需要了解以下的账单名词。

a. 信用额度：银行给你的总透支额度。

b. 预借现金额度：银行允许你在 ATM 上提取现金的额度，一般不会超过信用额度的一半。

c. 本期账单日：从上一期账单日后一个月之内消费的记账日期。

d. 本期最后还款日：银行规定还本期账单金额的最后期限。超过期限还款，或还款未达最低还款额，即视为违约，会被加计利息和滞纳金。

e. 最低还款额：这一期账单最少需要还的金额，一般是消费总额的 10% 左右。

另外，当你的还款额大于当期账单金额，或者你向信用卡里存了钱，会产生"溢缴款"，一般反映在当期应还款金额中，以负数表示。

Tips：在收到银行卡对账单后应及时核对用卡情况，如需查账应于收到后的 15 天内通过客户服务中心进行查询，因为我国的银行卡中心工作小组对于信用卡查询的时间有明确规定，一旦超过时限，按惯例，发卡银行对收单行无调查和追索权。

（2）选好还款方式和择时消费。在填写信用卡申请表时，会有一项"默认还款方式"，你可选择"全额还款"或"分期付款"。如果选择"全额还款"，则可以在消费后享受一个"免息还款期"。如果消费并非那么迫切，最好考虑结合信用卡的账单日来选择消费日期。在账单日之前以及之后消费，免息还款期会相差很多天。假设你的账单日是每月 10 日，如果 9 日消费，则在当月 28 日左右就须还款；但如果选择在 11 日消费，就会记在下一期账单上，你就有更充裕的时间来调配资金。但如果是分期付

第五章 懂金融，会理财——金融与家庭理财

款，就没有免息期的待遇了。

（3）小心高额利息。请牢记：银行不会给你免费的午餐。目前信用卡欠款每天计息，日利率为万分之五，即1000元每天产生0.50元的利息，别小看这5角钱，这个利率折合年利率是18%。除非在最后还款日之前全额还清，否则高额利息最终会落到你的头上。

举例来说，账单日是5日，最后还款日是23日。如果在6日消费5000元，那么这笔消费金额会在下个月5日计入账单，如果在下个月23日之前还清，就没有一分钱的利息。但如果没有全额还款，哪怕还了4999.99元，银行都要从这个月6日开始按照5000元的贷款计算利息！

这些信息银行是不会主动告诉你的。在信用卡合约上可能有相关信息，但字号很小，潜藏在不起眼的角落，还是用晦涩的"律师文书风格"写成的，所以只能自己留心。

（4）学会还款。既然我们知道了利息是如何计算的，如果你的"财商"足够高，就应该了解只有两种还款策略才是划算的。第一种是在最后还款日当天全额还款，让银行家的"美梦"落空。第二种是如果实在不方便全额还款，则在最后还款日当天，付最低还款额。还款最好通过关联同行的借记卡自动还款，这样既省时又省力。

比如办一张与自己工资卡发卡行的信用卡并与工资卡关联，如果发薪日是每月5日，则把最后还款日设为每月6日，这样只要工资到了，第二天就自动扣款，也便于你掌握自己每月的收支情况。

借助网络也是用卡达人的好办法。如果你有多张信用卡，又不想办那么多借记卡，最方便的是办一个网上银行的专业版，这样每月点点鼠标就可以为多张信用卡还款了。跨行转账的手续费一般为每笔2元。

用自动存款机或者通过ATM跨行转账，虽然能省去跑银行柜台的麻烦，但是容易出现操作失误，费用也不低，使用时要谨慎。

最不方便的还款办法就是每月跑到银行柜台，拿号又排队，除非你想锻炼身体和培养耐心。

Tips：现在部分银行提供了"还款通"之类的业务，即只要是"还款通"业务开办行发行的信用卡，在"还款通"范围内的各家银行柜台都可以免费受理还款业务。部分网络支付平台如"支付宝""快钱"等，也能通过签约银行的信用卡还款，而且因为有些服务是业务推广期，手续费有优惠或者干脆免费。在部分城市的便利店等还设有多功能智能支付终端，

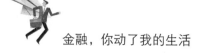

可以实现对签约银行信用卡的还款功能，也很方便。

（5）分期付款。如果你已经熟练掌握上述四条，那请你考虑进阶到分期付款。并不是所有的商品都可以分期付款的。在银行信用卡网站上发布的分期商品可做免息分期付款，消费额度会按月显示在账单中。但是，分期付款在第一期要缴纳分期手续费，多少跟期数有关，期数越多，手续费越高，目前最高不会超过7.2%。而且，银行信用卡网站上发布的商品价格可不一定比市面上低哦。

当你有大宗消费时，一些银行允许你电话申请临时调高信用额度，以及对该笔大宗消费申请分期付款。当然，申请是否被批准以及批准额度多少，往往取决于你之前的信用记录。不过还是要提醒你，除非银行正在进行某些优惠活动，如零手续费、零利息，否则信用卡贷款的利率可是很高的，而且都是复利计息，不算明白，你可别轻易尝试！

此外，还需注意个小问题：你的卡当时可用额度要足够支付手续费和第一期消费金额，否则无法办理分期。

（6）能刷卡尽量刷卡。除非急需，最好还是避免从信用卡中提取现金，因为信用卡的提现手续费较高，一般为提现金额的3%，加上取现后按照每日万分之五计息、不享受免息还款期，是一笔不小的支出，因此平时身上可以带一张借记卡，以备提取现金之需。

在中国香港等地贴有"银联"标识的商户刷卡消费时无须支付任何手续费，但如果提取现金消费则可能产生手续费。

信用卡现在一般都提供各种积分计划，不妨日积月累，刷卡积分，享受积分兑换的意外之喜。

同时，每笔刷卡消费的明细都会出现在账单上，便于对自己的财务支出进行归类总结，很多人往往消费时很潇洒，拿到账单就懵了：天啊！我怎么花了这么多钱！刷卡消费的商户名称会出现在账单上，一目了然。

Tips：不论在本市或在异地用卡，均应妥善保管好交易凭条。一方面，如果发生因跨行或者跨地区银行卡交易重复扣款等现象，可以凭交易凭条及时与发卡行联系；另一方面，如果随意丢弃凭条，也将给犯罪分子有可乘之机。

（7）服务也"吃"钱。银行的一些服务，如挂失、补办新卡、补寄账单、账户变动短信通知等项目，一般是要收费的。当对银行卡状态或账单项目存疑时，应及时与银行客户服务热线联系。

第五章 懂金融，会理财——金融与家庭理财

3. 玩转银行卡

如果你为掌握了以上这些"攻略"而沾沾自喜，那可就错了，这些招充其量可以为你减少不必要的损失，而要想真正玩转银行卡，你要做的还有很多。

举个用卡达人小F的例子吧。小F今年28岁，在北京从事软件开发工作，和妻子结婚两年，贷款买了套小房子，父母在老家生活，目前还没有宝宝。

小F的工资卡是一张甲银行的借记卡，他申请了一张甲银行的信用卡，同时为妻子申请了该卡的附属卡，为老家的父母也办了该行的借记卡。另外，因为他经常出差，还办了一张乙银行与航空公司的联名信用卡。

小F将借记卡与信用卡进行关联，这样他和妻子的信用卡消费都能通过这张卡实现自动还款了。小F还设定了定期自动汇款功能，每月给住房贷款账户存入按揭款、向老家的父母汇去生活费，因为甲银行规定同行汇款免收手续费，所以与过年时带上一大笔现金回老家相比，这样处理既安全又方便。

小F事业发展得不错，加上自己和妻子过日子精打细算，每月都能有一两千块的结余，经过甲银行工作人员的介绍，小F决定将一部分结余采取基金定投的方式投资某基金，为将来有宝宝做准备。

小F不愧是IT人士，他还开通了网上银行专业版的功能，家里的水电、燃气、有线电视、电话费等都通过这张卡支付。这样，小F的这张借记卡就成了全家的"财务中枢"，每个月在网上银行查一下这张借记卡的

现代「卡奴」——画地为牢

信用卡，有时对你很有用
——利用银行卡理财

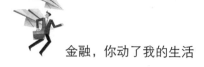

金融，你动了我的生活

交易明细，就能把全家一个月的绝大部分收支看得清清楚楚了。

三、你在银行中有不良信用记录吗——你的信用价值千金

俗话说，好借好还，再借不难。眼看着房价飙升，一天上一个台阶，可手里资金不足，怎么办？贷款。周末，同事都开着私车去郊游了，你也想有辆车享受享受幸福的生活，但现金不够，怎么办？多数人选择了向银行贷款。

以前，拖欠房贷、车贷的现象并不罕见；信用卡消费不按时还款对某些人来说已是家常便饭；水电费、电话费、养路费等公共事业费用缴纳不及时也是普遍存在的。

如今，银行贷款在人们的日常生活中得到普及，然而当你此刻开开心心地消费的时候，是否想过你的银行"小金库"也有翻脸不认人的时候？银行建立"信用信息共享系统"，以此记录贷款人的信用，规范贷款人的行为。所以，个人信用记录是当今社会个人的第二张"身份证"。个人支付水、电、燃气等公用事业费用的信息，以及法院民事判决、欠税等公共信息都将逐步成为企业和个人综合信用报告的一部分。

Tips：个人征信系统是由中国人民银行组织各商业银行建立的个人信用信息共享平台。该系统通过采集、整理、保存个人信用信息，为金融机构提供个人信用状况查询服务。

个人征信系统主要为消费信贷机构提供个人信用分析产品。随着客户要求的提高，个人征信系统的数据已不再局限于信用记录等传统范畴，注意力逐渐转到提供社会综合数据服务的业务领域中来。个人征信系统包含广泛而精确的消费者信息，可解决顾客信息量不足对企业市场营销的约束，帮助企业以最有效的经济方式接触到自己的目标客户，因而具有极高的市场价值。个人征信系统的应用也扩展到直销和零售等领域，在美国个人征信机构的利润有1/3是来自直销或数据库营销，个人征信系统已被广泛运用到企业的营销活动中。

从2005年8月起，由中国人民银行主导推行的全国统一个人信用数据库基本实现了各商业银行联网试运行，全国共有127家商业银行联网，共享个人信用记录。该个人征信系统已经基本上把银行发放的个人消费贷款、住房贷款、汽车贷款、信用卡透支等信息都搜集进来了。个人在全国

任何银行所开的账户，都将汇集到同一身份证号下，这也意味着此后个人无论在国内任何地方、任一银行留下"不良记录"，全国各家银行的信贷审查人员均可查询到。

个人信用是指根据居民的家庭收入与资产、已发生的借贷与偿还、信用透支、发生不良信用时所受处罚与诉讼情况，对个人的信用等级进行评估并随时记录、存档，以便信用的供给方决定是否对其贷款和贷款多少的制度。它相当于为个人建立了一个信用档案，每一次按时支付水、电、燃气和电话费，以及按时向银行还本付息，都会为个人积累信誉财富，可以用作银行借款的信誉抵押品，为以后在全国获得银行贷款提供方便。

个人信用已经成为我们的"第二身份证"——今后个人想申请贷款买房或办理信用卡时，各家银行都会先查询申请人有没有"赖账"记录，再决定是否为其办理。而在银行有信用污点的人，在全国各地都会遭到"封杀"，就连办理一般金融业务也会"非常费力"。良好的信用记录，将为你带来更优惠的信贷条件或额度；而逾期还贷、恶意透支等不良的信用记录，则有可能在全国范围内使个人的各种有关金融、消费的行为受到制约。

（1）信用污点——会毁掉你的"钱程"。中央银行个人征信系统在2005年8月已经实现了全国商业银行联网，现在个人如果有一条不良信用记录在深圳被央行个人信用数据库载入，在全国127家商业银行申请贷款时就会遇到麻烦。据了解，个人征信系统的全国联网，对避免不良个人消费信贷的发生作用明显，央行个人征信制度开始"发威"了。

央行征信查询系统开通后，只要与银行发生过信贷关系的人，都会在银行个人信用系统里留下其信用记录，包括个人身份识别信息、个人贷款信息、个人信用卡信息等。被列为风险类客户的借款人，再申请新的贷款时从银行获得批准的可能性会很小，甚至拒绝其贷款申请。在实际操作中，即使能够获得批准，也会付出很高的成本。

如果市民在个人征信系统里有信用污点，即使拥有足够的抵押物也未必能顺利地从银行借到钱。前几年银行在受理个人贷款时一般只注重贷款人的还款能力、抵押物等，但现在各家银行在受理个人贷款申请时，申请人首先要过"信用关"。

王小姐由于疏忽，2014年有一个月的信用卡少还了几元钱，现在已经出现新办信用卡不能获批的情况，她担心马上要买房是否能顺利获得贷款

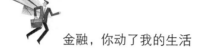

并获得七折优惠。对于王小姐的担心,业内人士表示如果信用卡有逾期记录,哪怕只有几分钱,都会在个人信用记录中有记载,可能会对日后贷款产生影响。

目前,银行结束了长期以来对所有客户的统一贷款利率,视客户的不同情况给予差别利率。自从银行实行差别利率政策以来,就把客户以往的还贷情况作为一项重要的考核标准。对于经常出现逾期还款的客户,银行会相应地提高其贷款利率,不仅不能享受优惠利率,甚至会以上浮的贷款利率来给予客户惩戒。

另外,水电费、电话费、养路费等公用事业费,也是个人信用记录中的一部分。有了信用体系的约束,今后会一并载入欠费者的银行信用记录中,甚至纳入"黑名单",影响个人住房按揭或其他贷款项目。

(2) 错过还款期限——麻烦接踵而至。处理公用事业费账单,对绝大部分人来说,的确是一件让人烦心的事情。因为不同的账单,缴款期限不一,一不小心就过了还款期限。而且,许多代收公用事业费的地方不处理过期账单,就不得不亲自去电信局、电力公司、自来水公司办理。

另外,拖欠贷款可能面临提前解除合同、被起诉的危险。在贷款时,贷款银行都会与借款人约定,如果不按时偿还贷款,贷款银行有权与借款人解除合同。一旦提前解除合同,借款人不但要提前偿还贷款,而且要支付诉讼费和律师费。

(3) 拖欠滞纳金——高额的违规成本。按中国人民银行的规定,借款人未按时还款,将收取相应的罚息。房贷利率上调的同时,银行对逾期不还房贷者的罚息也随之自动提升。对于恶意拖欠、逾期不还房贷者,各大银行都将对其在贷款执行利率基础上加收30%~50%的利息处罚。一旦欠款,滞纳金就像雪球一样滚开了。举例来说,信用卡逾期还款,滞纳金按月收取,每月收取所欠金额的5‰。公共事业滞纳金比例也相当高。例如,电费滞纳金按所欠费总额的1‰计算;水费超过缴费期限,滞纳金每日按所欠费总额的3‰计算;固定电话费滞纳金每日按所欠费总额的3‰计算;煤气费滞纳金每日按所欠总额的3‰计算;通信费、宽带的滞纳金是3‰。

不过,银行专家同时提醒,个人与银行发生借贷业务时,有权要求查询系统中本人的信用信息,如发现个人信用记录内容有错误,应尽快联系提供信用报告的机构或主管部门申请异议处理,以便及时纠正错误。

Tips:一旦发现个人信用数据库中个别数据不准或对自己的信用报告

反映的信息持有不同意见，建议市民及时与中国人民银行征信管理部门或提供错误信息的商业银行取得联系，递交异议申请，以便及时纠正错误。市民递交个人信用报告异议申请，只需出示本人身份证原件、提交身份证复印件即可（如委托代理人提出异议申请，代理人须提供两人身份证原件、复印件，具有法律效力的授权委托书以及委托人的个人信用报告），异议申请一般会在15个工作日内得到回复。应特别关注查询记录中记载的信息，查询记录中记载了查询日期、查询者、查询原因等信息，据此可以追踪个人的信用报告被查询的情况。

四、你的资产何时会翻番——复利的计算

爱因斯坦曾说"复利是世界第八大奇迹"。

复利的计算是对本金及其产生的利息一并计算，也就是利上有利。这是一笔存款或者投资获得回报之后，再连本带利进行新一轮投资的方法。

复利计算的特点是：把上期末的本利和作为下一期的本金，在计算时每一期本金的数额是不同的。复利的计算公式是：$F=P(1+i)^n$。

复利终值（F）是指本金在约定的期限内获得利息后，将利息加入本金再计利息，逐期滚算到约定期末的本金之和。

例如，本金为50000元，利率或者投资回报率为3%，投资年限为30年，那么30年后所获得的利息收入，按复利计算公式来计算就是：$50000 \times (1+3\%)^{30}$。

由于通胀率和利率密切关联，就像是一个硬币的正反两面，所以复利终值的计算公式也可以用以计算某一特定资金在不同年份的实际价值，只需将公式中的利率换成通胀率即可。

复利现值（P）是指在计算复利的情况下，要达到未来某一特定的资金金额，现在必须投入的本金。

例如，30年之后要筹措到300万元的养老金，假定平均的年回报率是3%，那么，现在必须投入的本金是$3000000 \times [1/(1+3\%)^{30}]$。

可以说，复利是储蓄的吸引力所在。假定利率是8%，你每个月存入100元，月复一月，连续存上5年，你就总共存了6000元，而且由于复利，那时你在银行的实际储蓄将是7397元。如此，20年后你的投资总收入将是59294元。此种定期投资所获甚为可观。

金融，你动了我的生活

如果你每个月用 100 元购买年利率为 12.5% 的债券，20 年后你的投资总收入将是 106951 元；如果债券利率为 15%，那么 30 年后你将获得 700982 元的大丰收！哈哈，当然这样长期的高利率事实上是不可能的。

前面已经说过，按利率的真实水平可划分为名义利率与实际利率。

名义利率，是官方制定或其他提供资金借贷的机构所公布的未包含信用风险与通货膨胀风险的利率，即利息（报酬）的货币额与本金的货币额的比率。例如，张某在银行存入 100 元的一年期存款，一年到期时获得 5 元利息，利率则为 5%，这个利率就是名义利率。

实际利率是指剔除通货膨胀率后储户或投资者得到利息回报的真实利率。

哪一个国家的实际利率更高，热钱向那里走的概率就更高。比如，美元的实际利率在提高，美联储加息的预期在继续，那么国际热钱向美国投资流向就比较明显。

名义利率并不是投资者能够获得的真实收益，还与货币的购买力有关。如果发生通货膨胀，投资者所得的货币购买力会贬值，因此投资者所获得的真实收益必须剔除通货膨胀的影响，这就是实际利率。简单地说，实际利率是从表面的利率减去通货膨胀率的数字，即公式为：实际利率 = 名义利率 - 通胀率（可用 CPI 增长率来代替）。

一般银行存款及债券等固定收益产品的利率都是按名义利率支付利息，但如果在通货膨胀环境下，储户或投资者收到的利息回报就会被通胀侵蚀。实际利率与名义利率存在着下述关系。

（1）当计息周期为一年时，名义利率和实际利率相等，计息周期短于一年时，实际利率大于名义利率。

（2）名义利率不能完全反映资金的时间价值，实际利率才真实地反映了资金的时间价值。

（3）以 r 表示实际利率，i 表示名义利率，p 表示价格指数，那么名义利率与实际利率之间的关系在通货膨胀率较低时，可以简化为如下公式：$r = i - p$。

（4）名义利率越大，周期越短，实际利率与名义利率的差值就越大。例如，如果银行一年期存款利率为 2%，而同期通胀率为 3%，则储户存入的资金实际购买力在贬值。因此，扣除通胀成分后的实际利率才更具有实际意义。仍用上例，实际利率为 2% - 3% = -1%，也就是说，存在银行里是亏钱的。在中国经济长期快速增长及通胀压力难以消化的格局下，很容易出现实际利率为负的情况，即便央行不断加息，也难以消除。所以，名义利率可能越来越高，但理性的人士仍不会将主要资产以现金方式存储在银行，只有实际利率也为正时，资金才会从消费和投资领域逐步回流到储蓄。

你的资产何时会翻番
——复利的计算

五、存钱还是炒股——不同经济周期下家庭理财的"72法则"

家里有余钱了，究竟是存银行还是炒股票，相信这是许多读者考虑过甚至苦恼过的问题，有的甚至还因此引发过家庭纠纷。那么，究竟如何来看待这个问题呢？本书认为，这需要从金融学中的"72法则"出发，视经济周期而定。

所谓"72法则"，也叫"复利的72法则"，是指将72除以年平均投资收益率，这样就知道在目前的银行储蓄或投资回报率条件下需要多少年才能把你目前的本金翻一番。换句话说，你把1元钱的本金变成2元钱需要多少年。

"72法则"认为，如果以1%的年复利率来计算，经过72年后你的本金就会增长1倍。这个公式的最大好处是，计算起来非常简单。

例如，如果年复利率是5%，翻一番的时间为72÷5＝14.4（年）；如果年复利率是10%，翻一番的时间为72÷10＝7.2（年）；如果年复利率

金融，你动了我的生活

是15%，翻一番的时间需要4.8年；如果年复利率是20%，翻一番的时间需要3.6年；以此类推。

随着年复利率不断增加，财富翻番所需要的时间会迅速缩短。这就是股市投资与银行储蓄在财富积累过程中的最大区别——股市投资在保证投资安全的前提下，只要其投资回报率高于银行储蓄利率，投资者从中得到的财富增值速度就会非常快。

以2009年全球首富沃伦·巴菲特为例，他从1965年接手伯克希尔·哈撒韦公司以来，40多年里的股市投资回报率年平均20%左右，它的股票价格就从当年的每股19.46美元增长到2008年年末的每股9.66万美元，增长了4963倍。沃伦·巴菲特也因此蝉联全球首富，2008年年末他的个人财富高达359亿美元。

要知道，巴菲特是在面对2008年席卷全球的金融海啸实在无处可逃、伯克希尔·哈撒韦公司当年股价下跌32%（30年来的最差业绩）的背景下取得这一业绩的。不过，伯克希尔·哈撒韦公司当年股价下跌幅度虽然如此之大，仍然低于标准普尔500指数（S&P500 Index）38%的跌幅。

千万不要小看了20%左右的年复利率，乍一看"并不高"，甚至不比美国30年长期国债利率高多少。但"72法则"告诉我们，对于年复利率来讲，哪怕只要高出那么一点点，最终结果就会有天壤之别。这正应了中国的一句古话："差之毫厘，谬以千里。"

那么，"72法则"与存钱还是炒股票看经济周期又有什么关系呢？原来，当经济周期循环发展到经济发展速度较快时，银行利率也会相对较高，这时候通过"72法则"计算得到的时间同样较短。

虽然这一数据一开始可能相差不大，但如果以这样的速度保持下去，你就会发现到后来会有非常大的差距。投资学理论告诉我们，从长期来看，股市投资的平均收益率要比银行利率高出许多倍。

经济周期循环对股票市场的影响是持久的，它的主要表现为会形成经济发展的上升趋势或下降趋势。

有钱是存银行还是炒股票，有相当一部分原因在于投资者对当时的经济环境是处于经济上升期还是经济衰退期的认识和判断。对于同一经济时期来说，不同的投资者会有不同的认识，从而导致不同的预期。

一般来说，在经济即将出现衰退时，股票市场会首先反映出经济衰退的症状，表现在股价上就是股票价格的下跌；而当经济即将出现复苏时，股票市场也会首先反映出上扬态势，表现在股价上就是股票价格的止跌企稳。请记住，在影响股市发展的各项因素中，经济周期是最重要的因素。

在金融学上，这种影响因素叫系统性风险。系统性风险中包含经济周期循环因素、政府宏观政策影响的因素，它左右着整个股市中所有股票价格的运行趋势，不受个别上市公司经营状况的支配。

也就是说，这时候的股市大盘是齐跌共涨的——当股市上涨时，绝大多数股票的价格都在上扬，无论上市公司的经营情况是好是坏，不同的只是上涨幅度大小而已；相反，当股市下跌时，绝大多数股票的价格都是下跌的，经营业绩不佳的公司股价在下跌，经营业绩良好的公司股价也在下跌，只不过下跌幅度大小有所不同罢了。

股市投资的一条规律是，股价涨跌的预期效果会使得股票价格的实际上升和下跌富有想象力，从而一波波推动股票价格的上涨高点和下跌低点远远脱离内在价值。在这种巨幅波动中，投资者如果能正确把握好节奏，就能获得巨大的短期差价收益，大大缩短本金回收周期。

值得一提的是，"72法则"可以用来计算财富增值，也可以用来计算财富贬值。

例如，如果通货膨胀率是3%，那么财富贬值一半的时间需要72÷3＝24（年）；如果通货膨胀率是6%，那么财富贬值一半的时间需要72÷6＝12（年）；如果通货膨胀率是9%，那么财富贬值一半的时间只需要8年——也就是说，8年后的2元钱只能买到现在1元钱才能买到的东西。

六、股票价格指数是怎么来的——股票指数

股票价格指数简称"股价指数""股指"，读者对它耳熟能详，可是对它是怎么来的却未必都能说得清楚。这里就来谈谈这个金融学名词。

股票价格指数是通过对股票市场上一些有代表性的上市公司发行的股票价格进行平均计算、动态对比后得出的数值。它是由金融服务机构编制的、对股市动态所做出的综合反映。编制股票价格指数的目的，是要综合考察股市的动态变化过程，反映股票市场价格水平，为投资者投资股票提供参考依据。

关于股票价格指数，国内外最常用的有以下几种。

存钱还是炒股
——不同经济周期下家庭理财的"72 法则"

1. 美国纽约的道琼斯指数

道琼斯指数的全称是道琼斯股票价格平均数,是世界上历史最悠久、影响力最大、知名度最高的股票价格指数。

道琼斯公司的创始人查尔斯·亨利·道(Charles Henry Dow)在1884年7月3日开始以美国的11种有代表性的股票编制股票价格平均数。发展到现在,道琼斯指数一共包括四类价格平均数,它们分别是:30种工业股票价格平均指数、20种运输业股票价格平均指数、15种公用事业股票价格平均指数,以及从上述65种股票价格平均指数基础上得出的综合指数。其中,新闻媒体上引用最多的道琼斯指数,一般是指30种工业股票价格平均指数,简称"道琼斯工业股票价格指数"。

目前的道琼斯工业指数以1928年10月1日为基期,基期指数为100点。随着1995年后美国股市的上涨,道琼斯工业指数终于在1999年突破10000点大关,并且在2007年10月11日到历史最高点14198.10点。由于受次贷危机及随后升级的金融海啸影响,道琼斯工业指数步步下跌,2009年3月10日收于6547点。

2. 英国伦敦的《金融时报》股票指数

《金融时报》股票指数全称是"伦敦《金融时报》工商业普通股股票价格指数",是英国《金融时报》编制的、反映伦敦证券交易所工业和其他行业股票价格变动的指数,以及时反映伦敦股票市场动态闻名于世。

第五章 懂金融，会理财——金融与家庭理财

编制《金融时报》指数的样本股主要包括三部分：一是在伦敦证券交易所上市的、最有代表性的30家英国大型工业企业股票；二是从各行各业中挑选出来的100家最有代表性的股票；三是从各行各业中挑选出来的500家最有代表性的股票。通常所称的《金融时报》股票指数，是指30种工业股票指数。

《金融时报》股票指数最初是以1935年7月1日为基期，基期指数为100点。后来调整为以1962年4月10日为基期，基期指数依然为100点；作为股票指数期货合约标的的《金融时报》指数，则以市场上交易频繁的100种股票为样本编制，基期为1984年1月3日，基期指数为1000点。

3. 日本东京的日经指数

日经指数原来叫日本经济新闻社道琼斯股票平均价格指数，是由日本经济新闻社编制的、反映日本东京证券交易所股票市场价格变动的股票价格平均数。

日经指数的前身是1950年9月开始编制的东证修正平均股价。1975年5月1日，日本经济新闻社向美国道琼斯公司买进商标，采用修正的美国道琼斯股票价格平均数的计算方法进行计算。1985年5月1日合同满10年时双方协商改名为日经平均股价指数，简称"日经指数"。

日经指数包括日经225股指指数（日经225）、日经500股指指数（日经500）、日经300股指指数（日经300）、日经综合股指指数（日经综合）、日经店头平均股票价格指数。

由于日经225指数延续时间长，具有很好的可比性，所以成为考察日本股票市场长期演变及最新变动最常用、最可靠的指标，平时新闻媒体所称的日经指数指的就是它。

4. 中国香港的恒生指数

恒生指数是香港恒生银行编制、反映香港股票市场价格变动的指数，也是香港股票市场上历史最悠久、影响最大的价格指数。

恒生指数是以1964年7月31日为基期，基期指数为100点。1969年11月24日正式发布，开始点数是150点。它的历史最低点是1967年8月31日的58.61点，最高点是2007年10月30日的31958.41点。

恒生指数的样本股是从香港上市公司中挑选出来的33家有代表性的大公司，它们的股票市值占全部上市公司股票市值的90%左右，所以能够非常全面地反映香港股市的变动情况。1985年开始这些样本股分为四部分，

分别是金融类股票4种、公用事业类股票6种、房地产业股票9种，其他产业如航运、旅游等股票14种。

5. 中国上海的上证综合指数

上证综合指数的全称是"上海证券交易所股票价格综合指数"，简称"上证综指"。它的前身是中国工商银行上海市分行信托投资公司静安证券业务部1987年11月2日开始编制的"上海静安指数"。上证综合指数以1990年12月19日为基期，基期指数为100点，1991年7月15日开始编制并公布。

上证综合指数以全部上市股票为样本，以股票发行量为权数，计算公式如下：

当天股价指数＝当天股票市价总值/基期股票市价总值×100

其中，市价总值＝股票收盘价×发行股数

如果股票当天停牌或没有成交价，则沿用前一天的股票收盘价；如果遇到股票增资扩股或新增、删除，则把上述计算公式调整为：当天股价指数＝当天股票市价总值/新基准股票市价总值×100

其中，新基准股票市价总值＝修正前基准股票市价总值×（修正前股票市价总值＋股票市价总值）/修正前股票市价总值

随着上市公司数量、品种不断增多，上海证券交易所从1992年2月开始在上证综合指数的基础上分SJJ编制A股指数和B股指数。

6. 中国深圳的深圳成分指数

深圳成分指数的全称是"深圳证券交易所成分股价指数"，简称"深圳成指"。深圳成分指数是从深圳证券交易所挂牌上市的所有股票中，抽取具有市场代表性的40家上市公司为样本编制而成的。参照国际惯例，样本股不搞"终身制"。它以1994年7月20日为基期，基期指数为1000点，1995年5月1日开始编制并公布。

深圳成分指数以流通股本为权数，采用加权平均法进行计算，计算公式为：

股价指数＝现时成分股总市值/基期成分股总市值×1000

遇到有新股上市时，在新股上市后的第二天纳入样本股计算；如果样本股的股本结构发生变动，也要进行相应调整。

七、买这只股票值吗——股票估价

股市投资中最关键的问题有两个：一是正确判断能否买入某股票，二是正确判断能否卖出该股票。而在这两个问题中，又以前者更重要。因为当你知道该股票以什么价格买入时，也就知道应该以什么价格区间卖出了。这里就从金融学角度来谈谈这个问题。

金融学中的投资学有一个重要概念：股票估价。对于面广量大的普通股来说，股票投资的收益包括两部分：一是股价上涨过程中产生的差价；二是红利分配。

普通股是上市公司中最重要、最基本的股票，也是投资风险最大的股票。普通股有权获得股利，但必须在公司支付了债券、优先股股息后才能分配；如果公司破产倒闭，普通股有权获得公司剩余财产，但顺序排在公司债权人、优先股股东之后。目前在我国上海证券交易所、深圳证券交易所上市的股票，都是普通股。

普通股投资的基本特点是，它的投资收益（包括股息和分红）并不是购买时就约定的，而是要根据该上市公司的经营业绩和股市走势来决定。上市公司的经营业绩好，普通股的收益就高；上市公司的经营业绩差，普通股的收益就可能会降低。

关于股票估价，投资者可以主要关注以下几方面。

（1）股票定价模型。由于投资股票可以获得的未来的现金流是以股息和红利两种方式表示的，所以在股票价值分析中常常把这种收入进行资本化，这就是所谓股息贴现模型。

无论长期持股（买入股票后长时间不卖出），还是短期持股（买入股票后很快就卖出），这时候的股息贴现模型计算公式都是一样的，即：

$$V = \gamma = 1 \infty D_t 1 + rt$$

其中，V 表示普通股内在价值，D_t 表示普通股第 t 期支付的股息和红利，r 表示贴现率。

当股息零增长时，这时候的计算公式就简化成了：

$$V = D/r$$

股息贴现模型的主要作用是判断股票价格是高估还是低估了，具体办法有两种：

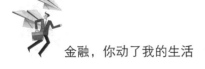

a. 通过比较贴现率与内部收益率的差异来判断。

总的原则是：如果贴现率小于内部收益率，就表明该股票价格被低估了；如果贴现率高于内部收益率，就表明该股票价格被高估了；如果贴现率等于内部收益率，就表明该股票的价格比较适中。

例如，如果某股票永久性地固定支付股息是每股2元，银行市场利率为5%，股票价格为每股25元，这时候怎样来判断股价高低呢？

根据内部收益率法计算公式，可得内部收益率（IRR）：$IRR = 2 \div 25 = 8\%$。

因为5%的贴现率（银行利率），小于8%的内部收益率，表明这时候该股票的价格被低估了。换句话说，这时候可以买入该股票。

b. 通过计算股票投资的净现值来判断。

股票投资的净现值计算公式为：

$NPV = V - P$

其中，NPV 表示净现值，V 表示股票内在价值，P 表示股票价格。

如果 $NPV > 0$，表明该股票的价格被低估了；如果 $NPV < 0$，表明该股票的价格被高估了；如果 $NPV = 0$，表明该股票的价格比较适中。

例如，同样是上述该股票，由于它每年都固定支付2元股息，所以属于一种股息零增长型股票，这时候它的内在价值计算如下：

$V = 2 \div 5\% = 40$（元）

$NPV = V - P = 40 - 25 = 15$（元）

由于 $NPV > 0$，表明该股票这时候每股25元的价格被低估了，同样可以得出这时候可以买入该股票的结论。

那么，同样是上述该股票，如果买入它第一年后支付了2元股息，经过预测该股票将来的股息增长率（g）将会永久维持在2%的水平，这时候又怎么来计算该股票的内在价值呢？

这时候的计算公式是：

$V = 2 \times (1 + 2\%) / 5\% = 68$（元）

$NPV = V - P = 68 - 25 = 43$（元）

由于 $NPV > 0$，表明该股票这时候每股25元的价格被低估了，这时候同样可以得出买入该股票的结论。

从中可见，股票的内在价值应该由两部分组成，一部分是正常的股息增长率所决定的现金流贴现值，另一部分是由超常收益率所决定的现金流贴现值，这是一个规律。

（2）市盈率定价模型。由于上市公司的盈利中只有一部分能转变成股息发放，中国股市的现实是许多上市公司并不发放股息，至少是并不每年发放股息，这样专门从股息角度来研究投资价值就失去了意义，市盈率定价模型就能弥补这一缺陷。

所谓市盈率，是指股票价格除以每股收益，计算公式是：$M = P/E$。

由此计算得到的市盈率称为实际市盈率。

市盈率定价模型的最大优点是，能够在不同收益水平的股票价格之间进行比较，即使对那些没有支付股息的股票依然适用，这是股价定价模型做不到的。并且，它涉及的因素少，计算过程相对简单。

市盈率定价模型的主要缺点是，它只能决定股票市盈率的相对大小，无法考查绝对市盈率水平。并且，市盈率计算的分母是会计收益，它受会计准则的影响较大，而且起伏不定。更不用说，市盈率水平与经济周期密切相关，不同行业的市盈率之间没有多少可比性。

假设实际市盈率为 M_y，正常市盈率为 M_0，这时候市盈率定价模型用于判断股票投资价值大小时的结论是：如果 $M_y > M_0$，说明该股票的价值被高估了；如果 $M_y < M_0$，说明该股票的价值被低估了；如果 $M_y = M_0$，说明该股票的定价基本合理。

八、不要把鸡蛋放在同一个篮子——建立自己的家庭资产组合

投资股票的品种不止一种，必须进行投资组合，这样就引入了金融学上"套利"及"套利定价"的概念。

所谓套利，是指同时买进和卖出不同种类的股票。这时候最关键的是投资者要买进自己认为"便宜"的股票，卖出那些"高价"的股票，从而从这种价格变动中获取差价。当然，这种"便宜"和"高价"需要通过相互比较才能得出结论，不能只看股票价格的绝对水平。

例如，全球首富沃伦·巴菲特的一大成功秘诀就是股票套利交易。他每年要对美国股市中的几千桩并购消息予以关注，从中总能发现许多不为人知的金矿。他不无兴奋地说："如果每笔交易都对你有利的话，把一连串的套利交易汇集在一起，投资者就可以把收益较低的每笔交易最终变成一个获利丰厚的年收益。"

巴菲特的经验是，股票套利机会通常出现在上市公司转手、重整、合并、抽资、对手接收各关口。在他投资的早期，他每年都用40%的资金用于股票套利。即使在1962年美国股市大跌时，他仍然依靠这一招度过了最困难的时期，当年道琼斯工业指数下跌了7.6%，而他的年收益率却高达13.9%。几十年来，巴菲特从股票套利中获得的平均年收益率高达25%。

股票套利理论是1976年创立的，它的出现能够从一个新的视角分析股票投资的定价问题。由于它涉及的影响因素少，并且又比较贴近现实，所以使用起来并不困难。

股票套利的前提条件是，每只股票的收益率都要受到某个或某几个共同因素的影响，建立套利模型的目的就是要找出这些影响因素，并且确定股票投资收益率对这些影响因素变动的敏感程度大小。

具体地说，如果一个股票投资组合同时符合以下三个条件，它就属于套利组合了。

（1）套利组合不需要追加资金，或者说不允许追加资金。

（2）套利组合对任何影响因素的敏感度为0，也就是说没有组合风险。

（3）套利组合的预期收益率应该大于0。

例如，某投资者手中拥有3只股票（这时候，这3只股票就形成了一种投资组合）。如果这3只股票的市场总值都是4000万元，那么该投资者拥有这3只股票的总的市场总值就是1.2亿元。

为了不把问题过于复杂化，假如这3只股票的投资收益率都只受1种因素影响，其预期收益率$E(r_i)$分别为10%、12%、15%，并且影响预期收益率的这种因素的敏感度b_i分别为1，2，3，那么现在要问：这时候该投资者的投资组合是不是最优？他能否在不增加投资风险的情况下进一步提高预期收益率？

首先，套利组合不允许投资者追加资金，所以如果设这3种股票的总市值变化量分别是X_1、X_2、X_3，那么这时候就存在以下关系：

$X_1 + X_2 + X_3 = 0$

其次，由于套利组合对于任何因素的敏感度为0，那么这时候就有：

$b_1 X_1 + b_2 X_2 + b_3 X_3 = 0$

把这两个公式组成一个方程组，并且把$b_1 = 1$、$b_2 = 2$、$b_3 = 3$分别代入，解该方程组可得$X_2 = -2X_1$，$X_3 = X_1$。

这里的X_1、X_2、X_3是什么呢？原来，它们就是这3只股票的市值变化量，而且其总和必须等于0。

如果这时候取 $X_1=10\%$、$X_2=-20\%$、$X_3=10\%$，显然它们的总和等于0，并且 $X_1=X_3$，是符合上述套利组合第①个条件的；又因为 $X_1+2X_2+3X_3=0$，完全符合上述套利组合的第②个条件；现在只要看它是否符合第③个条件，也就是说，看该组合的预期收益率是否大于0就行了。

计算结果是：$b_1X_1+b_2X_2+b_3X_3=10\%\times10\%+12\%\times(-20\%)+15\%\times10\%=0.1\%>0$。

这表明，该投资组合确实不是最优结果，可以通过修改投资组合方案，在不增加投资风险的前提下提高预期收益率。例如，该投资者在卖出第2种股票（X_2）的同时，把这部分资金用于买入第1种股票（X_1）和第3种股票（X_3）后，就有望提高投资组合预期收益率0.1%。

所谓套利，就是在股票交易过程中不需要另外支出额外费用就能获取无风险报酬。也就是说，通过某种合理组合能够取得比现在更高的投资收益。

套利组合是建立在市场有效原则基础之上的。这时候假如某只股票的定价不合理，在未来的股市发展中必然会出现以这只股票进行套利活动的机会，这只股票的价格也必然会在这些套利活动中调整，重新回到均衡状态。换句话说，某只股票的定价不合理状态会在投资者的套利活动中趋向合理，并且最终使得这种套利机会消失。

根据这条原则，在一个有效的股票市场上，任何一只股票的定价都应当使得该股票将来进行套利的机会不再存在。这样就得到了以下计算公式：

$$E(r_i)=\lambda_0-\lambda_1\times b_i$$

其中，$E(r_i)$ 表示股票 i 的预期收益；b_i 表示影响该股票收益率的某种因素，其中 λ_0 和 λ_1 都是具体常数。

当 $b_i=0$，也就是影响该股票收益率高低的某种因素不存在（通俗地说，就是投资该股票没有风险）时，这时候的股票预期收益就是 λ_0。

综上所述，套利是利用同一种实物资产或者证券的不同价格，来获取无风险收益的行为。根据定义，套利收益是没有风险的，所以投资者一旦发现有这种机会就要设法利用，并且随着投资者的买进和卖出，这些获利机会也会慢慢消失的，是真正的"机不可失，时不再来"。

金融，你动了我的生活

不要把鸡蛋放在一个篮子
——建立自己的家庭资产组合

九、会理财，才能不被社会所抛弃——贫者越贫、富者越富的马太效应

所谓马太效应，是指好的越来越好、坏的越来越坏，多的越来越多、少的越来越少，富的越来越富、穷的越来越穷等现象。

马太效应的故事起源于《圣经》。《新约·马太福音》中记载了这样的故事：一位主人在远行之前根据各人的才干交给 3 个仆人不同数目的银子，吩咐他们等他回来时大家再来见他。

主人回来后，第一个仆人报告说，他用主人给的五千银子做本钱，又赚了五千银子回来。主人很高兴，于是奖励了他。第二个仆人报告说，他用主人给的两千银子做本钱赚了两千银子。于是主人也奖励了他。第三个仆人报告说，主人交给他一千银子后，他也想做生意，可是总怕做生意亏了不好交代；放在外面又怕弄丢了，所以一直埋在地里好好保管着。结果主人命令他把银子全部交给第一个仆人，并说："因为凡有的，还要加给他，叫他有余；没有的，连他所有的也要夺过来。"

1968 年，美国科学史研究学家罗伯特·莫顿最早用马太效应来概括这样一种社会心理现象："相对于那些不知名的研究者，声名显赫的科学家通常得到更多的声望，即使他们的成就是相似的。同样地，在同一个项目上，声誉通常给予那些已经出名的研究者，例如一个奖项几乎总是授予最资深的研究者，即使所有工作都是一个研究生完成的。"后来，这个术语

第五章 懂金融，会理财——金融与家庭理财

慢慢被经济及金融领域借用，以形容贫者越贫、富者越富。

那么，马太效应在资金投资领域又如何应用呢？简单一句话就是，要尽快让财富增值，然后保持一定的财富增值速度，利用马太效应让富者越富。

例如，2007年10月10日发布的胡润版年度中国富豪榜表明，当年中国100位富豪中有74位拥有上市公司，尤其是排在前几位的富豪几乎都拥有上市公司。由此他断言，今后能够批量产生富豪的领域必将是股市。

当然，马太效应不仅仅体现在资本市场上，同样体现在与实体经济形成良性互动关系上，从而造成强者恒强的新的财富分配格局。这方面比较典型的是，白手起家的女富豪张茵2007年财富增长了285%，也正是资本市场低廉而高效的融资成本推动了玖龙纸业的快速发展。

现实生活中经常可以看到这样的例子：有人依靠自己的勤奋努力或者碰运气，获得了一笔巨额财富。如果把这笔财富用于投资，本来是可以以较快速度增值的，可是他却像上述第三个仆人一样，因为害怕损失而只是把钱存在银行里获取那一点点微薄的利息。虽然从绝对值看，这笔财富的利息也在不断增值，可是与物价上涨速度相比却永远也跑不过前者。也就是说，它的名义利率是正值，实际利率却是负值。若干年后，马太效应会让这两者立见分晓。

举一个最简单的例子来说，10年前如果你有100万元人民币，可以在我国大中城市买到10套三居室住宅，可是如果你一直把它存在银行里拿利息，10年后的今天，连本带利2套这样的三居室也买不到。

我国有句古话叫"富不过三代"，撇开一般的理解，还可以把它解释为：你有再多的财富，如果一直存在银行里也会"富不过三代"的。

不要说那些政治动荡、饱经战争创伤的国家，就拿以政治经济稳定、没有巨大社会动荡的老牌资本主义国家美国和英国来说，美国在过去的60年里通货膨胀率累计高达10倍，英国则是40倍。换句话说，如果你生活在美国，60年前你的老祖宗留给你100万美元，放到现在购买力也只相当于那时的10万美元；如果你生活在英国就更惨了，这100万美元现在的购买力只相当于那时的2.5万美元！

这还算好的，因为这表明这60年间的三代人中都像上述第三个仆人一样，小心翼翼地把钱存进银行；万一这三代人中有一个是挥霍无度的纨绔子弟，那就很可能是一分不剩甚至负债累累了。

以巴菲特为例，60年前的他个人财富大约为1万美元，如果按照上述

141

比例进行推算，他把这笔钱一直存在银行里，现在的价值最多只有10多万美元。正是因为他把它进行资本运作，才使他的个人财富在2008年年末增长到359亿美元，蝉联全球首富宝座。

个人投资是这样，企业经营也是如此。根据马太效应法则，如果企业要想在某个领域持续保持竞争优势，那么就要努力成为这个行业的龙头企业。因为行业龙头企业更容易使得自己通过品牌、规模、成本、垄断地位、产品和服务差异性等优势，在各方面取得更大的成功，更容易取得高回报率，更便于为股东带来更大的权益资本收益率，这就是沃伦·巴菲特经常说的"经济护城河"。

相反，如果企业总是在竞争中处于弱势地位，连行业平均利润率、平均投资回报率也达不到，那么在经济繁荣时期还可以混口饭吃，一旦遇到经济不景气时就会入不敷出，难逃巨额亏损甚至破产的结局。

推而广之，如果投资者个人没有自己的企业也没有经营企业，但懂得把资金投入这类具有"经济护城河"的龙头企业，照样能从中分一杯羹，利用马太效应法则让你的财富得到尽快增值。即使遇到经济萧条，也会有惊无险。因为经济萧条是宏观环境造成的。当经济萧条时，那些处于竞争弱势的企业早就困难重重，而对于龙头企业来讲，虽然也会降低盈利水平，却依然是有利可图的。

更不用说，这些企业在经济景气时已经积累起了相当大的发展后劲，有助于渡过难关。当困难企业无法正常运转、慢慢失去市场份额时，龙头企业正可以以较低代价扩展市场份额、储备材料和原材料。一旦经济重新复苏，厚积薄发的它们会比过去更优秀，这也是马太效应的一种体现。

许多家庭有了闲钱不知道怎么用，又不知道将来什么时候需要用钱，所以最通常的做法是存在银行里。一般是先存一个定期，如果需要提前用钱时再临时把它转为活期存款，结果几乎是拿不到什么利息，至多是聊胜于无。

根据马太效应，要让这部分闲钱尽快提高投资效益，比较理想的方法是购买货币型基金，它的最大特点是"活期便利、定期收益"。

例如，就"活期便利"而言，投资者如果要赎回货币基金，款项到账时间可以按照"T+2"规则来计算。具体是，赎回申请成功后，款项会在"T+1"日从基金托管账户中划出来，然后在"T+2"日从销售机构划到投资者账户里去。与其他基金需要一个星期才能到账相比，这已经是非常快捷，从而具有活期存款的流动性了。

货币性基金的投资期限长短,完全取决于资金对流动性的要求,但是时间又不能太短。具体地说是,如果你随时随地需要用资金,可是资金闲置期限又不确定,这时候最适合购买货币型基金。

对于每月需要安排资金用于固定用途,如按月归还购房贷款、购车贷款等的投资者来说,还可以申请开通每月自动赎回业务。这样,投资者不用经常惦记着归还贷款,又不必让大笔资金躺在银行活期账户上,而是利用马太效应最大限度地创造收益。

应当注意的是,如果资金闲置期限只有一两天,这时候就不适合申购货币型基金了,因为它的申购、赎回、确认、到账过程至少需要4天。如果资金闲置时间在2个月以上,这时候虽然也可以购买货币型基金,可是由于这种资金流动性不强,所以购买银行其他短期固定期限的理财产品,收益率会更高。

第六章　谁也逃不掉货币战争
——国际金融中的汇率问题

世界上大多数国家都有自己的通货：中国的人民币，美国的美元，日本的日元，欧洲的欧元，印度的卢比。国与国之间的贸易涉及了不同货币之间的兑换。例如，当一家中国公司购买美国的商品、劳务或者金融资产时，人民币必须兑换成美元。而对于普通老百姓来说，最直观的一点是，购买一盎司黄金需要1000美元，却需要6700元人民币。为什么美元比人民币值钱？什么是汇率？汇率是由什么决定的？一国汇率的调整会对本国以及其他国家的经济产生什么影响呢？

一、美元、欧元、日元——外汇和汇率的基本内涵

1. 什么是汇率

"汇率"在金融学中的地位和前面章节介绍的"利率"一样，也是金融学中非常重要的一个概念。

汇率亦称"外汇行市或汇价"。一国货币兑换另一国货币的比率，是以一种货币表示另一种货币的价格。由于世界各国货币的名称不同，币值不一，所以一国货币对其他国家的货币要规定一个兑换率，即汇率。

汇率是国际贸易中最重要的调节杠杆。因为一个国家生产的商品都是按本国货币来计算成本的，要拿到国际市场上竞争，其商品成本一定会与汇率相关。汇率的高低也就直接影响该商品在国际市场上的成本和价格，直接影响商品的国际竞争力。

2. 汇率的产生原因

各国货币之所以可以进行对比，能够形成相互之间的比价关系，原因在于它们都代表着一定的价值量，这是汇率的决定基础。在金本位制度下，黄金为本位货币。两个实行金本位制度的国家的货币单位可以根据它

第六章 谁也逃不掉货币战争——国际金融中的汇率问题

们各自的含金量多少来确定他们之间的比价，即汇率。如在实行金币本位制度时，英国规定 1 英镑的重量为 123.27447 格令，成色为 22 开金，即含金量 113.0016 格令纯金；美国规定 1 美元的重量为 25.8 格令，成色为 900‰，即含金量 23.22 格令纯金。根据两种货币的含金量对比，1 英镑 = 4.8665 美元，汇率就以此为基础上下波动。

在纸币制度下，各国发行纸币作为金属货币的代表，并且参照过去的做法，以法令规定纸币的含金量，称为金平价，金平价的对比是两国汇率的决定基础。但是纸币不能兑换成黄金，因此纸币的法定含金量往往形同虚设。所以在实行官方汇率的国家，由国家货币当局（财政部、中央银行或外汇管理当局）规定汇率，一切外汇交易都必须按照这一汇率进行。在实行市场汇率的国家，汇率随外汇市场上货币的供求关系变化而变化。汇率对国际收支、国民收入等都有影响。

3. 汇率的标价方法

确定两种不同货币之间的比价，先要确定用哪个国家的货币作为标准。由于确定的标准不同，便产生了几种不同的外汇汇率标价方法。

（1）直接标价法（direct quotation）（参考"应付标价法"）。直接标价法又叫应付标价法，是以一定单位（1、100、1000、10000）的外国货币为标准来计算应付多少单位本国货币。就相当于计算购买一定单位外币所应付多少本币，所以就叫应付标价法。在国际外汇市场上，包括中国在内的世界上绝大多数国家目前都采用直接标价法。如日元兑美元汇率为 119.05，即 1 美元兑 119.05 日元。

在直接标价法下，若一定单位的外币折合的本币数额多于前期，则说明外币币值上升或本币币值下跌，叫作外汇汇率上升；反之，如果要用比原来较少的本币即能兑换到同一数额的外币，这说明外币币值下跌或本币币值上升，叫作外汇汇率下跌，即外币的价值与汇率的涨跌成正比。直接标价法与商品的买卖常识相似，例如美元的直接标价法就是把美元外汇作为买卖的商品，以美元为 1 单位，且单位是不变的，而作为货币一方的人民币，是变化的。一般商品的买卖也是这样，500 元买进一件衣服，550 元把它卖出去，赚了 50 元，商品没变，而货币却增加了。

（2）间接标价法（indirect quotation）（参考"应收标价法"）。间接标价法又称应收标价法，是以一定单位（如 1 个单位）的本国货币为标准，来计算应收若干单位的外汇货币。在国际外汇市场上，欧元、英镑、澳元

等均为间接标价法。如欧元兑美元汇率为 0.9705，即 1 欧元兑 0.9705 美元。在间接标价法中，本国货币的数额保持不变，外国货币的数额随着本国货币币值的变化而变化。如果一定数额的本币能兑换的外币数额比前期少，这表明外币币值上升，本币币值下降，外汇汇率下跌；反之，如果一定数额的本币能兑换的外币数额比前期多，则说明外币币值下降、本币币值上升，即外汇汇率上升，外汇的价值和汇率的升跌成反比。因此，间接标价法与直接标价法相反。

Tips：直接标价法和间接标价法所表示的汇率涨跌的含义正好相反，所以在引用某种货币的汇率和说明其汇率高低涨跌时，必须明确采用哪种标价方法，以免混淆。

（3）美元标价法。美元标价法又称纽约标价法，是指在纽约国际金融市场上，除对英镑用直接标价法外，对其他外国货币用间接标价法的标价方法。美元标价法由美国在 1978 年 9 月 1 日制定并执行，目前是国际金融市场上通行的标价法。

Tips：在金本位制下，汇率决定的基础是黄金输送点（gold point），在纸币流通条件下，其决定基础是购买力平价（purchase power parity）。

4. 影响汇率变动的因素

（1）国际收支。如果一国国际收支为顺差，则该国货币汇率上升；如果为逆差，则该国货币汇率下降。

（2）通货膨胀。如果通货膨胀率高，则该国货币汇率低。

（3）利率。如果一国利率提高，则汇率高。

（4）经济增长率。如果一国为高经济增长率，则该国货币汇率高。

（5）财政赤字。如果一国的财政预算出现巨额赤字，则其货币汇率将下降。

（6）外汇储备。如果一国外汇储备高，则该国货币汇率将升高。

（7）投资者的心理预期。投资者的心理预期在目前的国际金融市场上表现得尤为突出。汇兑心理学认为外汇汇率是外汇供求双方对货币主观心理评价的集中体现。评价高，信心强，则货币升值。这一理论在解释无数短线或极短线的汇率波动上起到了至关重要的作用。

5. 汇率变动对经济的影响

（1）对国际收支的影响。

a. 对贸易收支的影响：①汇率对进出口的影响。汇率下降，能起到促进出口、抑制进口的作用。②汇率对物价的影响。汇率下降会引起国内价格总水平的提高，汇率提高起到抑制通货膨胀的作用。③汇率对资本流动的影响。汇率对长期资本流动影响较小。从短期来看，汇率下降，资本流出；汇率提高，资本流入。

b. 对非贸易收支的影响：①对无形贸易收支的影响。一国货币汇率下跌，外币购买力提高，不过商品和劳务低廉；本币购买力降低，国外商品和劳务变贵，有利于改善该国旅游与其他劳务收支状况。②对单方转移收入的影响。一国货币汇率下跌，如果国内价格不变或上涨相对缓慢，对该国单方转移收支产生不利影响。③对官方储备的影响。本国货币变动通过资本转移和进口贸易额的增减，直接影响本国外汇储备的增加或减少；储备货币汇率下跌，使保持储备货币国家的外汇储备的实际价值遭受损失，储备国家因货币贬值减少债务负担，从中获利。

（2）对国内经济影响。

a. 对国内物价的影响：①汇率变动以后，如汇率下降，对出口有利，进口相对不利，其他因素不变情况下，国内市场的商品供应趋于紧张，价格趋于上涨。②汇率变动后，如本币对外贬值，出口增加，进口减少，贸易逆差减少以致顺差增加，导致必须增加该国货币投放量，在其他因素不变的情况下，推动价格上升。③对于货币兑换国家，如本币对外币有升值之势，使大量国外资金流入，以谋取利差，若不采取必要控制措施，也推动该国的物价上涨。

b. 对国民收入、就业和资源配置的影响。

本币贬值，利于出口，限制进口，限制的生产资源转向出口产业，进口替代产业，促使国民收入增加、就业增加，由此改变国内生产结构。

c. 对国际金融市场的影响：①一些主要国家汇率的变化直接影响国际外汇市场上其他货币汇率变化，使国际金融动荡不安。②由于汇率频繁变动，外汇风险增加，外汇投机活动加剧，这就更加剧了国际金融市场的动荡。③汇率大起大落，尤其是主要储备货币的汇率变动，影响国际金融市场上的资本借贷活动。

二、我们能一直赚美国人的钱吗——国际收支

自改革开放以来，中国已经保持了20余年的贸易顺差，也就是说，我

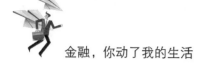

们通过把商品卖给外国人,赚到了很多外汇。顺差越多越好吗?这个问题的答案在普通人看来当然是肯定的。但为什么每当央行的官员们提及"双顺差"这个词语时,总会和"国际收支失衡"联系在一起?

1. 国际收支的定义

国际收支分为狭义的国际收支和广义的国际收支。狭义的国际收支指一国在一定时期(常为1年)内对外收入和支出的总额。广义的国际收支不仅包括外汇收支,还包括一定时期的经济交易。

国际货币基金组织对国际收支的定义为:国际收支是一种统计报表,系统地记载了在一定时期内经济主体与世界其他地方的交易。大部分交易在居民与非居民之间进行。

2. 国际收支的特点

(1) 国际收支是一个流量概念。

(2) 国际收支所反映的内容是经济交易,包括商品和劳务的买卖、物物交换、金融资产之间的交换、无偿的单向商品和劳务的转移、无偿的单向金融资产的转移。

(3) 国际收支记载的经济交易是在居民与非居民之间发生的。

3. 国际收支平衡表的构成

国际收支平衡表是指根据经济分析的需要,将国际收支按照复式记账原理和特定账户分类编制出来的一种统计报表。它集中反映了一国国际收支的结构和总体状况。

编制国际收支平衡表时,需要对各个项目进行归类,分成若干个账户,并按照需要进行排列,即所谓的账户分类。国际货币基金组织出版的《国际收支手册》(第五版)提供了国际收支平衡表的账户分类标准,即分为经常账户、资本和金融账户两大账户,各国可以根据本国具体情况对其进行必要的调整。下面以简略的2014年中国国际收支平衡表为例,说明一下国际收支平衡表的构成。

中国国际收支平衡表(以美元计价)2014年

单位:亿美元

项目	行次	差额	贷方	借方
一、经常项目	1	2197	27992	25795
(一)货物和服务	2	2840	25451	22611

第六章 谁也逃不掉货币战争——国际金融中的汇率问题

续上表

项目	行次	差额	贷方	借方
1. 货物	3	4760	23541	18782
2. 服务	4	-1920	1909	3829
①运输	5	-579	382	962
②旅游	6	-1079	569	1649
③通讯服务	7	-5	18	23
④建筑服务	8	105	154	49
⑤保险服务	9	-179	46	225
⑥金融服务	10	-4	45	49
⑦计算机和信息服务	11	99	184	85
⑧专有权利使用费和特许费	12	-219	7	226
⑨咨询	13	164	429	265
⑩广告、宣传	14	12	50	38
⑪电影、音像	15	-7	2	9
⑫其他商业服务	16	-217	14	231
⑬别处未提及的政府服务	17	-10	11	20
（二）收益	18	-341	2130	2471
1. 职工报酬	19	258	299	42
2. 投资收益	20	-599	1831	2429
（三）经常转移	21	-302	411	714
1. 各级政府	22	-29	16	46
2. 其他部门	23	-273	395	668
二、资本和金融项目	24	382	25730	25347
（一）资本项目	25	0	19	20
（二）金融项目	26	383	25710	25328
1. 直接投资	27	2087	4352	2266
①我国在外直接投资	28	-804	555	1359
②外国在华直接投资	29	2891	3797	906

续上表

项　目	行次	差　额	贷　方	借　方
2. 证券投资	30	824	1664	840
a. 资产	31	－108	293	401
（1）股本证券	32	－14	170	184
（2）债务证券	33	－94	123	217
①（中）长期债券	34	－92	123	215
②货币市场工具	35	－2	0	2
b. 负债	36	932	1371	439
（1）股本证券	37	519	777	258
（2）债务证券	38	413	594	181
①（中）长期债券	39	410	497	88
②货币市场工具	40	4	97	94
3. 其他投资	41	－2528	19694	22222
a. 资产	42	－3030	995	4025
（1）贸易信贷	43	－688	282	970
长期	44	－14	6	19
短期	45	－674	276	950
（2）贷款	46	－738	177	915
长期	47	－455	0	455
短期	48	－282	177	459
（3）货币和存款	49	－1597	514	2111
（4）其他资产	50	－8	22	29
长期	51	0	0	0
短期	52	－8	22	29
b. 负债	53	502	18699	18197
（1）贸易信贷	54	－21	154	174
长期	55	0	3	3
短期	56	－20	151	171
（2）贷款	57	－343	17464	17807

第六章 谁也逃不掉货币战争——国际金融中的汇率问题

续上表

项目	行次	差额	贷方	借方
长期	58	-57	511	569
短期	59	-286	16953	17239
（3）货币和存款	60	814	994	180
（4）其他负债	61	52	87	35
长期	62	58	64	6
短期	63	-6	23	29
三、储备资产	64	-1178	312	1490
（一）货币黄金	65	0	0	0
（二）特别提款权	66	1	1	1
（三）在基金组织的储备头寸	67	10	13	4
（四）外汇	68	-1188	298	1486
（五）其他债权	69	0	0	0
四、净误差与遗漏	70	-1401	0	1401

注：①本表计数采用四舍五入原则。

②本表数据由分季度平衡表累加得到。

4. 国际收支失衡

国际收支失衡是指一国经常账户、金融与资本账户的余额出现问题，即对外经济出现了需要调整的情况。

判断国际收支是否平衡，通常的做法是将国际收支平衡表记录的国际经济交易，按照交易主体和交易目的的不同划分为自主性交易和调节性交易。按交易主体和交易动机来识别国际收支是否平衡，为我们提供了一种思维方式和基本框架，在理论上是正确的，但在实践中却存在着一定的技术性困难。在实践中，国际收支是否平衡的观察，通常是在自主性交易和调节性交易对比的基本框架下，具体对国际收支的几个主要差额进行比较分析。

国际收支失衡的主要原因有：周期性失衡、结构性失衡、收入性失衡及货币性失衡。

持续的国际收支逆差造成的危害有目共睹，持续的巨额国际收支逆差会耗费大量的国际储备，导致国内通货紧缩和生产下降，削弱该国货币和

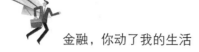

国家信用的国际地位。如果逆差主要是由资本流出引起的，则会造成本国的资金短缺、利率上升，从而使该国消费和生产下降；如果逆差主要是由进口大于出口引起的，则会导致本国开工不足，失业增加，国民收入下降。

1994年以来，除1998年受亚洲金融危机的影响，资本项目有逆差外，我国的国际收支一直保持国际收支顺差。国际收支的顺差促进了中国经济增长，增加了外汇储备，增强了综合国力，有利于维护国际信誉，提高了对外融资能力和引进外资能力，加强了我国抗击经济全球化风险的能力，有助于国家经济安全，有利于人民币汇率稳定和实施较为宽松的宏观调控政策。

然而，长期保持国际收支顺差造成的国际收支失衡也有各种弊端。持续保持巨额国际收支顺差，其危害主要体现在以下三点。

（1）本币持续坚挺，出口受到影响。长期的巨额顺差会使外汇供过于求，迫使本国货币汇率上升。本币过于坚挺，会引发大规模的套汇、套利和外汇投机活动，破坏国内和国际金融市场的稳定；同时，会使出口处于不利的竞争地位，影响出口贸易的发展，从而加重国内的失业问题。

（2）导致通货膨胀。持续顺差使得外汇储备急剧上升，外汇占款大幅度增加；同时，会增加外汇的供给和对本币的需求，货币当局不得不在外汇市场上购入大量外汇进行干预。两种情况都会迫使国内货币投放量扩大，物价上涨，从而引发通货膨胀。此外，巨额国际储备的囤积使得持有外汇的机会成本增加，外汇资金的使用缺乏效率。

（3）不利于发展国际经济关系。一国的国际收支出现大量的顺差，意味着有关国家国际收支发生逆差，常常表现为出口和进口的失衡，因而容易引起贸易摩擦，影响国际经济关系。20世纪80年代美国和日本的贸易摩擦，21世纪初我国和美国、欧盟国家的贸易争端，都是典型的例子。尽管国际收支顺差和逆差都会产生种种不利影响，相对而言，逆差所产生的影响更为显著，各国都注重对逆差采取调节措施。但也不能一概而论，无论从持续时间还是从产生原因来看，顺差都应该引起重视。比如，如果国际收支顺差主要是由于资本流入带来的，而不是经常性项目的顺差，则说明该国的国际竞争力较差，一旦外资大量流出就会造成逆差，经济实力显现出脆弱性。通常国际收支偏离平衡程度越大，持续时间越长，带来的不利影响也越大。

5. 国际收支失衡的调节

关于国际收支调节的理论主要有弹性论、吸收论、货币论、结构论四种。

(1) 弹性论。弹性论着重考虑货币贬值取得成功的条件及其对贸易收支和贸易条件的影响。

货币贬值会引起进出口商品价格变动，进而引起进出口商品的数量发生变动，最终引起贸易收支变动。贸易收支额的变化，最终取决于两个因素。第一个因素是由贬值引起的进出口商品的单位价格的变化；第二个因素是由进出口单价引起的进出口商品数量的变化。马歇尔—勒纳条件（Marshall–Lerner Condition）研究的是在什么样的情况下，贬值才能导致贸易收支的改善。马歇尔—勒纳条件是指货币贬值后，只有出口商品的需求弹性和进口商品的需求弹性之和大于1，贸易收支才能改善，即贬值取得成功的必要条件是：$Em + Ex > 1$（进口商品需求弹性与出口商品的需求弹性的和大于1）。

(2) 吸收论。吸收论所主张的国际收支调节政策，无非就是改变总收入与总吸收（支出）的政策，即支出转换政策与支出增减政策。当国际收支逆差时，表明一国的总需求超过总供给，即总吸收超过总收入。这时，就应当运用紧缩性的财政货币政策来减少对贸易商品（进口）的过度需求，以纠正国际收支逆差。但紧缩性的财政货币政策在减少进口需求的同时，也会减少对非贸易商品的需求和降低总收入，因此还必须运用支出转换政策来消除紧缩性财政货币政策的不利影响，使进口需求减少的同时收入能增加。这样，使贸易商品的供求相等，非贸易商品的供求也相等，需求减少的同时收入增加，就整个经济而言，总吸收等于总收入，从而达到内部平衡和外部平衡。

吸收论特别重视从宏观经济的整体角度来考察贬值对国际收支的影响。它认为，贬值要起到改善国际收支的作用，必须有闲置资源的存在。只有当存在闲置资源时，贬值后，闲置资源流入出口品生产部门，出口才能扩大。其次，出口扩大会引起国民收入和国内吸收同时增加，只有当边际吸收倾向小于1，即吸收的增长小于收入的增长，贬值才能最终改善国际收支。比如，出口扩大时，出口部门的投资和消费会增长，收入也会增长。通过"乘数"作用，又引起整个社会投资、消费和收入多倍增长。所谓边际吸收倾向，是指每增加一个单位的收入中，用于吸收的百分比。只

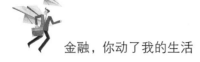

有当这个百分比小于1时,整个社会增加的总收入才会大于总吸收,国际收支才能改善。

(3)货币论。货币论的政策主张,归纳起来有以下三点。

a. 所有国际收支不平衡,在本质上都是货币的原因。因此,国际收支的不平衡,都可以由国内货币政策来解决。

b. 所谓国内货币政策,主要指货币供应政策。因为货币需求是收入、利率的函数,而货币供应则在很大程度上可由政府操纵,因此膨胀性的货币政策可以减少国际收支顺差,而紧缩性的货币政策可以减少国际收支逆差。

c. 为平衡国际收支而采取的贬值、进口限额、关税、外汇管制等贸易和金融干预措施,只有当它们的作用是提高货币需求,尤其是提高国内价格水平时,才能改善国际收支,而且这种影响是暂时的。如果在施加干预措施的同时伴有国内信贷膨胀,则国际收支不一定能改善,甚至还可能恶化。

总之,货币论政策主张的核心是:在国际收支发生逆差时,应注重国内信贷的紧缩。

(4)结构论。结构论认为国际收支失衡的原因是经济结构导致的,所以调节政策的重点应放在改善经济结构和加速经济发展方面,以此来增加出口商品和进口替代品的数量和品种供应。改善经济结构和加速经济发展的主要手段是增加投资,改善资源的流动性,使劳动力和资金等生产要素能顺利地从传统行业流向新兴行业。经济结构落后的国家要积极增加国内储蓄,而经济结构先进的国家和国际经济组织应增加对经济结构落后的国家的投资。经济结构落后的国家通过改善经济结构和发展经济,不仅有助于克服自身的国际收支困难,同时也能增加从经济结构先进的国家的进口,从而有助于经济结构先进的国家的出口和就业的增长。

三、到美国炒股去——国际资本流动

20世纪90年代以来,在许多因素的共同推动下,人类的经济生活和经济行为都发生了巨大而深刻的变化。当回望这一历史过程时,我们不能不承认,国际资本流动作为其中一个因素的确从多个方面改变了我们的生活。

1. 什么是国际资本流动

国际资本流动（international capital flows）是指资本在国际转移，或者说，资本在不同国家或地区之间作单向、双向或多向流动，具体包括贷款、援助、输出、输入、投资、债务的增加、债权的取得、利息收支、买方信贷、卖方信贷、外汇买卖、证券发行与流通等。

国际资本流动，按其流动方向，可分为国际资本流入和国际资本流出。资本流入（capital inflows），表现为本国对外国负债的增加和本国在外国的资产的减少，或者说，外国在本国资产的增加和外国对本国负债的减少。资本流出（capital outflows），表现为本国对外国负债的减少和本国在外国资产的增加，或者说外国在本国的资产减少和外国对本国负债的增加。

对一个国家或地区来讲，总存在资本流出和流入，只不过是流出和流入的比例不同而已。一般来说，发达国家是主要资本流出国，发展中国家是主要资本流入国。在当今世界，国际资本又倾向于在发达国家之间对流。

国际资本的输出和输入，是国际资本流动的一个最主要的形式。因此，有时两者被看成是通用的，但严格来讲，它们仍然有所区别。

首先，国际资本输出和输入所涵盖的内容比国际资本流动来得狭小，它仅是国际资本流动的一个重要组成部分，而国际资本流动还包括诸如动用黄金、外汇等资产来弥补国际收支逆差等行为；其次，国际资本输出和输入的途径和目的比较单一，它一般是指与投资和借贷等活动密切相关的、以谋取利润为目的的一种资本转移，而国际资本流动则还包括一些非营利性的资本转移。

国际资本流动与国际资金流动也有所区别。一般来说，资金流动是一种不可逆转性的流动，即一次性的资金款项转移，其特点是资金流动呈单向性。资本流动则是一种可逆转性的流动，其特点是资本流动呈双向性。

2. 国际资本流动的原因

引起国际资本流动的原因很多，有根本性、一般性、政治、经济等方面的原因，归结起来主要有以下八个方面：过剩资本的形成或国际收支大量顺差，利用外资策略的实施，利润的驱动，汇率的变化，通货膨胀的发生，政治、经济及战争风险的存在，国际炒家的恶性投机及其他因素。

（1）过剩资本的形成或国际收支大量顺差。过剩资本是指相对的过剩

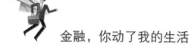

资本。随着资本主义生产方式的建立和资本主义劳动生产率和资本积累率的提高,资本积累迅速增长,在资本的特性和资本家唯利是图的本性的支配下,大量的过剩资本就被输往国外,追逐高额利润,早期的国际资本流动就由此而产生了。随着资本主义的发展,资本在国外获得的利润也大量增加,反过来又加速了资本积累,加剧了资本过剩,进而导致资本对外输出规模扩大,加剧了国际资本流动。近20年来,国际经济关系发生了巨大变化,国际资本、金融、经济等一体化趋势有增无减,加之现代通信技术的发明与运用,资本流动方式的创新与多样化,使当今世界的国际资本流动频繁而快捷。总之,过剩资本的形成与国际收支大量顺差是早期也是现代国际资本流动的一个重要原因。

(2)利用外资策略的实施。无论是发达国家还是发展中国家,都会不同程度地通过不同的政策和方式来吸引外资,以达到一定的经济目的。美国目前是全球最大的债务国,而大部分发展中国家经济比较落后,迫切需要资金来加速本国经济的发展,因此它们往往通过开放市场、提供优惠税收、改善投资软硬环境等措施吸引外资进入,从而增加或扩大对国际资本的需求,引起或加剧国际资本流动。

(3)利润的驱动。增值是资本运动的内在动力,利润驱动是各种资本输出的共有动机。当投资者预期到一国的资本收益率高于他国,资本就会从他国流向这一国;反之,资本就会从这一国流向他国。此外,当投资者在一国所获得的实际利润高于本国或他国时,该投资者就会增加对这一国的投资,以获取更多的国际超额利润或国际垄断利润,这些也会导致或加剧国际资本流动。在利润机制的驱动下,资本从利率低的国家或地区流往利率高的国家或地区,这是国际资本流动的又一个重要原因。

(4)汇率的变化。汇率的变化也会引起国际资本流动,尤其20世纪70年代以来,随着浮动汇率制度的普遍建立,主要国家货币汇率经常波动,且幅度大。如果一个国家货币汇率持续上升,则会产生兑换需求,从而导致国际资本流入;如果一个国家货币汇率不稳定或下降,资本持有者可能预期到所持的资本实际价值将会降低,则会把手中的资本或货币资产转换成他国资产,从而导致资本向汇率稳定或升高的国家或地区流动。

在一般情况下,利率与汇率呈正相关关系。一国利率提高,其汇率也会上浮;反之,一国利率降低,其汇率则会下浮。例如,1994年美元汇率下滑,为此美国连续进行了7次加息,以期稳定汇率。尽管加息能否完全

第六章 谁也逃不掉货币战争——国际金融中的汇率问题

见效取决于各种因素,但加息确实已成为各国用来稳定汇率的一种常用方法。当然,利率、汇率的变化伴随而来的是短期国际资本(游资或热钱)的经常或大量的流动。

(5)通货膨胀的发生。通货膨胀往往与一个国家的财政赤字有关系。如果一个国家出现了财政赤字,该赤字又是以发行纸币来弥补,必然会增加对通货膨胀的压力,一旦发生了严重的通货膨胀,为减少损失,投资者会把国内资产转换成外国债权。如果一个国家发生了财政赤字,而该赤字以出售债券或向外借款来弥补,也可能会导致国际资本流动,因为当某个时期人们预期到政府会通过印发纸币来抵消债务或征收额外赋税来偿付债务,则又会把资产从国内转往国外。

(6)政治、经济及战争风险的存在。政治、经济及战争风险的存在,也是影响一个国家资本流动的重要因素。政治风险是指由于一国的投资气候恶化而可能使资本持有者所持有的资本遭受损失。经济风险是指由于一国投资条件发生变化而可能给资本持有者带来的损失。战争风险是指可能爆发或已经爆发的战争对资本流动造成的可能影响。例如,海湾战争就使国际资本流向发生重大变化,在战争期间许多资金流往以美国为主的几个发达国家(大多为军费),战后又使大量资本涌入中东,尤其是科威特等国。

(7)国际炒家的恶性投机。所谓恶性投机可包含以下两种含义。第一,投机者基于对市场走势的判断,纯粹以追逐利润为目的,刻意打压某种货币而抢购另一种货币的行为。这种行为的普遍发生,毫无疑问会导致有关国家货币汇率的大起大落,进而加剧投机,汇率进一步动荡,形成恶性循环,投机者则在乱中牟利。这是一种以经济利益为目的的恶性投机。第二,投机者不是以追求盈利为目的,而是基于某种政治理念或对某种社会制度的偏见,动用大规模资金对某国货币进行刻意打压,由此阻碍、破坏该国经济的正常发展。无论哪种投机,都会导致资本的大规模外逃,并会导致该国经济的衰退,如1997年7月爆发的东南亚金融危机。一国经济状况恶化→国际炒家恶性炒作→汇市股市暴跌→资本加速外逃→政府官员下台→一国经济衰退,这几乎已成为当代国际货币危机的"统一模式"。

(8)其他因素。如政治及新闻舆论、谣言、政府对资本市场和外汇市场的干预以及人们的心理预期等因素,都会对短期资本流动产生极大的影响。

157

金融，你动了我的生活

　　国际资本流动的路径主要有以下几种：如果从流动形式上分，国际资本流动可以分为国际直接投资（FDI）、国际证券投资（FPI）和国际借贷，它们构成了国际资本流动的主要渠道。此外，近年来私人股权投资基金的跨境投资发展迅速，成为一种新的国际投资方式和国际资本流动渠道。

　　国际直接投资是指一国企业和居民对另一国进行生产性投资，并由此获得对投资企业控制权的一种投资方式。国际直接投资包括对厂房、机械设备、交通工具、通讯、土地或土地使用权等各种有形资产的投资，以及对专利、商标、咨询服务等无形资产的投资。

　　直接投资可以分为四种形式：一是创办新企业，即投资者在国外直接创办独资企业、设立跨国公司分支机构或创办合资企业；二是直接收购，即投资者在国外直接购买企业；三是购买国外企业股票，并达到一定比例；四是利润再投资，即投资者利用在国外投资所获利润对原企业或其他企业进行再投资。国际投资最早出现在"二战"以后，到20世纪80年代迅速发展，到20世纪90年代成为国际资本流动的主要形式，目前发达国家的国际资本流动中有75%以上是国际直接投资。

　　国际证券投资是指以在境外公开市场流通的股票、债券等有价证券为投资对象的投资行为，主要包括国际债券投资和股票投资两种。一般来讲，国际债券分为外国债券和欧洲债券。外国债券是一国政府、金融机构、工商企业或国际组织在另一国发行的以当地国货币计值的债券。比如，在美国发行的外国债券（美元）称为扬基债券，在日本发行的外国债券（日元）称为武士债券。欧洲债券是一国政府、金融机构、工商企业或国际组织在国外债券市场上以第三国货币为面值发行的债券。比如，欧洲美元债券是指在美国境外发行的以美元为面额的债券，欧洲日元债券是指在日本境外发行的以日元为面额的债券。

　　国际证券投资是国际资本流动的一个重要渠道，也是一种新趋势。近年来，一些发达国家的国际证券投资规模已经超过直接投资，成为国际资本流动的主要形式。根据国际货币基金组织的统计，2005年美国、加拿大和日本用于对外证券投资的资本分别达到1801亿美元、427亿美元和1964亿美元，均大于其国际直接投资规模。发展中国家的国际证券投资也呈快速增长之势，2005年达到2058亿美元，比1995年增长130%，比2000年增长123%，占流入发展中国家资本总额的31%。

　　私人股权投资基金是介于国际直接投资和国际证券投资之间的一种新

的国际投资方式和渠道，近年来私人股权投资基金的跨境投资发展迅速，引起越来越多投资者的重视，也值得我们进一步关注和研究。

私人股权投资基金是于20世纪80年代在欧美发展起来的，其投资对象一般为非上市公司，所谓"私人"股权是相对于证券市场的"公众"股权公司而言的。这种基金主要是通过非公开方式集合少数投资者的资金设立起来，销售与赎回也都是基金管理人私下与投资者协商进行，因此有时也被称为私募股权投资基金。国际私人股权投资基金的投资方式有三种：一是风险投资（venture capital），以投资初创企业为主，在企业成长过程中获得投资回报；二是私人股权投资（private equity），即购买处于成长期的私人企业的部分股权，一般待企业上市后出售获利；三是收购（buy-out），一般以通过杠杆融资为手段，收购处于成熟期的企业，对企业进行重组后获利退出。

私人股权投资基金与直接投资相比，有两点不同：一是私人股权投资基金的投资周期较短，一般不会超过10年；二是私人股权投资基金只负责公司的长期发展战略，一般不会直接参与公司的管理和运营。

四、为什么美元比人民币更值钱——什么决定了汇率

随着经济全球化的发展，外汇和汇率已经成为普通老百姓耳熟能详的名词，许多人都和它们打过交道，甚至要天天打交道。那么，外汇汇率究竟是怎么确定的呢？说起来，这也是一个非常复杂的问题。

"外汇"是"国际汇兑"的简称。因为通常来说，一国货币只能在这个国家使用，出了国就不能使用，需要兑换成国外货币才能进行交易流通。可是在国际经济交往中，每个国家都会和其他国家发生债权债务关系，这时候同样必须通过国际汇兑来进行处理。在这个过程中，两种货币相互兑换的价格或比率就是汇率。

根据《中华人民共和国外汇管理条例》规定，外汇的范围主要包括以下五种：外国货币，包括纸币、铸币；外币支付凭证，包括票据、银行存款凭证、邮政储蓄凭证等；外币有价证券，包括政府债券、公司债券、股票等；特别提款权、欧元；其他外汇资产。也就是说，凡是以外国货币表示的、能够用于直接偿付对外债务、实现购买力国际转移的外币资金和资产，都属于外汇范畴。

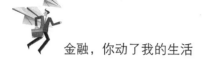

按照可兑换程度的不同,外汇可以分为自由外汇和记账外汇两种。

自由外汇也叫自由兑换货币,是指不需要经过货币发行国批准就可以自由兑换成其他货币,或者向其他国家进行支付的外国货币和记账凭证。从目前来看,全球有50多种货币属于自由外汇,但经常用到的主要有10多种,如美元、英镑、欧元、日元、瑞士法郎等。

而记账外汇是指需要经过货币发行国批准才能自由兑换成其他货币,或者向其他国家进行支付的外国货币和记账凭证,所以它只能根据协定在特定的两个国家之间使用。

无论是自由外汇还是记账外汇,在把一国货币折算成另一国货币时都有一个折算价格,这就是外汇汇率,简称"汇率",也叫外汇牌价或外汇行市。

由于国与国之间发生政治、经济、文化往来所发生的债权和债务最终都必须通过货币来清算,所以只要这两个国家之间使用的货币不同,就需要有一个比率作为计算依据,因而汇率的高低是非常重要的,它直接关系到哪种货币"值钱"、哪种货币"不值钱"。

1. 汇率的种类

要了解汇率究竟是怎样确定的,首先必须了解汇率的种类。由于各国汇率制度的表现形式和银行业务不同,汇率可以分为以下几种。

(1)从银行与客户进行外汇交易的角度看,可以分为买入汇率和卖出汇率。

买入汇率就是通常所说的外汇买入价,即银行买入外汇时的价格;卖出汇率就是通常所说的外汇卖出价,即银行卖出外汇时的价格。这里的买入和卖出,都是从银行角度出发的,卖出价与买入价之间的差额就构成了银行买卖外汇的收益。

除此以外,还有一个中间汇率是指买入汇率和卖出汇率的平均价格。中间汇率并不是外汇业务中使用实际成交价,它主要是在计算或预测汇率时使用的,一般可以不用去管它。

无论买入外汇还是卖出外汇,都有不同的标价方法。

a. 直接标价法——直接以外币为基准货币进行标价。

例如,用一定数额的外币折合本币数量较少的汇率,就是报价方买入外汇的价格;用一定数额外币折合本币数量较多的汇率,就是报价方卖出外汇的价格。

第六章 谁也逃不掉货币战争——国际金融中的汇率问题

例 中国银行2009年3月10日公布的美元兑人民币市场汇率,见下表:

外 汇	买入价	卖出价	现钞买入价
100美元	682.63	685.37	667.16

这表明,中国银行当天买入100美元愿意付出的价格是682.63元人民币,卖出100美元将要收取685.37元人民币,买入100美元现钞愿意付出的价格是677.16元人民币。

b. 间接标价法——直接以本币为基准货币进行标价,这时候从外币来看就变成了间接标价。

例如,用一定数额的本币折合外币数量较多的汇率,就是报价方买入外汇的价格;用一定数额本币折合外币数量较少的汇率,就是报价方卖出外汇的价格。

例:伦敦外汇市场上英国某银行对客户报英镑兑马克的汇率是2.4120/46(这是汇率报价的特殊表示方式,后面会谈到)。这表明,对该银行来说,英镑是基准货币,马克是外汇。该银行买入1英镑卖出的马克数字是2.4120,卖出1英镑买入的马克数字是2.4146。

(2) 从汇率是否受货币当局管制角度看,可以分为官方汇率和市场汇率。

毫无疑问,官方汇率是指国家中央银行和外汇管理局规定的汇率;市场汇率则是指外汇市场上通过供求关系确定的汇率。

(3) 从汇率制定方式的角度看,可以分为基本汇率和套算汇率。

基本汇率是指本国货币与本国国际收支业务中使用最多、外汇储备比例最大的可自由兑换货币之间的汇率(一般是美元),这是确定外汇汇率的基本依据。

在基本汇率基础上,通过国际外汇市场上美元和其他主要货币之间的汇率来确定本国货币与其他货币汇率叫套算汇率,也叫交叉汇率。

(4) 从外汇交易交割期限角度看,可以分为即期汇率和远期汇率。

即期汇率要求买卖双方在成交后的当天(最多不超过2个营业日)交割完毕;远期汇率则可以在将来某个时间内进行交割。远期汇率与期货交易一样,需要在即期汇率的基础上加减升贴水。

(5) 从外汇支付工具的付款时间角度看,可以分为电汇汇率、信汇汇

率、票汇汇率。

电汇汇率是银行通过电报方式通知国外分支机构或代理机构所使用的汇率,这也是目前最常用的支付工具。由于电汇付款时间快,资金到账银行无法占用,所以电汇汇率的卖出价较高。

信汇汇率是银行通过信件方式通知付款时的汇率。由于这种方式需要几天时间,所以银行在这一期限内可以暂时利用这部分资金,因此信汇汇率的卖出价较低。

票汇汇率是银行买卖外汇汇票时使用的汇率,分为即期汇票汇率和远期汇票汇率。即期汇票汇率比电汇汇率要低,远期汇票汇率就更低了。

2. 决定汇率高低的因素

了解了上述汇率品种后,就知道决定汇率高低的因素主要包括以下五个方面。

(1) 两种货币的价值高低。这是决定汇率变动的根本因素。在金本位制度下,主要看两国铸币中的含纯金量大小;在纸币制度下,主要看两国纸币本身代表的价值量。

(2) 国际收支状况。这是决定汇率变动的主导因素。国际收支顺差,表明外汇供大于求,将会引起外汇汇率下降;国际收支逆差,则会引起外汇汇率上升。

(3) 通货膨胀率高低。这是决定汇率变动的基本因素。通货膨胀使得货币在国内的购买力下降,同样也会导致对外贬值,从而导致外汇汇率上升。

(4) 利率水平。这是决定汇率变动的短期因素。不同国家的利率发生变化时,会导致资金尤其是短期资金产生国际流动,从利率低的国家流向利率高的国家。

(5) 各国汇率政策和中央银行对外汇市场的干预程度。这是决定汇率变动的政策因素。通过调整本国货币政策和利率变动影响汇率、直接干预外汇市场,都会对汇率水平产生影响。

3. 汇率的决定理论

西方汇率决定理论主要有国际借贷说、购买力平价说、汇兑心理说、货币分析说和金融资产说,它们分别从不同的角度对汇率的决定因素进行了分析。

国际借贷说是美国经济学家葛逊在1861年提出的,他以金本位制度为

第六章 谁也逃不掉货币战争——国际金融中的汇率问题

背景,较为完善地阐述了汇率与国际收支的关系。他认为,汇率的变化是由外汇的供给与需求引起的,而外汇的供求主要源于国际借贷。国际借贷可分为流动借贷和固定借贷。流动借贷是指已经进入实际支付阶段的借贷;固定借贷是尚未进入实际支付阶段的借贷。只有流动借贷才会影响外汇的供求。在一国进入实际支付阶段的流动借贷中,如果债权大于债务,外汇的供给就会大于外汇的需求,引起本币升值、外币贬值。相反,如果一定时期内进入实际支付阶段的债务大于债权,外汇的需求就会大于外汇的供给,最终导致本币贬值、外币升值。

购买力平价说是20世纪20年代初瑞典经济学家卡塞尔率先提出的。其理论的基本思想是:人们需要外币是因为外币在其发行国国内具有购买力,相应的人们需要本币也是因为本币在本国国内具有购买力。因此两国货币汇率的决定基础应是两国货币所代表的购买力之比。购买力平价理论是最有影响的汇率理论,由于它是从货币基本功能的角度分析货币的交换比率,合乎逻辑,表达简洁,在计算均衡汇率和分析汇率水平时被广泛应用,我国的换汇成本说就是购买力平价说的实际应用。

汇兑心理说是1927年由法国巴黎大学教授艾伯特·阿夫塔里昂根据边际效用价值论的思想提出的。他认为,汇率取决于外汇的供给与需求,但个人之所以需要外汇不是因为外汇本身具有购买力,而是由于个人对国外商品和劳务的某种欲望。这种欲望又是由个人的主观评价决定的,外汇就如同商品一样,对各人有不同的边际效用。因此,决定外汇供求进而决定汇率最重要的因素是人们对外汇的心理判断与预测。

货币分析说认为汇率变动是由货币市场失衡引发的,引发货币市场失衡有各种因素:国内外货币供给的变化、国内外利率水平的变化以及国内外实际国民收入水平的变化等等,这些因素通过对各国物价水平的影响而最终决定汇率水平。货币分析说最突出的贡献是它对浮动汇率制下现实汇率的超调现象进行了全面的理论概括。

金融资产说阐述了金融资产的供求对汇率的决定性影响,认为一国居民可持有三种资产,即本国货币、本国债券和外国债券,其总额应等于本国所拥有的资产总量。当各种资产供给量发生变动,或者居民对各种资产的需求量发生变动时,原有的资产组合平衡就被打破,这时居民就会对现有资产组合进行调整,使其符合自己的意愿持有量,达到新的资产市场均衡。在对国内外资产持有量进行调整的过程中,本国资产与外国资产之间的替换就会引起外汇供求量的变化,从而带来外汇汇率的变化。

在我国,人民币汇率从2005年7月21日起不再盯住单一美元,开始形成以市场供求为基础、参考一揽子货币进行调节的汇率机制。当天晚上,美元对人民币的交易价格确定为1美元兑8.11元人民币,作为第二天外汇市场上银行间外汇交易的中间价,以后每天都这样公布中间价,银行间外汇市场美元对人民币的交易价格可以在中间价3‰的幅度内上下浮动。

为什么美元比人民币更值钱——什么决定了汇率

五、两万亿美元从何而来——我国的外贸盈余与外汇储备

中国国家外汇管理局坐落在北京西三环边一座普通的写字楼中,但在西方人的眼里,英文名称缩写为"SAFE"(State Administration of Foreign Exchange)的外汇局就像是"60年代间谍剧中那些虚构的秘密组织"。事实上,这个部门从事着极为严肃的工作:管理中国的巨额外汇储备。而从事外汇资金投资管理业务的中国投资有限责任公司(China Investment Corporation,简称"中投公司")甚至需要经过国务院的批准才能成立,它也是全球最大的主权财富基金之一。

由此可见,外汇储备在一国经济中具有重要的作用。那么,就让我们来认识一下什么是外汇储备吧。

1. 什么是外汇储备

外汇储备（foreign exchange reserve），又称为外汇存底，指一国政府所持有的国际储备资产中的外汇部分，即一国政府保有的以外币表示的债权，是一个国家货币当局持有并可以随时兑换外国货币的资产。

为了应付国际支付的需要，各国的中央银行及其他政府机构所集中掌握的外汇即外汇储备。外汇储备同黄金储备、特别提款权以及在国际货币基金组织中可随时动用的款项一起，构成一国的官方储备（储备资产）总额。第二次世界大战后很长一段时期，西方国家外汇储备的主要货币是美元，其次是英镑，20世纪70年代以后又增加了德国马克、日元、瑞士法郎、法国法郎等。在国际储备资产总额中，外汇储备比例不断增高。外汇储备的多少，从一定程度上反映一国应付国际收支的能力，关系到该国货币汇率的维持和稳定。它是显示一个国家经济、货币和国际收支等实力的重要指标。

2. 外汇储备的作用

（1）外汇储备就其影响来说具有两面性，首先有利的方面主要包括四点：

a. 调节国际收支，保证对外支付。一定的外汇储备是一国进行经济调节、实现内外平衡的重要手段。当国际收支出现逆差时，动用外汇储备可以促进国际收支的平衡；当国内宏观经济不平衡，出现总需求大于总供给时，可以动用外汇组织进口，从而调节总供给与总需求的关系，促进宏观经济的平衡。

b. 干预外汇市场，稳定本币汇率。当汇率出现波动时，可以利用外汇储备干预汇率，使之趋于稳定。

c. 维护国际信誉，提高融资能力。外汇储备的增加不仅可以增强宏观调控的能力，而且有利于维护国家和企业在国际上的信誉。

d. 增强综合国力，抵抗金融风险。外汇储备有助于拓展国际贸易、吸引外国投资、降低国内企业融资成本，从而防范和化解国际金融风险。

（2）外汇储备的不利影响主要有三个方面：

a. 损害经济增长的潜力。一定规模的外汇储备流入代表着相应规模的实物资源的流出，这种状况不利于一国经济的增长。如果中国的外汇储备超常增长持续下去，将损害经济增长的潜力。

b. 带来利差损失。据保守估计，以投资利润率和外汇储备收益率的差额的2%来看，若拥有6000亿美元的外汇储备，年损失高达100多亿美元。如果考虑到汇率变动的风险，这一潜在损失更大。另外，很多国家外汇储备构成中绝大部分是美元资产，若美元贬值，则该国的储备资产将严重缩水。

c. 加速热钱流入，引发或加速本国的通货膨胀。1997年金融危机时，东南亚国家的灾情至今还历历在目，新元、马币、泰铢、菲律宾比索等货币在数周甚至数日之内纷纷暴跌，金融危机甚至引发了经济危机。而这场金融危机发生的一个重要原因，就是外汇储备数量的不合理。在中期、短期债务较多的情况下，一旦外资流出超过外资流入，而本国的外汇储备又不足以弥补其不足，这个国家的货币贬值便不可避免了。

同样在这场金融危机中，中国香港地区却避免了东南亚的厄运。1998年8月初，在美国股市动荡、日元汇率持续下跌之际，国际炒家对中国香港发动了新一轮进攻。恒生指数一直跌至6000多点。中国香港特别行政区政府予以回击，金融管理局动用外汇基金进入股市和期货市场，吸纳国际炒家抛售的港币，将汇市稳定在7.75港元兑换1美元的水平上。经过近一个月的苦斗，国际炒家损失惨重，无法再次实现把中国香港作为"超级提款机"的企图。在这场金融危机中，中国香港能够独善其身，恰恰是因为外汇储备发挥了巨大作用。

外汇储备的主要用途是支付清偿国际收支逆差，还经常被用来干预外汇市场，以维持本国货币的汇率。外汇储备的主要形式有政府在国外的短期存款，其他可以在国外兑现的支付手段，如外国有价证券，外国银行的支票、期票、外币汇票等。

一定的外汇储备是一国进行经济调节、实现内外平衡的重要手段。当国际收支出现逆差时，动用外汇储备可以促进国际收支的平衡；当国内宏观经济不平衡，出现总需求大于总供给时，可以动用外汇组织进口，从而调节总供给与总需求的关系，促进宏观经济的平衡。同时当汇率出现波动时，可以利用外汇储备干预汇率，使之趋于稳定。因此，外汇储备是实现经济均衡稳定的一个必不可少的手段，特别是在经济全球化不断发展，一国经济更易于受到其他国家经济影响的情况下，更是如此。

一般说来，外汇储备的增加不仅可以增强宏观调控的能力，而且有利于维护国家和企业在国际上的信誉，有助于拓展国际贸易、吸引外国投资、降低国内企业融资成本、防范和化解国际金融风险。适度的外汇储备水平取决于多种因素,如进出口状况、外债规模、实际利用外资等。应根据持有外汇储备的收益、成本比较和各方面的状况把外汇储备保持在适度的水平上。

3. 外汇储备的管理

外汇储备管理的原则:

(1) 保持外汇储备的货币多元化,以分散汇率变动的风险。

(2) 根据进口商品、劳务和其他支付需要,确定各种货币的数量、期限结构以及各种货币资产在储备中的比例。

(3) 在确定储备货币资产的形式时,既要考虑储备资产的收益率,也要考虑流动性、灵活性和安全性。

(4) 密切注意储备货币汇率的变化,及时或不定期调整不同币种储备资产的比例。

国家外汇储备的管理原则可以归纳为"安全、灵活、保值、增值"。第一位是安全,只有在安全的前提下,保值和增值才有基础。但由于储备资产是支付工具,应该随时能变现,因此必须具有灵活性。这里所说的安全,不仅是货币汇率、利率风险的防范,更重要的是变现、流通、兑换风险的防范。因此,为减少储备资产风险,在考虑对外支付的情况下,应该采取积极主动的手段,把储备当作金融资产进行管理和运营。在保值的基础上,不仅要获取基本利息的收益,还要努力争取获得较高的投资收益,实现储备资产的增值。

截至 2009 年上半年末,中国的外汇储备资产较上年末增加了 1856 亿美元,达到 21316 亿美元。这么多钱该怎么花?很多人把眼光放到了"还富于民"这个话题,更有人直接提出,把两万亿美元外汇储备直接分一半到老百姓手里。外汇储备到底能不能像钱或者股票一样,从政府手里分到人头呢?我们打个比方来说吧。

比方有秦、晋两个国家,秦国的生活水平好些。有一天,晋国商人把自己生产的货物堆到了秦国的街上。东西真是又便宜又好用,秦国百姓很喜欢,就通通买下了。但交到晋国商人手里的可是秦国的纸币。

晋国人拿着这些秦国纸币回了国,却买不了东西,因为在晋国买东西,需要晋国的纸币才行。于是,晋国的银行帮忙把这些秦国的纸币换成了晋国的纸币,再还给本国商人,自己留下秦国的纸币。对晋国的银行来说,这就叫外汇储备。

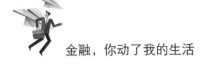

这里需说明，但凡一国增发新纸，无外乎两种后果：

第一，晋国不把国家积累的东西拿出来，粮食、牲畜等都还放在仓库里，市场上可买的东西还是那么多，而纸币却变多了，大家渐渐会感觉纸币能买到的东西越来越少，这就是通货膨胀。

第二，晋国肯把之前的存货拿出来，市场上可买的东西多了。这样，新发的纸币，其实成了分家工具，晋国人纷纷把公有财富买走一些，变成民间财富。本来是属于全体的财富，现在属于张三、李四、王二，这就叫还富于民。

不久，晋国百姓就发现自己手里的纸币太少了。有位学者打开国库一看，屋子里还放着一大堆秦币呢，干脆把这些秦币发给晋国人吧！现在秦国经济很不好，东西很便宜云云。

可是，这些秦国纸币，本来就是晋国人从外面拿回来的。因为晋国不准用，才交给国家。现在重新发回来，等于之前白折腾了。而且，更让人困惑的是：晋国人拿着这些新分的秦币，能干什么用呢？

第一，再找晋国的银行帮忙，换成晋国的纸币；这样晋国的银行里，又要堆一堆秦国的纸币。

第二，出国到秦国，在秦国买完东西，把东西带回来。可是，秦国和晋国中间还隔着一个海！

看完这个比方，你该明白了，所谓的用外汇储备给老百姓发钱，不就相当于建议我们像晋国人那样拿着秦币，从晋国跑到秦国去花吗？这事是普通人干得来的吗？

所以我们必须要明确一点，外汇储备是央行的负债，而不是国家财政资产。我们看看外汇储备是怎么来的。企业出口得到的外汇，或者外国投资者带来的外汇，存进了商业银行换取人民币在国内使用，然后商业银行到央行那里用外汇换人民币，央行给商业银行人民币得到外汇，形成外汇储备。央行持有的外汇储备都是用人民币买来的，是央行的负债。当外国投资者准备回家了或企业需要外汇进口了，再拿着人民币通过商业银行向央行买外汇时，央行要把外汇给人家的。

这就像商业银行的资产一样，看着是资产，实际上是由负债支撑的。商业银行的钱来自储户的存款，存款是银行的负债，商业银行的钱同时也是资产，可以来投资，但银行的股东不能随便瓜分。现在商业银行的股东看着钱挺多，于是把银行里的钱给分了，那储户来取钱怎么办？银行里的钱并不都是银行股东的钱，不能随便分的。同样，外汇储备不是央行赚来的利润，并非一笔可被慷慨用于政策性项目的意外横财。

六、是喜还是忧——人民币汇率变动对国内经济的影响

汇率作为一种重要的经济杠杆，不仅会直接影响国内外商品的相对比价，从而影响国际收支平衡；而且还会对国民收入、物价水平等宏观经济变量产生重要影响。

各种货币汇率每天都在变动，但究竟为什么要这样变来变去，大家不一定十分清楚，有人甚至认为是政府强行这样变动的。其实不然，它并不是一国政府能够左右或者完全左右得了的。它涉及的影响因素太多了，可谓牵一发而动全身。

从人民币汇率演变史可以得知，我国的人民币汇率中隐藏着两种反常现象：一是我国的通货膨胀率高于美国，可是人民币反而在对美元升值；二是在人民币汇率上升时，我国依然存在着国际收支顺差。

从1973年至1980年年末，西方国家出现了通货膨胀，美元对其他国家货币发生贬值，我国的人民币汇率也相应地进行了几次调整，持续上升到1美元兑换人民币1.50元。应该说，这时候的人民币对美元汇率是高估的，直接导致了我国当时的外汇储备严重短缺。

改革开放以来，我国宏观经济环境运行平稳，但与此同时，国际收支顺差和外汇储备不断增加，使得人民币汇率问题成为全球金融界的一大热点问题。

1981年到1994年间人民币汇率一直呈下调趋势，1994年以来人民币汇率才表现出稳中有升的趋势，目前的兑换比例大约为1美元兑换6.84元人民币。

2005年7月21日19时，中国人民银行对外宣布我国开始实施以市场供求为基础、参考一揽子货币进行调节（即不再像原来那样单单盯住美元）、有管理的浮动汇率制度，美元兑换人民币的价格调整为1美元兑换人民币8.11元。

这表明，人民币升值终于变成现实；同时也表明，这种富有弹性的汇率制度，使得人民币汇率变动对我国经济发展的影响日益加大，尤其是对出口依赖较大的行业如纺织、服装等产生的影响更为明显。

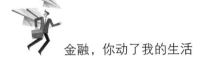

金融，你动了我的生活

例如，2008年第一季度，人民币对美元汇率的升值步伐就明显加快，对欧元、日元则呈现出贬值趋势，从而导致汇率变动对我国经济发展的影响日益显现。究其原因在于，2007年9月美国爆发的次贷危机导致美元持续走软，而在人民币汇率参照的一揽子货币中，美元是最重要的组成部分，美元不断贬值必然会导致人民币对美元的加快升值。

关于人民币汇率变动究竟会对我国经济产生哪些影响，可以主要关注以下七方面。

（1）汇率变动对商品进出口的影响。一般来说，人民币贬值会推动外汇汇率走高。这时候，如果我国国内物价保持不变，外国人对中国商品、劳务的购买力就会增强，这有助于扩大我国商品对外出口。与此同时，由于人民币贬值，商品出口后以外币表示的价格就降低了，从而提高了出口商品竞争力，也是有助于扩大商品出口。反过来说，以人民币表示的进口商品的价格会有所提高，从而影响到进口商品在我国的销售，起到抑制进口的作用。

从总体上看，人民币贬值有利于扩大出口、抑制进口。不过需要指出的是，这个过程中存在着时滞现象。也就是说，可能要过一段时间才能看到这种效果。

货币政策的时滞现象在金融学上很常见，所以在制定相关政策时，必须考虑从制定政策到获取主要效果或全部效果的时间差。

（2）汇率变动对国际资本移动的影响。人民币如果上升，表明人民币的购买力增强了，这会有助于国内资本的对外投资；与此同时，由于人民币的威望在提高，也会有助于吸引外资流入。最典型的是，20世纪八九十年代日元大幅度升值后，日本的汽车、家用电器、办公机械、机床行业等都拼命向外扩张。

人民币如果发生贬值，这时候就要分两种情况来看待了——如果人们普遍认为这种贬值还没到位，那么国内资本就会向国外转移，以避免发生更大的贬值损失；如果人们普遍认为这种贬值已经到位，那么就会促使原来因为汇率过高而转移到国外的资本回流。当然，除此以外也会吸引一部分外资进入中国，因为这时候外资购买力增强了。

（3）汇率变动对非贸易收支的影响。如果人民币发生贬值、外汇汇率上升，相对于外币来说，中国的商品、劳务、交通、旅游、住宿等费用变得更便宜了，外国人会更愿意到中国来旅游、消费；反之亦然。

第六章 谁也逃不掉货币战争——国际金融中的汇率问题

（4）汇率变动对外汇储备的影响。中国的外汇储备主要是美元，如果美元汇率下跌，中国的外汇储备也会跟着受损；相反，如果美元汇率上升，中国外汇储备的实际价值也会相应增加。相应地，人民币汇率发生变动，也会通过资本流动和进出口贸易额的增加减少，直接影响人民币外汇储备的增加减少。

总的来看，人民币汇率保持稳定，有助于外国投资者稳定地获得利息和红利收入，所以会有助于吸引国外资本投入中国，促进我国的外汇储备增加；相反，人民币汇率不稳会引起资本外流，减少外汇储备。

（5）汇率变动对物价的影响。人民币如果发生贬值，那么进口商品、进口原材料、进口半成品的价格都会相应上涨，连带本国工资水平得到提高，从而导致国内商品生产成本提高，物价也就相应上涨了。更不用说，还会因此带动贸易收支改善的乘数效应，引发需求拉动型物价上涨了。

（6）汇率变动对产业结构、资源配置的影响。人民币如果发生贬值，我国的出口商品就会因为价格便宜在国际市场上具有更强的竞争力，有助于扩大出口；出口量上去了，整个贸易部门的利润就会高于非贸易部门，从而引发国内资源向出口贸易、出口产品制造业转移，出口贸易、出口产品制造业在整个国民经济中所占比重上升了，就会提高经济对外开放程度。

与此同时，人民币如果发生贬值，相对来说也就提高了进口商品的价格，使得这部分需求有可能转向本国商品，从而促使某些内销产品生产行业得到较快发展。

（7）汇率变动对国际经济影响。这主要是取决于某个国家的货币在国际经济贸易中的地位。

如果是主要工业国的汇率发生贬值，那会不利于其他工业国和发展中国家的贸易收支，很可能会引发贸易摩擦和汇率大战，直接引发国际金融市场动荡，影响这些国家乃至全球的经济景气指数。相反，如果是一些弱小国家的汇率发生变动，这种影响程度就要小得多。

例如，20世纪80年代以前，美元汇率急剧下跌，日元、联邦德国马克的汇率日益上升，就导致了资本主义世界货币十分动荡。美国政府为了扩大本国产品出口，一意孤行让美元汇率下跌，连累到西欧国家经济增长缓慢、失业率大大上升，而它们手中持有的美元也一天天不值钱起来。俗话说，"弄巧成拙"。正是在这种背景下，当时欧洲共同体的9个国家下决

171

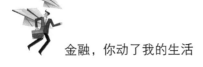

心要建立"欧洲货币体系",确定成员方之间汇率的波动界限。

我国理论界的实证研究表明,改革开放以来人民币汇率的每一次波动,都对我国进出口贸易、外商直接投资、经济增长率带来不同程度的影响。具体数据是:人民币实际汇率每贬值1%,我国国内生产总值上升0.019%;人民币实际汇率每上升1%,经济增长速度下降0.12个百分点。这表明,两者的当期效应都不是十分显著,但长远效应还是显而易见的。

七、奥巴马为什么喊得这么凶——简话中美汇率之争

在2010年十一届全国人大三次会议举行的记者会上,时任中国人民银行行长周小川就人民币汇率回答记者提问时表示,人民币汇率形成机制是不断演变和完善的过程,中国实行以市场供求为基础、参考一揽子货币进行调节,有管理的浮动汇率制度。汇率在合理、均衡水平上保持基本稳定。周小川对人民币汇率形成机制的解读,是在人民币汇率问题面临压力的情况下的表态,人民币汇率问题显然成为当前中美双方争论的焦点。

虽然,中美双方围绕人民币汇率问题的争论由来已久,始终存在着重大分歧,已不是什么新鲜事了。但近年人民币汇率问题的争论却与以往有所不同,唇枪舌剑愈演愈烈。美国气势汹汹,称中国自始至终在操纵汇率,大肆渲染人民币汇率被严重低估。

1. 美国为什么一直盯住人民币汇率问题

进入2010年,美国次贷危机刚刚过去不久,美国似乎从危机中"缓过劲儿"来了,要求人民币升值的论调一浪高过一浪,大有"山雨欲来风满楼"之势:2010年1月,美国总统奥巴马在国情咨文中暗示要求人民币升值;3月,诺贝尔经济学奖得主保罗·克鲁格曼公开撰文批评人民币汇率机制;接着,美国130名国会议员又联名上书美商务部和财政部,要求对中国施压以迫使人民币升值,甚至要求把中国认定为"汇率操纵国"。国内专家称,2007年次贷危机爆发以来,美国一直忙于刺激国内经济,寻求国际合作以求尽快度过经济危机,因此在随后两三年的中美经济对话中,美国要求人民币升值的呼声小了很多。待美国经济基本稳定,人民币汇率问题又成为中美两国谈判的焦点。

就在国会议员要求将中国列入"汇率操纵国"前不久,美国商务部发布的报告显示,1月美国对华贸易逆差从12月的181.4亿美元增加至183

第六章 谁也逃不掉货币战争——国际金融中的汇率问题

亿美元,其中美国对华出口减少17.6%,降至68.9亿美元,为此美国总统奥巴马就汇率问题发表讲话向中国施压,这预示着为平衡贸易逆差,未来美国方面将在人民币汇率问题上再度大做文章。

国际金融危机爆发以来,美国采取了一系列刺激经济增长的措施,但目前看效果一般,经济增速放缓,财政赤字严重,金融状况糟糕,失业率近10%。在其财政、货币政策操作空间有限的情况下,通过扩大出口刺激经济增长成为一个必然选择。

美国总统奥巴马在2010年国情咨文中提出,要在未来5年内实现出口量增长1倍,成为世界上最大的贸易出口国;3月,奥巴马又签署了一项政令,成立了一个由财政部、农业部、商务部等部门负责人组成的"出口内阁",全力扩大美国出口。

美国一直认为人民币币值被严重低估,并认为这是导致中美贸易不平衡的主要原因。"他们希望通过人民币升值、美元贬值,扩大其出口,"时任商务部研究院中贸研究部主任李健说:"美国试图依靠扩大出口来缓解本国经济压力,他们认为人民币升值有助于实现这一目标,这是最直接的原因。"

对美国在人民币汇率问题上的态度,也有一些专家认为是一种政治手段。目前美国密集施压人民币汇率,有转移美国国内公众视线之嫌。美国在艰难复苏中面临重重困难,其高达10%的失业率令美国政客必须找到转移矛盾的新焦点。美国卡托研究所贸易问题专家伊肯森认为,美国议员高调抨击人民币汇率的做法与即将举行的中期大选有关,"部分国会议员为争取选民支持,必然做出这种姿态。这也是他们惯用的伎俩,毫无新意可言。"

2. 中国对人民币汇率问题的看法

关于人民币汇率和中美贸易不均衡问题,既是近年来导致中美贸易摩擦和争端不断增多的主要原因之一,也是中美经贸关系积怨最深的问题。在中美贸易摩擦和争端中,美国将重点放在"消除贸易不均衡"上,反复强调人民币汇率严重低估是导致中美贸易不均衡的重要原因;而中国则将重点放在"反对贸易保护主义"上,认为造成中美贸易不均衡的原因并非人民币汇率问题,而是美国对外贸易的长期逆差等自身深层次经济因素决定的,不应把责任归咎于其他国家,美方过度渲染中美贸易不均衡和人民币汇率问题,已经严重影响了两国经贸关系的健康发展。

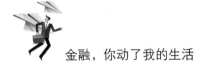

美国一些人士把如意算盘打得啪啪作响,但应当看到,人民币汇率不是造成中美贸易逆差的主因,施压人民币汇率不仅有损中国的利益,也难以改善美国的贸易状况。美国在汇率问题上单边采取措施,只能加剧中美贸易摩擦和冲突,给世界贸易乃至世界经济复苏造成冲击。

事实上,中国自2005年开始实行人民币汇率改革,2006年人民币升值3.35%,2007年和2008年升值均接近6%。但同期中国的贸易顺差也在增长,2006年顺差为1774亿美元,2007年为2622亿美元,2008年更是高达2954亿美元。这样的案例绝非偶然。20世纪80年代,德国、日本的货币大幅升值,也没有减少其贸易顺差。

有专家认为,中国外贸顺差之所以较大,原因之一是中国的劳动力、原材料等生产成本较低,产品也就较为便宜,拥有较强的竞争力,但这并不等于人民币被低估了。人民币即使大幅升值,也难以改变中国的比较优势。

还有专家表示,许多中国出口到美国的产品,现在已经是美国不生产的产品。即使人民币汇率调整,美国的贸易赤字也不会因此减少,美国对境外商品的进口只会从中国转向其他国家。

对外经贸大学金融学院院长丁志杰说,应当从更深层次的结构性因素中寻找中美贸易失衡的根源。"中国应当扩大内需,美国应当增加储蓄。时下,中国已在扩大内需上卓有成效,美国也不应纠缠于汇率问题。"

人民币升值还将使美国超市里的中国产品更加昂贵,这对饱受债务、工作不稳定等诸多因素困扰的美国消费者而言,无异于雪上加霜,最终损害的是普通美国公民的利益。

另外,当前人民币贸然升值也将对中国产生一些不利影响。目前如果人民币骤然升值,将对中国出口带来严重影响,还可能导致大量中小外贸企业倒闭,带来严重的失业问题。

比较危险的是,如果接受人民币汇率被低估的判断,就会产生"升值预期——国际投机性资本流入——外汇积累进一步攀升——升值预期强化"这样的循环,导致国内金融投机泛滥,制造通货膨胀的货币环境,最后严重损害中国经济。

3. 人民币升值已经成为一个事实

事实上,2010年以来人民币汇率已然步入了升值的通道,不仅人民币汇率始终与美元汇率保持着近年来的最高值,而且在美元对西方主要货币

第六章 谁也逃不掉货币战争——国际金融中的汇率问题

不断升值的情况下,由于目前人民币汇率与美元汇率实行单一挂钩,2010年以来美元在西方货币市场的反弹,也导致人民币对其他西方主要货币不断升值,其中对欧元和英镑分别升值了5.22%和7.47%,造成了人民币有效汇率新一轮的升值。

近期人民币面临新一轮升值的压力,与不断增多的中美贸易摩擦和争端不无关系。在当前中美贸易摩擦和争端不断增多的情况下,人民币升值的压力使中国对外贸易面临着双重压力。一方面,中国越来越多地承受着贸易摩擦和争端的巨大压力,不可避免地进入了一个贸易摩擦与各种争端的"多事之秋";另一方面,在美国不断施压下人民币升值的压力越来越大。

从总体上看,人民币升值压力将是长期趋势,但不一定都是坏事,就人民币升值概念来说,这可以增强国内对人民币资产价格的信心,缓解了通胀预期的压力。此外,人民币的强势必然导致市场对人民币国际化愿望的上升,人民币国际化进程也会随着市场的需要进一步加快。而一旦人民币国际化达到了一定程度,国际货币格局将发生重大变化,国际货币格局的主导将实现多元化。

奥巴马为什么喊得这么凶
——简话中美汇率之争

第七章 这些事与我们息息相关
——金融危机中的热点问题

近年来，回响在人们耳边最多的恐怕就是媒体关于美国次贷危机的报道，听到最多的是关于当前的经济形势有多么严峻的讨论。"金融危机""次贷危机"等词汇也成为网上搜索频率最高的词汇之一。那么，金融危机是怎么爆发的？它的来龙去脉是怎么回事？在这之前，金融发展史上发生过多次经济危机，它们的成因又是什么？现如今，各国的经济已经基本稳定，触底回升，一些国家开始加息，有的开始考虑经济刺激政策的退出等问题。金融危机过后会给我们留下什么样的思考？

一、无论喜欢与否，你都无法阻止它的到来——金融风险的特点、成因与规避

风险来源于未来结果的不确定性，本身并没有好坏之别。也就是说，任何一件事情如果它的未来是不确定的，它就存在着风险。从这点来看，风险就是对未来结果不确定性的暴露。所谓风险大小，实际上也就是对这种不确定性所做出的概率判断。

运用到金融学上来，金融风险就是在金融活动中对未来结果不确定性的暴露。这样说并没有错，但对于普通读者来说，什么是金融风险、金融风险是怎样形成的、金融风险会造成哪些后果，仍然并不十分清楚。这里就来谈谈这个话题。

1. 金融风险的类别

按照金融风险的来源不同，一般可以分为以下四类。

（1）市场风险。这是指由于金融市场上的各种因素，如利率、汇率、股票价格、商品价格等的波动导致金融资产价值产生波动的风险。当然，这些市场因素对金融参与者，如金融机构、投资者个人造成的影响可能是直接的，也可能是间接的，并且这些影响不可能完全相同。

（2）信用风险。这是指由于交易双方的一方违约而导致产生财产损失的可能性。这种违约既可能是主观的、故意的，也可能是客观的、无意的。前者如有钱不还，后者如无钱可还。但无论如何，信用风险在金融市场上还是比较普遍的。除了传统风险以外，随着网上银行的发展，网络金融交易中产生的信用风险已经越来越突出。

（3）流动性风险。这是指由于金融资产的流动性降低而导致财产损失的可能性。所谓金融资产流动性降低，说穿了就是原来值这么多钱的东西卖不到这么多钱了，或者以原来的价格卖不出去了，在这种情况下就可能无法换取现金等价物来偿还债务了，从而会造成一系列风险。

（4）操作风险。这是指由于金融机构的交易系统不完善、管理失误而造成财产损失的可能性。举例来说，你拥有的某只股票某一天出现了涨停，你想全部卖出变现，可是由于线路繁忙怎么也成交不了，等到第二天重新卖出时股价已经回落，这就是一种操作风险。

2. 金融风险的特点

金融风险虽然需要依靠主观推断，但并非凭空想象，它有以下四个特点。

（1）客观性。金融风险是客观存在的，不是你装作没看见就没有了，也并非可以任意夸大。只要有货币、信用、银行活动，金融风险就必然存在。

（2）不确定性。金融风险的大小是不确定的，因为金融系统、金融活动、金融决策本身并不是封闭的，它涉及生产、流通、消费、服务、分配等领域。

（3）传染性。金融活动与国民经济各部门有密切关系，所以它能通过利率、汇率、收益率等经济变量关系，在各领域之间形成多米诺骨牌效应。

（4）可控性。通过对金融活动中的资产结构、盈利状况等真实资料进行检查和分析，会有助于对金融风险做出事前识别和预防、事中化解、事后补救。

3. 金融风险的形成原因

从国内外形势看，金融风险是由以下因素产生的。

（1）国际金融体系范围内缺少最后贷款人。每一个国家的中央银行都是对本国金融体系负责的，如果一个国家出现比较严重的信用危机，例如

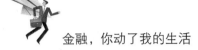

外债太多、无法实现国际收支平衡，这时候国际金融市场又出现变化，就会产生金融危机。

（2）国际资本流入形成泡沫经济。发展中国家的金融自由化发展，会吸引国外资本大量涌入。企业借入的国外资本如果没有投向生产领域，而是大量投放在资本市场、房地产市场，就可能大大助长泡沫经济出现，从而引发金融动荡。

（3）金融行业本身的内在脆弱性。金融行业本身的内在脆弱性也叫金融脆弱，意思是说金融行业本身处于一种高风险状态。以商业银行为例，它既是社会支付结算活动中枢，又是社会债权、债务关系中介，随时随地会遇到诸如挤提存款之类的支付风险，从而引发金融危机乃至破产。

（4）经济周期的影响。经济繁荣时期的投资扩大、就业增加、企业投机性借贷资金增多，会造成金融资产价格暴涨、信用扩张，产生通货膨胀；经济萧条时期的投资压缩、就业减少、贷款规模缩小、通货紧缩，也会造成金融风险。更不用说这种经济周期交替出现，对金融活动本身产生的干扰了。

（5）政府的不当干预。政府对金融活动的关系是，不能不干预，又不能干预过度，更不能不当干预。而实际上，这种不当干预还是非常多见的。例如，政府主导型经济体制下的重点扶持国有企业发展，一方面，会因为这种特殊政策造成资金配置不均衡，从而使得企业盲目地扩大其融资需求，这样一来更加重了其对政府政策的依赖性，减弱了其独立成长的能力；另一方面，由于政策的需要，银行又不得不降低要求，对国家扶持的企业发放贷款，这又会降低银行信贷资金投放质量，造成资金使用效率低下、还款困难，最终迫使中央银行增加货币投放数量，造成通货膨胀隐患。

4. 金融风险会造成哪些后果

比较小的金融风险还不至于构成金融危机，可是如果金融风险积聚到一定程度，就会以以下金融危机的方式出现。

（1）银行危机。银行是负债经营典型，银行的资金来源主要依靠吸收存款。如果发生收款人随时随地提取银行存款的挤兑风波，就很可能会从个别银行波及整个银行体系，产生危机，甚至引发倒闭。

（2）货币危机。物价上涨、通货膨胀加剧、企业经营成本上升，都会造成货币贬值。而货币贬值的结果必然促使政府大幅度提高利率水平、动用外汇储备，两者相互交织，就会动摇本国货币的内在价值。

（3）债务危机。金融机构贷款无法按时收回并且数量达到一定程度时，就会减少或停止向外继续贷款，从而使得原有情形进一步恶化。这种情形持续较长一段时间，就会因为流动性不足形成所谓的"无力偿付"危机。

5. 金融风险的管理和监管

虽然金融风险本身并没有好坏，是不以人的意志为转移的，但毫无疑问，只有把金融风险控制在一定范围内才不至于让它"坏了好事"。而要做到这一点，就必须对金融风险进行管理和监管。需要提醒注意的是，金融风险管理、金融监管在现代金融学上是两个不同的概念。

金融风险管理是指通过辨识、衡量、分析金融风险，对它进行有效的控制和处置，尽可能防止和减少损失，维护金融系统健康、稳定地发展。具体办法如下：首先，要对所面临的金融风险影响程度做出初步评估；其次对它会造成什么样的影响及其损失范围、程度进行估计和衡量，并做出定量分析；然后，选用合适的策略和工具，如风险回避、风险转移、风险保留、风险防范、风险控制等进行处理；最后，做出有效性评价，并在此基础上进行调整和改进。

金融监管是指通过制定市场准入、风险监管、市场退出等标准，对金融机构的经营行为实施有效约束。具体模式包括分业经营、分业监管；综合经营、集中监管；两者兼而有之。需要注意的是，金融监管并不能保证金融机构不再发生金融风险，造成金融损失。

二、是泡沫，总是要破灭的——泡沫经济与金融危机

"泡沫经济"是经常听到的一个金融学名词，此外还有一个容易与此混淆的名词叫"经济泡沫"。不过，这两者并不是一回事。

1. 泡沫经济的概念

所谓泡沫经济，是指虚拟资本过度增长以及相关交易持续膨胀，越来越脱离实物资本的增长和实业部门的成长，从而导致股票、债券、期货、房地产价格飞涨，投机交易过度活跃。简单地说，泡沫经济是一种虚假繁荣现象，一旦泡沫破灭，将会引发社会动荡甚至经济崩溃。

2. 泡沫经济的由来

历史上发生的第一次泡沫经济是郁金香泡沫事件。

郁金香事件的始末：荷兰郁金香的历史，无疑是从一位名叫克卢修斯的园艺家开始的。1554年，奥地利驻君士坦丁堡的大使在奥斯曼帝国的宫廷花园里初识了高贵的郁金香，惊艳之余，他把一些郁金香的种子带回维也纳，送给他的好友、在维也纳皇家花园当园丁的克卢修斯。克卢修斯是知名的植物学家，经过他的悉心栽培，登陆欧洲的郁金香种子终于发芽、生长、开花了。1593年，克卢修斯受聘担任荷兰莱顿大学植物园的主管，就随身携带了一些郁金香鳞茎来到荷兰。第二年春天，荷兰的第一朵郁金香已经含苞待放了。到1634年，郁金香热已在荷兰中等收入阶层中普及。随后，几乎所有荷兰人都开始参与到郁金香交易中来，他们都希望通过郁金香投机来实现一夜暴富的梦想。实际上，这已是一种没有节制的全民投机郁金香市场的疯狂行为。关于郁金香的诸多故事至今仍为人们所津津乐道，比如据说一家酒吧在吧台上摆了一株郁金香，不料被一个醉鬼吃了下去，后来醉鬼被法院判处有期徒刑3个月！

物极必反。1637年春，郁金香价格在6个星期内暴跌90%，无论政府如何护盘都没用，价格还是继续往下跌。百般无奈之下，荷兰政府于1637年4月27日宣布这是赌博行为，所有原来订立的交易合同只要按原价3.5%成交就行了，相当于每株1美元。这表明，买方或卖方中总有一方要遭受96.5%的财富损失。郁金香泡沫至此彻底破灭。

除此以外，历史上影响较大的泡沫经济还有：17世纪日本江户时代的元禄泡沫经济；18世纪英国的南海公司泡沫经济；20世纪20年代受第一次世界大战影响大量欧洲资金流入美国导致股价飞涨，之后美国的泡沫经济破裂导致世界性恐慌；20世纪80年代日本的泡沫经济；1994年以墨西哥为主的中南美洲泡沫经济；1997年爆发的东南亚金融危机；1999年至2000年美国的互联网泡沫经济；2003年以美国为主的全球房地产泡沫经济；2007年爆发的美国次贷危机，之后演变成全球金融海啸。

3. 形成泡沫经济的理论原因和直接原因

（1）形成泡沫经济的理论原因：

一是合理泡沫经济预期。所谓合理泡沫经济，是指在市场充分有效并且经济主体能够做出合理预期的条件下发生的泡沫经济。

关于这一点，英国著名经济学家约翰·梅纳德·凯恩斯（John Maynard Keynes，1883—1946）在他的巨著《就业、利息和货币通论》中，以选美比赛为例做过一个形象说明。

他说："从事职业投资，就好像是参加选美竞赛。报纸上发表100张照片，要参加竞赛者选出其中最美的6个，谁的选择结果与全体参加竞赛者的平均爱好者最相近，谁就得奖。在这种情形之下，每一参赛者都不选他自己认为最美的6个，而选他认为别人认为最美的6个。每个参加者都从同一观点出发，于是都不选他自己认为最美者，也不选一般人认为最美者，而是运用智力，推测选出一般人可能认为的最美者。"

这就是投资中的"选美投票理论"。该理论认为，最终选出来的6个人事实上并不一定是最美的，其中有"泡沫"；但由于人们一致认为"别人都认可她们是最美的"，所以这种泡沫就是合理的。

二是非合理泡沫经济预期。所谓非合理泡沫经济，是指市场并不是充分有效，或者经济主体不能做出合理预期的条件下发生的泡沫经济。

事实证明，市场并不总是充分有效的，甚至可以说基本上是无法做到充分有效的，所以出现非合理泡沫经济预期最正常不过了。

例如，"愚蠢投资理论"认为，即使面对股市即将崩溃的风险，仍然有许多投资者确信股价还会上涨；"乐队花车效应"认为，随着乐队的车子吹吹打打地行进，总会有好奇的人们跟在后面看热闹。这表明，除了难以避免合理的泡沫经济预期以外，也很难避免非合理的泡沫经济预期。

（2）形成泡沫经济的直接原因：

一是宏观环境比较宽松，有供炒作的资金来源。

泡沫经济总是发生在银根比较宽松、经济发展速度较快的时候，因为这样才能给泡沫经济的炒作提供资金来源。

例如，日本从1955年到1985年完成经济起飞后，成了世界第二大经济大国，企业和国民手中有了钱就去投资房地产。他们认为，像日本这样一个岛国，今后的房地产价格只会升不会降。大家都这样想、这样做并且把它绝对化，土地泡沫就形成了。

二是社会对泡沫经济的形成和发展缺乏约束机制。

泡沫经济在慢慢形成，可是社会对它的形成和发展又没有办法进行约束，这就好比汽车没有了刹车，总有一天要出问题。这种约束主要体现在各种监督和控制上。遗憾的是，无论政府、银行还是其他中介机构，都无法有效控制投机者双方的交易活动。一个愿买（追涨杀入），一个愿卖

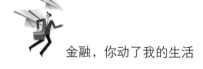

（高价待沽），谁也管不了，这是泡沫经济形成的重要原因。

例如，日本东京、大阪、名古屋等六大城市经济圈的商业用地平均价格指数，1990年比1980年上涨525.9%，比1985年上涨342.4%，没有人愿意去监控，甚至没有人想到要去监控。人人都在津津乐道这种"经济繁荣"，怎么会不在危险的道路上越滑越远呢？

4. 泡沫经济和经济泡沫并不是一回事

上面提到了虚拟资本和实物资本的概念。简单地说，虚拟资本就是像股票、债券、房地产抵押单等能够带来一定收入流量的东西；而实物资本，是以生产资料、商品等实物形态体现的东西。

由于资金运动应当反映实体资本和实体部门的运行状况，所以按理说，只要有金融存在，金融投机就必然会存在，而这种金融投机就是经济泡沫。经济泡沫是一种正常的市场现象，只要控制在适当范围内，就很可能会有利无弊，至少它会有助于集中资本、活跃市场、繁荣经济。如果某只股票的价格总是按照每天上涨1分钱这样的价格成交，这只股票一定不会有人愿意去碰。

这就像山间流动的小溪，水流动的速度快了难免会激起一些泡沫，但这并不能说明溪水的质量发生了变化。这种溪水中的泡沫与肥皂泡沫截然不同，前者可以饮用而后者则完全不行。这表明，两者有着本质区别——水质不同，处理方法也应该完全不同。

通常认为，实物资本不会产生泡沫经济，因为这些都是实打实的东西，一分价钱一分货。而虚拟资本就不好说了，比如股票，同样一只股票有时候在很短时间内价格就能翻上两三倍，有时候又会跌去一大半，这其中必定有泡沫成分。

正是因为泡沫经济总是产生于虚拟资本，所以我们才会经常看到，泡沫经济总是起源于金融领域，发展到后来就形成了金融危机。

5. 泡沫经济说明市场不是万能的

泡沫经济的出现和存在，说明市场不是万能的，但也不能因此就认为市场失灵了。因为泡沫经济和经济泡沫的运行机制不同，只要加强市场机制、增进公平竞争、促进信息交流、减少决策失误，就能有效抑制和削弱经济泡沫，但不能完全避免泡沫经济的出现。一旦泡沫经济出现，决不能完全依靠市场机制来解决问题，必须由政府出面进行干预。

从供求关系看，正常的市场机制会促使价格上升，需求下降。如果价

第七章 这些事与我们息息相关——金融危机中的热点问题

格越是上涨，市场需求越旺，买涨不买跌，这时候就要警惕泡沫经济了。事实上，这也是判断是否出现泡沫经济的一个重要识别指标。

是泡沫，总是要破灭的
——泡沫经济与金融危机

三、这一场危机从何而来——次贷危机的产生、发展与结束

席卷全球的金融海啸，是 2007 年八九月间从美国华尔街开始的。最早是次贷危机，然后在一年后演变成金融海啸，并从美国刮向全球。也就是说，这次金融海啸的主要根源是次贷危机。

1. 次贷危机的概念

"次贷危机"这个名词，即使在美国金融界，几年前还鲜为人知。那么，究竟什么是次贷危机呢？通俗地说，次贷危机的"次"是指质量较差。次贷，就是质量太次的贷款，这里主要是指住房贷款。

在房价节节上升的背景下，次贷并不会形成危机，因为贷款人任何时候卖掉住房都能还得起原来的贷款；可是一旦出现房价下跌，危机就暴露无遗了。

网上流传着一则中国香港老太太炒股的故事。这位老太太平时省吃俭用，一直在投资汇丰银行的股票，10 多年来股票价格已经上涨到一个较高水平。可是次贷危机一来，汇丰银行的股价受牵连，差不多又跌回到 10 年前的水平，可以说这位老太太 10 年来是空欢喜一场。于是她发表观点说，次贷危机就是美国穷人向银行借钱，后来还不起就不还了，最后由银行股东来买单。

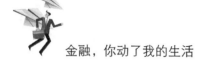

2. 次贷危机的演进过程

一般认为,这次由次贷危机引发的金融海啸到2009年已经走过了第六波,它们分别是:

第一波,2007年8月至9月,标志是美国多家与次级抵押贷款、次级债相关的金融机构破产。

第二波,2007年年末至2008年年初,标志是美国花旗银行、美林银行、瑞士瑞银银行等主要金融机构因为次级贷款出现巨额亏损。

第三波,2008年3月,标志是美国第五大投资银行贝尔斯登濒临破产。

第四波,2008年7月,标志是美国最大的两家住房贷款机构房利美、房地美陷入困境,迫使美国政府于2008年9月7日接管这两家公司。

第五波,2008年9月,标志是美国第四大投资银行雷曼兄弟控股公司宣布破产保护、第三大投资银行美林公司被迫出售给美国银行;全球最大的保险公司美国国际集团被政府接管;美国政府推出7000亿美元紧急经济稳定法案。

第六波,2009年2月,标志是各国陆续公布金融海啸爆发以来的庞大亏损,推出史无前例的大规模救市方案;信贷紧缩及经济下滑出现恶性循环,并反映到金融市场引起股市大幅度调整;贸易保护主义开始扩散到金融领域。

3. 次贷危机给全球造成的危害

美国次贷危机引发的金融海啸,对全球金融、经济的破坏程度与1929年的经济大萧条有得一拼。它在演进的过程中对全球尤其是欧美国家经济所造成的破坏作用骇人听闻。

国际货币基金组织认为,这次次贷危机将会通过金融系统与其他经济领域之间的恶性循环,极大地威胁全球整个经济世界。随着股票价格的下跌、房产市场的萧条,人们对金融海啸给全球经济造成影响的担忧也在不断加剧,全球经济已经步入整体性衰退时期。

受金融海啸影响最大的是美国,但第一个发生国家破产的是冰岛。冰岛曾经因为多次在全球最幸福国家的评比中名列前茅,被无数经济学家推崇为北欧社会经济的"优秀模式",没想到冰岛在金融海啸面前兵败如山倒,整个国家财政很快就陷入瘫痪状态。随后,巴基斯坦、韩国、英国也都出现了严重问题,俄罗斯的日子也很不好过。

总体来看，外资依赖度越高的国家和地区，受这次金融海啸的影响越大，有的国家经济甚至倒退了好几十年。

4. 爆发次贷危机的根源

2008年11月在美国华盛顿召开的20国集团领导人金融市场和世界经济峰会认为："宏观经济政策缺乏连贯性、市场参与者过度追逐高收益、缺乏风险评估和履行相应责任、经济结构改革不充分等阻碍了全球宏观经济的可持续发展，导致风险过度，最终引发严重的市场混乱。此外，金融机构设计的金融产品过于复杂、缺乏透明度，以及由此引起的过度杠杆效应，也是导致危机发生的重要原因。"

那么具体到次贷危机，最早又是怎么发生的呢？在医学界，有所谓"0号患者"的说法。意思是说，这个患者第一个得了某种传染病，然后散播病毒，把它传染给了其他人。其他人痛苦极了，可是"0号患者"却不一定会感受到这种痛苦。

这次金融海啸爆发后，美国《时代》周刊通过详细调查，利用金融数据模型，于2009年2月挖出了次贷危机的"0号患者"。他家住在美国加利福尼亚州的斯托克顿市，2003年他从银行借了一笔数额为25万美元的贷款，39个月后失业并宣布破产。

其实，早在2000年年初，美国华尔街的那些金融家们就开始竭尽全力地为不良贷款寻找借款人，纷纷推出专为穷人设计的抵押贷款了，这就是现在大名鼎鼎的次级贷款，并且于2003年开始大量发行。

上述这位"0号患者"，正是在那个时候"幸运"地贷到了这笔款项，从而"带领"其他贷款人合力推动了次贷危机。

这些穷人本来就买不起住房，而他们从银行贷款却不需要任何抵押和收入证明，也不需要首付款，这使他们喜出望外。可是由于房屋价格并不总是往上攀升的，随着美国失业人口大量增加、"破产者"大量涌现，许多像他这样本来就买不起住房的人被迫贱卖房屋，从而导致房屋价格不断下降，终于在2007年酿成了大规模的次贷危机。

5. 金融海啸对我国产生的影响

这次金融海啸对我国造成的直接影响相对较小，从而相对提高了我国在全球的经济比重。这就好比在一个每只股票都下跌的股市中，跌得最少也就无异于不跌反涨了。

例如，在2009年2月的全球银行排名榜上，排名前10位的依次是中

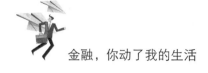

国工商银行、中国建设银行、中国银行、英国汇丰银行、美国摩根大通银行、美国富国银行、西班牙国际银行、日本三菱 UFJ 银行、美国高盛集团公司、中国交通银行。在这个排名榜上，不但第一次有 4 家中资银行挤入前 10 名，并且中国工商银行 1839 亿美元的股票市值，还相当于英国汇丰银行和美国摩根大通银行两家银行的总和，或相当于 9 个花旗银行，这在过去是想都不敢想的。

要知道，美国花旗银行曾经长期在该排行榜排名第一，要不是这次金融海啸的影响，导致股价纷纷下跌从而改变排名，这样的结果简直是不可思议的。虽然中国工商银行的股票价格也在下跌，但相对较小。相比之下，2009 年年初花旗银行的股票市值为 210 亿美元，两年来的缩水率高达 92%！

综上所述，金融海啸爆发的真正原因是金融体系的内在不稳定性。这种内在不稳定性是绝对的、经常性的，而稳定则是暂时的、表面的。当这种内在不稳定性达到一定程度时，就会引发金融海啸乃至经济危机。所以，金融危机每隔几年就会来一次并不奇怪。

四、大象也可能被风吹倒——金融危机中大型金融机构的倒闭

在许多读者眼里，银行是"国家"的，是不可能破产的；或者说国家为了不至于引发社会动荡，也"不敢"让银行破产。

这种观念过去非常强烈，几乎是所有人的共识。但随着时代的发展、观念的转变，尤其是 2008 年爆发的全球金融海啸，大家已经比较清楚地看到了银行作为金融机构是完全可能倒闭的。

国外的银行是这样，国内的银行也是如此。1998 年海南发展银行的关闭清算、1999 年广东省国际信托投资公司的破产，就是国内金融机构倒闭的真实典型。

归根到底，银行是企业，而企业是以盈利为目的的。当银行亏损过多或者长期资不抵债，或者遇到严重的流动性风险，或者违反国家法律法规，都可能会遭到破产清算。

以受金融海啸冲击下的美国银行业为例，许多中小型银行已经倒闭，连那些巨无霸型的金融机构也难逃厄运。

例如，美国最大的五大投资银行高盛集团、摩根士丹利公司、美林公

第七章 这些事与我们息息相关——金融危机中的热点问题

司、雷曼兄弟控股公司、贝尔斯登公司，在2008年的短短几个月内就全军覆没——先是三家公司（贝尔斯登公司、雷曼兄弟控股公司、美林公司）或破产或被收购，两家公司（高盛集团、摩根士丹利公司）不得不转型为商业银行；紧接着，美国最大的储蓄银行华盛顿互惠银行又于2008年9月25日被美国联邦存款保险公司（PDIC）接管，这标志着它成为美国历史上倒闭的最大规模的储蓄银行。

这里有必要适当解释一下什么是投资银行和储蓄银行，它们和最常见的商业银行有什么不同。

投资银行是美国和欧洲大陆对主要从事证券发行、承销、交易、企业重组、兼并与收购、投资分析、风险投资、项目融资等业务的金融机构的称呼。英国人称之为"商人银行"，日本人称之为"证券公司"，德国人称之为"综合银行"，相当于我国的证券公司、信托投资公司、金融投资公司、产权交易与经纪机构、资产管理公司、财务咨询公司等非银行金融机构。

现代西方国家按照银行职能把银行划分为中央银行、商业银行、投资银行、储蓄银行、其他专业信用机构，储蓄银行即其中的一种银行类型。储蓄银行首先吸收公众储蓄存款获取资金，然后才能开展金融业务，这种银行在美国很普遍。储蓄银行的"互助"性质，主要体现在存款人首先把资金存入银行，银行再以优惠条件向存款人提供贷款。

具有讽刺意味的是，成立于1889年的华盛顿互惠银行是一家名副其实的"百年老店"，2008年9月25日倒闭的当天恰好是它119周岁生日，在"吃完生日面"后它就宣布寿终正寝了。

"119"的谐音是"要要救"。读到这个数字，耳旁仿佛听到这样一个声音："要要救""要要救"。然而，面对金融海啸的猛烈冲击，谁也救不了它了。

华盛顿互惠银行在倒闭前的一个月里一直在寻找买家，无奈已没人稀罕了。美国花旗集团、富国银行、桑坦德公司、美国银行等多家银行都仔细研究过它的财务状况，但没有哪家银行愿意收购。后来，临时接管华盛顿互惠银行的美国联邦存款保险公司宣布，以19亿美元把它的部分资产卖给摩根大通公司。

算起来，这是摩根大通公司继2008年3月收购美国第五大投资银行贝尔斯登之后，又一次出面收购受金融海啸影响而倒地不起的美国特大型金融机构。在这样的危难时刻,无论怎么说它也算是仗义的了。

什么叫收购"部分资产"呢?确切地说,是指华盛顿互惠银行的存款业务以及分布在美国23个州的5400家分支机构。稳住了这部分,就能保证所有银行储户及客户不会因为该行倒闭而受牵连了,否则必然会产生巨大影响,甚至引发社会动荡。

就连这些特大型金融机构也会遭此厄运,就不用说那些资产规模较小的中小型金融机构了。

在美国,中小型银行受金融海啸的冲击更严重。这既与美国长期以来实行的单一银行体制有关,也与美国政府"保大放小"的策略有关。在美国,单一银行体制已经实行了130多年,这种体制下的中小银行历来是每次金融危机的重灾区。这些银行数量多、规模小,难与大银行相抗衡,抵制风险能力当然也要相对弱得多。

例如,1929年至1933年的经济大萧条期间,美国有9755家银行破产,占当时银行总数的1/3,给存款人造成了14亿美元的损失。1980年至1994年间,美国有2912家银行和储蓄机构或关闭,或接受美国联邦存款保险公司援助,占当时银行机构总数的14%;这些倒闭的金融机构总资产为9236亿美元,占美国所有金融机构总资产的20.5%。算起来,平均每两天就有一家银行和储蓄机构或倒闭或接受援助。

据美国联邦存款保险公司统计,目前在美国8451家银行和储蓄机构中,资产在10亿美元以下的有7777家,占金融机构总数的92%;与此同时,这些中小银行的资产占美国金融机构总资产的11.36%。

从单个银行的规模对比来看,中小型银行要想与大银行竞争,无异于以卵击石。那些中小型银行当然也知道自己的力量悬殊,根本无法与大银行去竞争工商信贷业务,所以它们平时都把精力集中在住房贷款业务上。众所周知,这次金融海啸正是由次贷危机引发的,次贷危机一爆发,这些中小型银行所受的冲击最大也就很好理解了。

从政府层面看,面对金融危机,政府的救市重点是那些规模较大的金融机构,而不是面广量大的中小型银行。一方面,政府的精力有限,暂时还顾不上那些中小型银行;另一方面,中小型银行一旦倒闭,它对美国联邦存款保险公司带来的危害相对较小,所以不受重视。

例如,美国联邦存款保险公司2008年6月末的存款保险基金为542亿美元,只要有一家资产规模超千亿美元的大型商业银行破产,就会很快耗尽这些存款保险基金；可是那些资产规模较少的中小型银行，即使倒闭掉那么几十家也"无碍大局"，它们对保险基金构不成太大威胁。

明白了这一点，也就知道为什么各国政府要对金融机构"抓大放小"了。在美国，政府对中小型银行基本上是采取"自生自灭"的态度，美国的存款保险体制决定了它必须这么做。

受次贷危机冲击，2008年美国的房价一步步下探，银行股纷纷被当作垃圾股一般被大量抛售。2008年第二季度，出现在美国联邦存款保险公司"问题机构"名单上的金融机构数量达117家，比上季度增加30%，相当于上年同期的2倍，创下了2003年以来的最高纪录。

从整个2008年看，美国共有25家银行倒闭，超过此前5年间倒闭银行的总和。更令人担忧的是，截至2009年2月20日，新年刚刚过去50天，就又有14家银行关门大吉了。

2009年2月，加拿大皇家银行旗下的资本市场公司估计，在未来的3～5年内至少会有1000家美国银行倒闭，相当于银行总数的1/8。而在这其中，资产规模在20亿美元以下的中小型银行首当其冲。更严重的是这一局面在2009年并没有得到扭转，并且持续影响了未来几年。

大象也可能被风吹倒
——金融危机中大型金融机构的倒闭

五、金融能让地球不再持续变暖吗——碳金融

人类经过漫长的进化和知识的积累，早已成为主宰地球的生物了。但是，被我们主宰的地球的承载力却又如此有限。且不看资源的储量和分

布，环境问题就成为人类在20世纪乃至更长时期共同面临的难题之一。而与环境问题有关的新型金融——碳金融（carbon finance）的出现和迅速发展或许为化解这一难题找到了一种方法。

1. 温室效应和《京都议定书》

说到碳金融，首先不得不提及《联合国气候变化框架公约》《京都议定书》（Kyoto Protocol）和清洁发展机制（CDM）。

（1）《京都议定书》。1988年，为了给各国决策者提供有关气候变化的权威性科学信息，联合国环境规划署（UNEP）和世界气象组织（WMO）成立了政府间气候变化专门委员会，其任务是评价人类对气候变化的科学认识的最新进展，评估气候变化对环境和社会经济的潜在影响，并提出切合实际的政策建议。该委员会1990年发表了一篇报告，其结论是：人类活动排放的温室气体在大气中的累积量不断增长，假如不采取措施限制温室气体的排放，到下个100年之前"将导致地球表面在平均意义上的额外变暖"。该报告呼吁达成一个国际协议来应对气候变化对人类社会的威胁。

1992年6月，联合国环境与发展大会（"地球峰会"）在巴西里约热内卢召开，大会签署了《联合国气候变化框架公约》（以下简称《公约》）。《公约》确定的"最终目标"是把大气中的温室气体浓度稳定在一个安全水平。这个安全水平必须在某个时限内实现，并低到足以使生态系统自然适应全球气候变化，确保粮食生产不受威胁以及使经济可持续发展。为达到这一目标，所有国家都有以下一般性义务：应对气候变化，采取措施适应气候变化的影响，提交执行《公约》的国家行动报告。当时《公约》已经收到186个国家和区域一体化组织的正式批准文件。《公约》根据公平原则以及"共同但有区别的责任"原则，要求工业化国家首先采取行动，因为发达国家人口占世界人口的22%，其温室气体排放量却占世界的66%。《公约》要求在2000年年底以前将温室气体排放量降低到本国1990年的排放水平，且必须定期提交"国家信息通报"，详细阐述本国的气候变化政策和规划，以及本国温室气体排放的年度清单报告。为落实《公约》，工业化国家于1997年12月正式通过《京都议定书》，为38个工业化国家（包括11个中东欧国家）规定了具有法律约束力的限制排放义务，即这38个国家在2008—2012年的承诺期内，将温室气体排放量从1990年的排放水平平均降低大约5.2%。限排的目标覆盖6种主要的温室气体：

第七章 这些事与我们息息相关——金融危机中的热点问题

二氧化碳、甲烷、氧化亚氮、氢氟碳化物、全氟碳化物、六氟化硫。《京都议定书》还允许这些国家自由组合选取以上6种温室气体来规划各自的国家减排策略。后来,各国政府还就如何执行《京都议定书》达成了比较全面的规则——《马拉喀什协定》。

Tips:《京都议定书》建立的三个合作机制。①国际排放贸易（IET）：允许工业化国家（附件Ⅰ国家）之间相互转让它们的部分"容许的排放量"（也称"排放配额单位"）。②联合履行机制（JI）：允许附件Ⅰ国家从其在其他工业化国家的投资项目产生的减排量中获取减排信用。③清洁发展机制（CDM）：允许附件Ⅰ国家的投资者从其在发展中国家实施的,并有利于发展中国家可持续发展的减排项目中获取"经核证的减排量"（CER）。

（2）清洁发展机制。《京都议定书》建立的三个合作机制,给予工业化国家及其私人经济实体在世界上任何地方——只要减排成本最低——实施温室气体减排项目的选择机会,而产生的减排量可用于抵减投资方国家的温室气体减排义务。合作机制能够通过减排项目的全球配置刺激国际投资,为各国实现"更清洁"的经济发展提供了重要的实施手段。

尤其是清洁发展机制,允许工业化国家的政府或者私人经济实体在发展中国家开展温室气体减排项目,并据此获得"经核证的减排量"（CER）。工业化国家可以用所获得的CER来抵减本国的温室气体减排义务,通过促进工业化国家的政府机构以及商业组织对发展中国家的环境友好投资,帮助发展中国家实现经济、社会、环境以及可持续发展的目标,诸如更清洁的空气和水资源、改善土地利用方式等,以及实现促进农村发展、就业、消除贫困、降低对矿物燃料的进口依存度等,从而实现发达国家和发展中国家的双赢。

2. 碳金融和碳金融市场

（1）碳金融。顾名思义,碳金融就是与碳有关系的金融活动,也可以叫碳融资,大体上可以说是环保项目投融资的代名词,也可以简单地把碳金融看成对碳物质的买卖。碳物质主要是与上述清洁发展机制中的减少温室气体排放有关的环境污染物,这些污染物可以在上述机制中进行买卖交易、投资或投机,所筹集的资金可用来投资于减少CO_2等排放的环境保护项目。

一个被《公约》限制温室气体排放量的国家,凡是超标排放就要进行

经济补偿,换句话说就是可以出钱购买排放权。有买就会有卖,由此温室气体减排量的国际贸易形成了一个特殊的金融市场。

发达国家在本土实施温室气体的减排非常困难,以日本为例,1990年二氧化碳排放量为12.4亿吨,按《京都议定书》规定日本2008年排放量应减为11.6亿吨,但其2002年的排放量已达13.3亿吨,不仅没有减少,与1990年相比反倒增加了7.6%。具有主动权的发达国家希望可以通过实施减排指标的国际合作机制将自己的排放"合法化",因此碳金融的前景可想而知。

(2)碳金融市场。自第一宗碳减排交易成交以来,碳金融的承诺总量和总金额增长都十分迅速。全球温室气体减排交易市场自1996年至今已累计成交2亿吨二氧化碳总量的排放量。原因当然是越来越严重的世界环境污染、核准《京都议定书》的各个国家努力实现其减排承诺,国家级和地区级的碳交易市场(如加拿大和欧盟2005年1月开始运行的排放交易市场)不断涌现。可以预见,作为一项既履行国际义务也有利可图的交易,全球碳交易量将持续增长,碳金融业也会蓬勃发展。

有报道说,近几年发达国家将有约500亿美元的投资通过CDM渠道资助发展中国家。许多国家的政府和金融机构积极设立碳基金,参与国际碳金融市场交易。截至2005年年底,投入碳基金的资金已达30亿欧元,其中2/3作为政府的采购工具,另外1/3是私营碳基金。私营公司的介入是一个重大突破,越来越多的银行、保险公司、对冲基金和贸易公司对CER本身以及相关的项目融资感兴趣。在这个特殊市场上,风险管理也变得更加专业化。

致力于全球发展的世界银行专门成立了碳金融业务部门(carbon finance business unit),还设立了总额达10亿美元的8个碳基金,用于全球环境保护项目。2005年年底,中国政府与世界银行就签署了《建立清洁发展基金谅解备忘录》。与此同时,我国江苏常熟三爱富中昊化工新材料有限公司和江苏梅兰化工集团有限公司也分别与世界银行签署了清洁发展机制项目温室气体《减排量购买协议》,合同金额达7.75亿欧元,年交易量为1900万吨CER,这是世界银行在中国实施的第一批CDM项目,也是世界银行新型碳金融机制——伞形碳基金下的第一批项目。世界银行董事会于2005年12月6日正式批准了这两个项目,同意购买这两个项目的核证减排量。该项目的签署标志着我国与世界上最大的CDM买家——世界银行在碳基金方面的合作进入了新阶段。

排放大国日本也成立了日本碳金融机构（JCF），该机构曾从保加利亚的一个风电 JI 项目购买了 2008—2012 年期 65 万吨 CER。日本国际协力银行（JBIC）为相关项目提供贷款，而三菱重工（MHI）则为项目提供技术支持。JBIC 还向世界银行原型碳基金承诺了 1.8 亿美元。

2005 年年初，一家私营公司 Merzbach Group 公司宣布正式成立 Merzbach Mezzaninel 号基金（MMFl），为以减排额购买协议为基础的项目提供长期碳融资服务。该基金首批共从私人投资者处募集 2000 万美元，公司打算将 MMFl 基金的规模设定为 1 亿美元，同时使该基金与传统的碳基金互为补充，并与世界银行碳金融业务一起合作。

设于美国的一个"自愿性"温室气体减排额交易市场——芝加哥气候交易所也不甘示弱，其月份 CO_2 成交量高达 13 万吨，交易对象大多是 2006 年的排放许可权。

伦敦也是正在迅速崛起的一个碳金融中心。它是"气候变化资本"的发祥地，出现过第一家专门办理与碳有关业务的银行，"碳托拉斯"也起源于伦敦。

此外，挪威碳点公司、欧洲碳基金、亚洲碳交易所，甚至非洲、印度等的碳金融交易也都非常活跃。

3. 中国碳金融市场蕴藏巨大商机

据有关专家测算，2012 年以前我国通过 CDM 项目减排额的转让收益可达数十亿美元。为此，中国已经被许多国家看作最具潜力的减排市场。那么，依托 CDM 的碳金融在我国应该有非常广阔的发展空间，并蕴藏着巨大商机。

由于目前我国碳排放权交易的主要类型是基于项目的交易，因此在我国碳金融更多的是指依托 CDM 的金融活动。随着越来越多中国企业积极参与碳交易活动，中国的"碳金融"市场潜力更加巨大。

而中国作为发展中国家，在 2012 年以前不需要承担减排义务，在我国境内所有减少的温室气体排放量，都可以按照《京都议定书》中的 CDM 机制转变成有价商品，向发达国家出售。有人甚至认为，要实现国际公约"把大气中温室气体浓度稳定在防止气候系统免受危险的人为干扰的水平上"的最终目标，要以中国实施大量减排为先决条件。

我国"十二五"规划提出，到 2015 年单位 GDP 能源消耗比 2010 年降低 16% 的节能减排目标。在努力实现这一目标的过程中，通过大力推广节能减排技术，努力提高资源使用效率，必将有大批项目可被开发为 CDM 项目。

对中国金融界来说，何尝不可以把国家和社会面临的压力化作难得的市场机遇呢？同在一片天空下，完全可以在履行共建和谐世界的社会责任之时，分享碳金融时代的"蛋糕"。

金融能让地球不再持续变暖吗
——碳金融

六、不能让美元"绑架"全球——全球储备货币的多样化选择

2009 年 3 月 23 日，时任中国人民银行行长周小川撰文表示，此次金融危机的爆发与蔓延使我们再次面对一个古老而悬而未决的问题，那就是什么样的国际储备货币才能保持全球金融稳定、促进世界经济发展。为了应对这个问题，周小川给出的设想是创造可保币值稳定的超主权储备货币。

仅仅一天后，美国总统奥巴马就对此做出回应，他并不认同设立全球货币的说法，并称"眼下美元格外强劲"，美国经济是世界上最强劲的，政治系统也最稳定，全球投资者将购入美元视为安全投资。

3 天后，时任中国国务院副总理王岐山在英国《泰晤士报》发表文章，再次提出中国希望出现超主权储备货币的想法。

3 个月后，中国央行在《中国金融稳定报告（2009）》中正式提议创设超主权国际储备货币主张。央行报告强调,特别提款权应充分发挥特别提款权(SDR)的作用,由 IMF 集中管理成员方的部分储备,降低对现有少数储备货币的过度依赖,增强国际社会应对危机、维护国际货币金融体系稳定的能力。

中国的提议得到了俄罗斯等国家的支持。可以预见,在未来相当长的一段时间内,新兴经济体与美国之间将会为全球储备货币的未来选择进行一场没有硝烟的暗战。

1. 美元为何能"绑架"全球

"二战"后全球曾发生过多次金融危机,如 20 世纪 80 年代拉美的债务和货币危机,20 世纪 90 年代初的斯堪的纳维亚和 90 年代末的亚洲金融危机。这些危机多局限于一个国家或一个地区,而且处于世界金融体系和世界经济的边缘地带。21 世纪第一个十年发生的金融危机则爆发于世界金融体系的中心——美国,并以排山倒海之势,席卷全球,其范围之广,程度之深,对世界经济冲击之强烈,实为前所未有。

毫无疑问,美国金融危机的迅速扩散与全球经济的一体化密切相关。美国的房地产泡沫是这次危机的根源。泡沫破灭之时,美国房地产价格的暴跌通过资产证券化产品,经由早已连成一片的银行体系和资本市场,传递到世界的各个角落,从冰岛到日本,从俄罗斯到新加坡,几乎无一幸免。而深究美国房地产泡沫形成的原因,美联储的货币政策乃始作俑者。格林斯潘推行低利率政策,致使流动性泛滥,银行信用无节制地扩张,政府、公司和家庭的负债不断攀升,美国经济靠借贷维持了多年的繁荣。

作为一个整体,美国人借钱只有两个渠道:一是发行债券,向自己的子孙后代借;另一个是在国际上出售美国政府债券,向中国等贸易顺差国家借,形成你辛苦工作、节俭储蓄,他享受生活的局面。

更令人无法接受的是,当美国深陷金融危机时,美联储开动印钞机,大量增加货币供应,利用美元的国际储备货币地位,制造通货膨胀,通过美元贬值,迫使持有美元的世界各国分担美国人的金融救援成本和财政刺激的成本,这无异于他捅下了娄子,却要你来买单。

美国人之所以这样做,是因为在现有的国际货币体系中,美国货币当局的风险和收益严重不对称,有着增发美元的强烈冲动。印钞票既可以刺激美国经济的增长,发生金融危机后又可以减少美国人的债务负担,而增发美元的成本主要是通货膨胀,却由全世界来分担。美国人之所以能够这

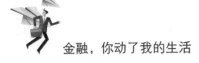

样做,也是因为在现有的国际货币体系中,美元作为国际贸易、国际投资和国际储备的第一币种,在世界上的流通量巨大。基于同样的原因,各国政府和民间也持有大量的美元。

金融危机的事实证明,现有的世界货币和金融体系已不能适应全球经济一体化和全球金融市场一体化的形势,经济的全球化与货币政策的本地化这一矛盾已到了非解决不可的时候了。世界各国必须制约美国的货币政策,美联储必须采取负责任的态度。这个问题一天不解决,美国就会继续利用美元的国际通货地位,超发货币,以邻为壑,转移成本。收益与风险的不对称将继续在货币政策的层面上造成"道德风险",为下一次全球金融危机埋下伏笔。

2. 什么是超主权储备货币

国际货币体系经历了半个多世纪以主权货币作为主要国际储备货币后,超主权储备货币重新跃入人们的视野。

超主权国际储备货币是指一种与主权国家脱钩并能保持币值长期稳定的国际储备货币。超主权储备货币的主张虽然由来已久,但至今没有实质性进展。20世纪40年代凯恩斯就曾提出采用30种有代表性的商品作为定值基础建立国际货币单位"Bancor"的设想,遗憾的是未能实施,而其后以"怀特方案"为基础的布雷顿森林体系的崩溃显示凯恩斯的方案可能更有远见。早在布雷顿森林体系的缺陷暴露之初,基金组织就于1969年创设了特别提款权(special drawing rights,以下简称"SDR"),以缓解主权货币作为储备货币的内在风险。遗憾的是由于分配机制和使用范围上的限制,SDR的作用至今没有能够得到充分发挥,但SDR的存在为国际货币体系改革提供了一线希望。

"二战"后布雷顿森林体系的建立确立了以美元作为主要储备货币的地位,并取代黄金成为最主要的国际储备货币。20世纪60年代,美元占全球外汇储备的85%。美元在国际货币体系中的主导地位反映了美国对外贸易和支付体系的优势地位,而此时的欧洲和日本还没有从战争中恢复过来,有些国家不鼓励本国货币被国际支付使用。其他潜在储备货币国家都实行了资本管制,使得美国在"二战"后长期在国际货币体系中占主导地位。尤其在20世纪90年代后期,美国经济的快速增长,更使美元作为储备货币成为大家共同的选择。

然而,单一主权货币作为主要储备货币的缺陷也是明显的。早在20世纪60年代就出现的"特里芬难题"表明，国际清偿能力的需求不可能长久地依靠国际货币的逆差输出来满足。它直接促使以美元为国际储备中心货币的布雷顿森林体系的最终瓦解。现在国际货币体系在重复着布雷顿森林体系的某些特征，而全球经济失衡与次贷危机就是国际货币体系内在矛盾的外在体现。

金融危机之后，对于亚洲国家来说，如果对外汇储备进行重新配置，只会加速美元的贬值。而不进行资产的重新配置，只能坐待资产的损失。在这种两难境地下，为了维持体系的正常运转，能采取的共同行动只能是持有美元，共同维护美元的价值。

在这种背景下，"创造一种与主权国家脱钩，并能保持币值长期稳定的国际储备货币"，避免主权信用货币作为储备货币的内在缺陷，就成为对现有国际货币体系表达不满的诉求。

3. 为何要用超主权储备货币取代美元

超主权国际货币不仅有助于改善国际公平，而且纠正了美国货币政策当局的风险——收益失衡，以国内恶性通货膨胀的可能性制约美联储的滥发货币，铲除金融资产泡沫的温床——过剩流动性。

以超主权国际货币如SDR逐步替代美元等主要硬通货作为国际储备货币，这是重建国际货币金融体系正确的第一步。设想若中国的外汇储备都是SDR，则美元贬值造成的中国外储价值损失就会小很多。如果各国的外汇储备都是SDR，则美国人很难再向世界转嫁危机，滥发美元的后果将是美国国内的通货膨胀，美国人只好自己承担金融救援和财政政策的大部分成本。正因为如此，美国的奥巴马总统回应中国的建议，认为非主权货币是没有必要的，美元可以继续作为世界的主要货币。要拿走他的"免费午餐"，他怎么会赞同呢？

SDR俗称"纸黄金"，是国际货币基金组织（IMF）在1969年设立的国际准备资产单位，用美元、欧元、日元和英镑按照各经济体的出口权重（目前分别为44%、34%、11%和11%）计算其价值。IMF根据各国摊付的基金比例分配SDR，IMF的成员方出现国际收支逆差时，可凭SDR从IMF获得硬通货，平衡本国的国际收支。由于SDR的最重要成分是美元，仅靠SDR无法完全隔绝美国货币政策对世界经济的影响，但毕竟这是一个显著的改进。

在重提SDR的作用时，IMF必须考虑中国等新兴市场国家的要求，本

着权利与义务对等的原则，分配和使用 SDR。中国可以考虑动用外汇储备，增加对 IMF 的资金支持，但同时要获得在 IMF 的更大代表权和发言权。因为人民币还不是完全可兑换的国际通货，要求人民币进入 SDR，目前是不现实的。我们应创造条件，积极推动人民币的国际化。仅有贸易额和 GDP 还不够，拥有国际化的货币，拥有各国都愿接受和使用的货币，才能在国际经济和金融规则的制定中拥有更大的影响力。

国际货币体系的改革不可能一蹴而就，美元地位的降低将是一个长期的过程。为了减少美元贬值对中国造成的伤害，我们需要尽快转换增长模式，改变对外需的过度依赖，缩小贸易顺差，放慢乃至停止积累外汇储备，以国内市场为主，实现均衡的可持续发展。

金融危机给我们造成了困难，也给我们带来了历史性的机遇。狭隘的民族主义和保护主义是缺乏自信的表现，放眼世界，主动参与竞争，建设性地批评与对话，而不是破坏性地指责与报复，才是一个理性民族所应有的态度，也是民族复兴的希望所在。

不能让美元"绑架"全球
——全球储备货币的多样化选择

七、所到之处人人自危——破坏力巨大的金融危机

回首世界经济发展史，自从人类进入 20 世纪以来，世界性的金融危机频繁出现。特别是 20 世纪 80 年代以后，频率更大，危害更深，表现形式更加复杂。比较严重的有 1987 年"黑色星期一"、1995 年墨西哥金融危

机、1997 年亚洲金融风暴以及 2007 年美国次贷危机。

尽管每次金融危机的直接原因不尽相同，同时危机的爆发也会因国家地区不同、经济运行环境和政治制度不同而表现出不同的特点。然而，这些金融危机的爆发却有着共同的经济运行基础。

以下为世界历史上的七次金融危机，所到之处人人自危，具有巨大的破坏力。

1. 1637 年"郁金香狂热"

在 17 世纪的荷兰，郁金香是一种十分危险的东西。1637 年，当郁金香依旧在地里生长的时候，价格已经上涨了几百甚至几千倍。一棵郁金香可能是二十个熟练工人一个月的收入总和。"郁金香狂热"可以分成三个阶段：第一阶段是供需不平衡而变得高价，第二阶段是投机者开始进入市场，第三阶段则是卷入了缺乏资本的平民。到了第三阶段之后开始泡沫化，价格暴跌导致市场上一片混乱。

现在大家都承认，这是现代金融史上有史以来的第一次投机泡沫。而该事件也引起了人们的争议：在一个市场已经明显失灵的交换体系下，政府到底应该承担起怎样的角色？

2. 1720 年"南海泡沫"

1720 年倒闭的南海公司给整个伦敦金融业都带来了巨大的阴影。17 世纪，英国经济兴盛。然而，人们的资金闲置、储蓄膨胀，当时股票的发行量极少，拥有股票还是一种特权。因为公众对股价看好，为此南海公司觅得赚取暴利的商机，即与政府交易以换取经营特权，促进当时债券向股票的转换，进而反作用于股价的上升。

为了刺激股票发行，南海公司接受投资者分期付款购买新股的方式，社会各界人士都卷入了这股漩涡。人们完全丧失了理智，他们不在乎这些公司的经营范围、经营状况和发展前景，轻信发起人说他们公司如何能获取巨大利润，唯恐错过大捞一把的机会。一时间，股票价格暴涨，平均涨幅超过 5 倍。然而，南海公司的经营并未如愿，赢利甚微，公司股票的市场价格与上市公司实际经营前景完全脱节。1720 年 6 月，为了制止各类"泡沫公司"的膨胀，英国国会通过了《反泡沫公司法》(*The Bubble Act*)。自此，许多公司被解散，公众开始清醒过来，外国投资者首先抛出南海股票，撤回资金。随着投机热潮的冷却，南海股价一落千丈，"南海泡沫"终于破灭。

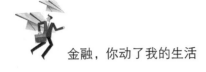

3. 1837年经济大恐慌

美国第二合众国银行创立了统一的国家货币,一度成为美国最大、最好的钞票的发行者,创立了单一的汇率等。它实力强大,控制着各州的金融。

1829年,杰克逊当选为美国总统,他认为美国第二合众国银行的信贷问题影响了美国经济的发展,决定关闭它。作为毁掉美国第二合众国银行的策略的一部分,杰克逊从该银行撤出了政府存款,转而存放在州立银行。

没想到,危机竟然就此产生。因为增加了存款基础,不重视授信政策的州立银行可以发行更多的银行券,并以房地产做担保发放了更多贷款,而房地产是所有投资中最缺乏流动性的一种。这样一来,竟引发了美国首次由于纸币而引起的巨大投机泡沫。

杰克逊应对的做法是将投机活动拦腰截断。他要求,除极个别情况外,以后购买土地都必须用金币或银币支付。由于对铸币的需求激增,银行券的持有者开始要求用银行券换取金银铸币。银行的贵重金属存贮都不足,无力兑付发行的货币,美国的经济恐慌开始产生。一系列的连锁效应使得美国陷入了严重的"人为"货币流通量剧减的境地,最终引发了1837年经济大恐慌。

当时,股票价格复仇似地开始下跌,破产很快蔓延至所有的行业——这个年轻的国家遭遇了有史以来最严重的经济衰退。这场经济大恐慌带来的经济萧条一直持续到1848年加州发现了巨大的旧金山金矿,美国经济情况才开始好转。

4. 1907年银行危机

20世纪初的美国经济处于新一轮迅速上升期,造成了企业对资本的需求如饥似渴。对资本的巨大需求促使美国机构与个人投资者过度举债。这其中就诞生了一个金融机构——信托投资公司。信托公司和现在的投行一样,享有许多商业银行不能经营的投资业务,却极其缺乏政府监管。这导致信托公司可以没有限制地过度吸纳社会资金,投资高风险、高回报的行业和股市。

1907年10月中旬,美国第三大信托托资公司尼克伯克信托投资公司(Knickerbocker Trust)对联合铜业公司(United Copper)收购计划失败。市场传言尼克伯克信托投资公司即将破产,第二天这家公司遭到"挤兑"。

尼克伯克倒闭后，银行对于信托业产生强烈不信任感，银行要求信托公司立即还贷。同时，恐慌让银行间出现"惜贷"现象，美国市场资金流动性停滞。

流言像病毒一般迅速传染了整个纽约：银行遭到挤兑，道琼斯工业指数下泄，股市交易几乎陷于停盘状态，包括尼克伯克在内的、参与铜矿股票投机的8家纽约银行和信托公司在4天之内相继破产。

连锁效应推动了恐慌向全美乃至全球传导。摩根公司的创始人摩根组织了一个由银行家组成的联盟，成立紧急审计小组，评估受困的金融机构损失，向需要资金的金融机构提供贷款，购买他们手中的股票。事后证明，摩根支持的每一家金融机构都存活下来。经过这次危机的教训，1913年国会通过联邦储备法案，授权组建了中央银行———美联储。

5. 1929年经济大崩溃

1929年10月24日，美国爆发了资本主义历史上最大的一次经济危机。

在此前的1923年到1929年，美国经济在股票、证券等"经济泡沫"的影响下迅速增长，年生产率增长幅度达4%。可是，美国农业在此期间长期不景气，1929年农场主纷纷破产；同时工业增长和社会财富分配极端不均衡，全国1/3的国民收入被占人口5%的富有者占有，60%的家庭生活水平仅够温饱。种种因素酝酿出这次经济危机。

在此次经济危机中，美国人在证券交易所内一周损失100亿美元；为了维持农产品价格，农业资本家和大农场主大量销毁过剩的产品，用小麦和玉米代替煤炭做燃料，把牛奶倒进密西西比河。在整个经济危机结束时，美国工业生产下降了56.6%，其中生铁产量减少了79.4%，钢产量减少了75.8%，汽车产量减少了74.4%，失业人数达1200多万人，至少13万家企业倒闭。

美国的这次危机震撼了整个资本主义世界，整个资本主义世界的工业生产下降了44%，比1913年的水平还低16%，倒退到1908—1909年的水平，失业人数达到5000万人左右，一些国家的失业率竟高达30%～50%。资本主义世界的对外贸易总额下降了66%，倒退到1913年的水平以下。

1933年罗斯福上台担任美国总统，推出了旨在保证资本主义制度稳定发展的新政，从全国银行休假整顿开始，对美国经济进行改革、复兴和救济，此次经济危机也在持续4年之后终于落下帷幕。

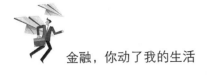

金融，你动了我的生活

6. 1987年"黑色星期一"

1987年，因为不断恶化的经济预期和中东局势的不断紧张，造就了华尔街的大崩溃。这便是"黑色星期一"。标准普尔指数下跌了20%，无数的人陷入了痛苦。

这是迄今为止影响面最大的一次全球性股灾，造成了世界主要股市的巨大损失。美国股票市值损失8000亿美元，世界主要股市合计损失达17920亿美元，相当于第一次世界大战直接和间接经济损失的5.3倍。

7. 1997年亚洲金融危机

在20世纪90年代的繁荣时期，亚洲被世界上公认为新千年的一个巨大的新兴市场。当时泰国和许多亚洲国家一样，开始从海外借入大量的中短期外资贷款，外债曾高达790亿美元，经济笼罩在一片表面繁荣之下。

1997年，泰国经济疲弱、出口下降、汇率偏高并维持与美元的固定汇率，给国际投机资金提供了一个很好的捕猎机会。由美国"金融大鳄"索罗斯主导的量子基金乘势进军泰国，开始大量卖空泰铢，以迫使泰国放弃维持已久的与美元挂钩的固定汇率。

泰国政府不惜血本以强硬手段进行对抗，在短短几天内耗资100多亿美元吸纳泰铢，却徒劳无益。1997年7月2日，苟延残喘的泰铢终于崩溃，泰国宣布实行泰铢浮动汇率制。当天，泰铢兑换美元的汇率即一路狂跌18%，外汇及其他金融市场一片混乱，泰国金融危机的正式爆发。

泰国金融危机迅速传染到东南亚各国，在泰铢急剧贬值的影响下，菲律宾比索、印度尼西亚盾、马来西亚林吉特相继成为国际炒家们的攻击对象。1997年7月11日，菲律宾对比索的大规模干预宣告破产，决定放开比索与美元的比价，比索开始大规模贬值。8月，马来西亚放弃保卫林吉特的努力，一向坚挺的新加坡元也受到冲击。8月23日，印尼盾贬值到历史低点，甚至不得不向国际货币基金组织提出财政援助。11月中旬，韩国也爆发金融风暴，韩元危机也冲击了在韩国有大量投资的日本金融业。1997年下半年，日本一系列银行和证券公司相继破产。于是，东南亚金融风暴演变为亚洲金融危机。

八、谁将为此负责——金融危机的类型和成因

金融危机又称金融风暴（the financial crisis），是指一个国家或几个国

第七章 这些事与我们息息相关——金融危机中的热点问题

家与地区的全部或大部分金融指标（如短期利率、货币资产、证券、房地产、土地价格、商业破产数和金融机构倒闭数）的急剧、短暂和超周期的恶化。

除了次贷危机可能成为金融危机的起因外，在过去的历史中，货币危机、债务危机和银行危机都成为过金融危机的起因。近年来，金融危机越来越呈现出某种混合的形式。

1. 货币危机

货币危机的概念有狭义、广义之分。狭义的货币危机与特定的汇率制度（通常是固定汇率制）相对应，其含义是：实行固定汇率制的国家在非常被动的情况下（如在经济基本面恶化的情况下，或者在遭遇强大的投机攻击情况下），对本国的汇率制度进行调整，转而实行浮动汇率制，而由市场决定的汇率水平远远高于原先所刻意维护的水平（即官方汇率），这种汇率变动的影响难以控制、难以容忍，这一现象就是货币危机。广义的货币危机泛指汇率的变动幅度超出了一国可承受的范围这一现象。在全球化时代，由于国民经济与国际经济的联系越来越密切，而汇率是这一联系的"纽带"，因此如何选择合适的汇率制度，实施相配套的经济政策，已成为经济开放条件下决策者必须考虑的重要课题。

随着市场经济的发展与全球化进程的加速，经济增长的停滞已不再是导致货币危机的主要原因。经济学家的大量研究表明：定值过高的汇率、经常项目巨额赤字、出口下降和经济活动放缓等都是发生货币危机的先兆。就实际情况来看，货币危机通常由泡沫经济破灭、银行呆坏账增多、国际收支严重失衡、外债过于庞大、财政危机、政治动荡、对政府的不信任等引发。

拉美等地发生的货币危机主要是由于经常项目逆差导致外汇储备减少而无法偿还对外债务造成的。如阿根廷公共债务总额占国内生产总值的比重 2001 年年底为 54%，受阿比索贬值的影响，2002 年年底已上升到 123%。2003 年阿根廷需要偿还债务本息达 296.14 亿美元，相当于中央银行持有的外汇储备的 2.9 倍。

在大部分新兴市场国家，包括东欧国家，货币危机的一个可靠先兆是银行危机，银行业的弱点不是引起便是加剧货币危机的发生。如东亚金融危机爆发前 5~10 年，马来西亚、印度尼西亚、菲律宾和泰国信贷市场的年增长率均在 20%~30% 之间，远远超过了工商业的增长速度，也超过了

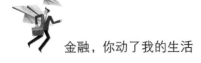

储蓄的增长，从而迫使许多银行向国外举债。由此形成的经济泡沫越来越大，银行系统也就越发脆弱。

许多研究材料表明：一些拉美、东亚、东欧等新兴市场国家过快开放金融市场，尤其是过早取消对资本的控制，是导致货币危机发生的主要原因。1992年年底，捷克经济出现复苏迹象，物价稳定，财政盈余，外国直接投资增加，国际收支状况良好。然而，为加入经合组织，捷克加快了资本项目开放步伐。1995年10月生效的新《外汇法》规定了在经常项目下的完全可兑换和在资本项目下的部分可兑换，接受了国际货币基金组织第八条款义务。由于银行体系脆弱和缺乏有效监管，1997年年底捷克大量短期外资外流，最终引爆了货币与金融危机。据统计，在还没有做好充分准备就匆匆开放金融市场的国家已有3/5发生过金融危机，墨西哥、泰国都是比较经典的例子。

泰国、阿根廷以及俄罗斯的货币危机，与所欠外债规模巨大且结构不合理紧密相关。如俄罗斯从1991—1997年起共吸入外资237.5亿美元，但在外资总额中直接投资只占30%左右，短期资本投资约70%。由于俄罗斯金融市场的建构和发展一直是以债市为中心，债市的主体又是自1993年后由财政部发行的期限在1年以内的短期国债（80%为期3～4个月），这种投资的短期性和高度的对外开放性，使俄罗斯债市的稳定性弱，因而每每成为市场动荡的起源。在危机爆发的1997年10月，外资已掌握了股市交易的60%～70%、国债交易的30%～40%。1998年7月中旬以后，最终使俄罗斯财政部发布"8.17联合声明"，宣布"停止1999年年底前到期国债的交易和偿付"，债市的实际崩溃迅速掀起股市的抛售狂潮，从债市、股市撤离的资金纷纷涌向汇市，造成外汇供求关系的严重失衡，直接引发卢布危机。

民众及投资者对政府的信任是金融稳定的前提，同时赢得民众及投资者的支持是政府有效防范、应对金融危机的基础。墨西哥比索危机很大一部分归咎于其政治上的脆弱性。1994年总统候选人被暗杀和恰帕斯州的动乱，使墨西哥社会经济处于动荡之中。新政府上台后在经济政策上的犹豫不决，使外国投资者认为墨西哥可能不会认真对待其政府开支与国际收支问题，这样信任危机引起了金融危机。

2. 债务危机

20世纪80年代许多发展中国家面临债务严重的困扰局面。衡量一个国家外债清偿能力有多个指标，其中最主要的是外债清偿率指标，即一个国家在一年中外债的还本付息额占当年或上一年出口收汇额的比率。一般情况下，这一指标应保持在20%以下，超过20%就说明外债负担过高。

发展中国家的债务危机起源于20世纪70年代，80年代初爆发。从1976—1981年，发展中国家的债务迅速增长，到1981年外债总额积累达5550亿美元；以后两年经过调整，危机缓和，但成效并不很大；到1985年年底，债务总额又上升到8000亿美元；1986年年底为10350亿美元。其中，拉丁美洲地区所占比重最大，约为全部债务的1/3；其次为非洲，尤其是撒哈拉以南地区，危机程度更深。1985年这些国家的负债率高达223%。全部发展中国家里受债务困扰严重的主要是巴西、墨西哥、阿根廷、委内瑞拉、智利和印度等国。20世纪80年代这场债务危机的特点是私人银行贷款增长较政府间和金融机构贷款增长为快；短期贷款比重增加，中长期贷款比重下降；贷款利率浮动的多于固定的。

债务危机有内外两方面的原因。从各发展中国家内部因素看，20世纪60年代以后，广大发展中国家大力发展民族经济，为了加快增长速度，迅速改变落后面貌，举借了大量外债。但由于各方面的原因，借入的外债未能迅速促进国内经济的发展，高投入、低效益造成了还本付息的困难。从外部因素看，导致债务危机的主要原因是：国际经济环境不利。20世纪80年代初世界性经济萧条是引发债务危机的一个原因；70年代后期，国际金融市场的形势对发展中国家不利。国际信贷紧缩、对发展中国家贷款中私人商业贷款过多，也导致20世纪80年代的债务危机；美国80年代初实行的高利率，加重了发展中国家的债务负担。

债务危机的爆发对发展中国家和发达国家都有影响。对此，国际金融机构联合有关国家政府和债权方银行进行了多次对发展中国家债务的重新安排，达成了一些延期支付协议；广大发展中国家也对国内经济政策进行了调整，并加强了相互间的联合与协调，才使危机得到进一步缓和。

3. 银行危机

银行危机是指银行过度涉足（或贷款给企业）从事高风险行业（如房地产、股票），从而导致资产负债严重失衡，呆账负担过重而使资本运营呆滞而破产倒闭的危机。

20世纪90年代以来，世界金融业呈现出起伏动荡的态势。在过去的15年里，世界频繁发生银行危机。引发银行危机的往往是商业银行的支付

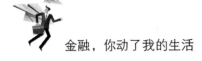

困难,即资产流动性缺乏,而不是资不抵债。只要银行能够保持资产充分的流动性,就可能在资不抵债、技术上处于破产而实际上并未破产的状态下维持其存续和运营。银行危机具有多米诺骨牌效应。因为资产配置是商业银行等金融机构的主要经营业务,各金融机构之间因资产配置而形成复杂的债权、债务联系,使得资产配置风险具有很强的传染性。一旦某个金融机构资产配置失误,不能保证正常的流动性头寸,则单个或局部的金融困难就会演变成全局性的金融动荡。

银行业是金融业的主体,在一国社会经济生活中具有非常重要的地位,银行业危机的影响之大也非一般行业危机可比,它可能会波及一国的社会、经济、政治等方方面面。

4. 金融危机产生的原因

世界经济一体化程度日益加深,资本的国际流动波涛汹涌,现代市场经济运行的几大基础相互制约、相互影响,形成了一个有机的体系。可是,这些基础又是脆弱不稳定的,其原因在于以下几个方面。

第一,虚拟货币不稳定。虚拟货币与货币的国内购买力、国内的名义利率和汇率三要素密切相关,货币的国内购买力是基础,决定着后两个变量,但又受到后两个变量的影响。由于金融市场上的利率、汇率的变动,会引起 M_1 在大规模金融动荡时从金融市场涌入商品和服务市场或反向流动,这就使得用商品和服务衡量的货币值经常因此而发生变动。

第二,政府或货币当局很难真正地控制货币供应量。由于"货币创造能力"扩大到许多非银行金融机构,金融创新又不断创造出新的金融产品,使得 M_1 的变化更加频繁。

第三,利率的市场化易于引发经济泡沫。在金融资产过度膨胀的国家,一般短期投资资本非常发达,其经常流窜于金融资产和房地产业,当这些属于虚拟经济范畴的资产价格被炒起来,就会吸引其他资金大量流入,形成经济泡沫。经济泡沫越大,滞留在金融市场与房地产市场的货币量就越多,那么媒介商品和服务的货币量就越少,货币的购买力就会越高。但是,当投机资本发现因金融资产价格过高而使得名义利息率较低,泡沫过大而迅速撤出资金时,经济泡沫就会破灭,导致那些来不及撤出的资金被套而遭受巨大损失,形成大量的坏账和呆账。

第四,开放经济条件下,常使货币当局陷入进退两难的境地。如果中央银行只控制广义货币(M_2 或 M_3),就不可能避免 M_1 与其他金融资产的互换，从而不能准确地控制货币币值。货币币值是汇率的基础，本币币值的变化必然会影响其汇率。如果通过控制利息率来调节货币的数量，那么利息率会同时作用于三个变量：货币的国内购买力、金融资产价格及资本项目下的国际收支。可是一个政策工具同时作用于三个目标，顾此失彼的现象会经常发生。如果任利率自由浮动，而将注意力集中在 M_1 的供给量上，一方面，这种控制本身在当代发达市场经济中能否有效地实现就值得怀疑；另一方面，利息率的经常变动会引发短期国际投机资本的流动，进而引入汇率大幅度波动的潜在威胁。当本币汇率大幅度波动时，外汇储备就要发生变化，储备的变化会引起银行的货币创造能力的变化，进而引起货币供给的变化。

第五，金融市场的金融衍生物市场的发展加剧了虚拟经济的程度，加大了金融动荡幅度和可能性。当前的金融衍生物交易规模与其保证金悬殊太大，尤其在金融期货和外汇期货交易上更是如此。金融衍生物市场对虚拟经济的泡沫形成与破裂起到了推波助澜的作用。

总之，金融危机的可能性存在于市场经济固有的自发性货币信用机制，一旦金融活动失控，货币及资本借贷中的矛盾激化，金融危机就表现出来。以金融活动高度发达为特征的现代市场经济本身是高风险经济，蕴含着金融危机的可能性。经济全球化和经济一体化是当代世界经济的又一重大特征。经济全球化是市场经济超国界发展的最高形式。现代市场经济不仅存在着商品生产过剩、需求不足等潜在危机，而且存在着金融信贷行为失控、新金融工具使用过度与资本市场投机过度而引发的金融危机。金融危机不只是资本主义国家难以避免，也有可能出现于社会主义市场经济体制中。

九、市场原教旨主义的覆灭——金融危机带来的思考

"金融危机或许已经过去了，然而一切都变了，完全变了。"金融海啸周年之际，英国《泰晤士报》的评论曾如是说。

起自 2007 年的金融危机（尤其是 2008 年 9 月 15 日雷曼倒闭卷起的金融海啸），格林斯潘认为是"百年一遇"，索罗斯说是"六十年超级泡沫时代之终结"，毫无疑问这是人类历史之大事。金融危机到底改变了什么呢？金融危机给人类思想带来的根本变化是：虚伪的市场原教旨主义已经破

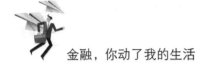

产,至少日渐式微。

1. 什么是市场原教旨主义

"市场原教旨主义"完整地说,其实应该是"自由市场原教旨主义"。该词被广为人知,是因为投资大亨索罗斯的著作《全球资本主义危机》。在书中,索罗斯写道:"这一观念,在19世纪被称为'自由放任'……如果为它找一个更好的名字,那就是市场原教旨主义。"

如果说以前外界对市场原教旨主义的概念还比较模糊,而眼下的全球金融危机,却让许多人对它有了切实而深刻的体会。经济学界普遍认为,这次危机之所以能够形成,一个重要因素,就是美国过于自由放任的监管方式,也就是被美国奉为圭臬的市场原教旨主义。

2. 市扬原教旨主义的历史

市场原教旨主义最早的理论基础,应该是亚当·斯密《国富论》中"看不见手"的描述;其在美国和西方世界牢固扎根,可能要回溯到20世纪70年代的石油危机。石油危机导致西方国家陷入经济困境,许多国家开始采取放任的政策。在英国,撒切尔夫人开始大刀阔斧地实行私有化改革;在美国,里根政府推行"新联邦主义",鼓吹"市场的魔力"。市场原教旨主义在1980年前后大行其道,其时正值罗纳德·里根被选为美国总统,而此前不久玛格丽特·撒切尔被选为英国首相。他们的经济目标是取消管制和其他形式的政府干预,以及提高国内和国际资本的自由流动程度和激发企业家精神。

3. 市扬原教旨主义带来的思考

金融市场的全球化是市场原教旨主义者的目标之一,而且在它的缺点显露之前已经取得了显著的进展。市场原教旨主义是一个错误和危险的意识形态,它至少在两方面存在缺陷:第一,它深深地误解了金融市场的运作方式,它假定市场会趋向均衡,而此均衡会保证资源的最优配置;第二,通过将私人利益和公共利益等同,市场原教旨主义为追求私利者赋予了道德品质。

然而,监管的缺位、金融大亨的唯利是图,往往导致市场走入歧途,华尔街也最终为自己挖掘了坟墓。诺贝尔经济学奖获得者斯蒂格利兹就说,华尔街的陨落标志着市场原教旨主义的没落,"这告诉世人,这种经济模式是不可持续的……这是一个标志性的时刻,证明所谓金融市场自由化的主张是错误的"。

第七章 这些事与我们息息相关——金融危机中的热点问题

金融危机重创了美国，也拖累了整个世界。世界因此对美国模式颇多怨言。痛定思痛，奥巴马政府决定全面改革美国金融监管体系。用奥巴马的话说，在过去 10 年，40% 的美国企业利润来自金融领域，这是不可持续的。美国经济必须深刻转型。

这种迟到的反省，不由让人想起 20 世纪 90 年代亚洲金融风暴时国际货币基金组织（IMF）救助模式的争议性。从现在看，IMF 当时奉行的就是市场原教旨主义，这在马来西亚、韩国等一些国家甚至导致了更严重的危机。这种僵化的做法也损害了 IMF 的信誉。斯蒂尔格利兹就指出，IMF 的原教旨主义建立在错误的经济学理论上，依据的是对历史错误的解读。

市场原教旨主义的逻辑错乱，更表现在美国的"自食其言"上。因为按照其他国家经济危机时美国开出的药方，政府是不应该干预市场的，而应该让市场发挥自身的平衡作用。但在美国金融危机中，美国却采取了一系列大规模的干预行动。美国的谆谆教导对外不对内，这是对美国信用的一大打击，也让外界意识到，发达国家的药方有时也是不作数的。

市场原教旨主义的没落，让人们必须重新思考市场和政府的角色问题。曾任世界银行副行长兼首席经济学家的林毅夫说过，从危机来看，政府应该是有所作为的，完全的市场经济体未必就好。"因为在发展过程中，有很多难关需要政府来协调，来克服外部的挑战。"这一点对发展中国家来说尤其如此。

经济学不是科学，任何理论都不可避免地存在缺陷，这或许也正是每隔一段时间总会出现金融危机的原因。全球化带来的自然不会都是鲜花和掌声，但市场也有其不可取代的地方。真理有时多走一步就往往成为谬误。金融危机标志着市场原教旨主义的破灭，但如果由此导致对全球化的怀疑，可能就成为另一场危机的滥觞。如何避免走向极端并寻找可持续发展的模式，是当前许多国家在应对危机时必须考虑的一个长远问题。

第八章 未来的世界会怎样
——未来的金融发展

2009年，国际金融领域呼声最高的恐怕就是改革当前的国际货币体系。美国庞大的经济刺激计划造成了美元的持续疲软，各个以美元为主要储备货币的国家都面临着资产缩水的风险，各国纷纷要求改革当前不合理的国际货币体系。各种改革方案也陆续提出。未来美元在国际货币体系中的地位会发生什么变化？什么时候我们出国的时候可以不用提前兑换国外货币，而直接怀揣人民币走出国门？随着信息科学技术的发展，刷卡消费已经成为时尚，你对此了解多少呢？本书在最后的章节将一同和读者探讨未来的金融发展。

一、美元会成为堕落天使吗——美元是否会失去世界储备货币的地位

"二战"之后，布雷顿森林体系的建立标志着美元开始成为全球主要的储备货币。布雷顿森林体系以黄金为基础，以美元作为最主要的国际储备货币。

1944年7月，44个国家或政府的经济特使聚集在美国新罕布什尔州的布雷顿森林，商讨战后的世界贸易格局。会议通过了《国际货币基金协定》，决定成立一个国际复兴开发银行（即世界银行）和国际货币基金组织，以及一个全球性的贸易组织。1945年12月27日，参加布雷顿森林会议的其中22国代表在《布雷顿森林协定》上签字，正式成立国际货币基金组织和世界银行。从此，开始了国际货币体系发展史上的一个新时期。

长期以来，美元一直是世界各国（除美国外）最主要的储备货币。在中国巨额的外汇储备中，其中有2/3是美元储备。然而爆发于美国的金融危机严重冲击了美国的经济金融体系，打击了美元在全球的储备货币的地位，金融危机之后，在全球范围内改变当前的国际货币体系，改变美元的储备货币地位的呼声越来越高。

2007年美国次贷危机爆发之后，国际货币基金组织曾对美元在全球储

第八章 未来的世界会怎样——未来的金融发展

备体系中的比重进行了统计。2008年4月，IMF报告指出美元在全球储备中的比重已经降至历史低点63.9%，美元已经对欧元连续两年贬值，而欧元在全球储备中的比重则达到了历史的最高值，由之前的26.4%上升至26.5%，日元和英镑的比重也出现上升。这是否意味着美元在逐渐失去全球储备货币的地位呢？

2009年10月G20会议之前，包括中国、俄罗斯在内的国家都要求建立超主权储备货币，以改变美元的主要储备货币角色。时任中国人民银行副行长胡晓炼也曾指出，美元的全球储备货币角色允许美国在海外廉价借贷，助长了导致金融危机的信贷泡沫，她同时提议建立一只超主权财富投资基金，将部分经常项目盈余投资到贫穷国家。这表明，一些国家在陆续对美国抛出重新审视美元地位的压力。

对此，时任美国财长盖特纳立即给予回应。"我们有责任保障现在所做的一切都能维护投资者对美国金融系统的信心，这对维护美元作为全球主要储备货币的地位尤其关键。"盖特纳表示，正如世界各国期待的一样，美元将会在相当长的时期内保持其主要储备货币的地位。维护美元的强势地位对美国"至关重要"，美国不希望美元在全球经济中扮演的角色有所削弱。

在国际金融市场上，有一个指标经常被用来衡量美元的强弱程度，它就是美元指数（US Dollar Index&reg, USDX），它类似于显示美国股票综合状态的道琼斯工业平均指数（Dow Jones Industrial Average），美元指数USDX是综合反映美元在国际外汇市场的汇率情况的指标，用来衡量美元对一揽子货币的汇率变化程度。它通过计算美元和对选定的一揽子货币的综合变化率，来衡量美元的强弱程度，从而间接反映美国的出口竞争能力和进口成本的变动情况。

美元指数上涨说明美元与其他货币的比价上涨，也就是说美元升值，而国际上主要的商品都是以美元计价，那么其所对应的商品价格应该下跌。美元升值对国家的整个经济有好处，可以提升本国货币的价值，增加购买力。但对一些行业也有冲击，比如进出口行业，货币升值会提高出口商品的价格，因此对一些公司的出口商品有影响。若美指下跌，则相反。

美元指数是反映美元汇率水平的指数，而美元汇率水平又直接反映了全球金融市场上各国政府及投资者对美元的需求以及对美元经济前景的预期。所以，从目前的状况来看，美元是否会失去全球储备货币的地位还是一个很难回答的问题，但是短期来看，这种情况出现的可能性很小。

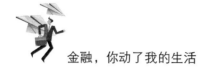

二、人民币可以向全世界采购吗——走向世界的人民币

面对波及全球的金融危机,世界各国都采取了量化宽松的货币政策,经济刺激方案一个比一个振奋市场的信心,其中又以美国庞大的经济刺激方案最吸引市场参与者们的眼球。究其原因,一方面在于金融危机发生在美国,美国属于"重灾区",美国经济的走势直接关系到世界整体经济形势的发展;另一方面则主要焦点集中于美元身上,自从布雷顿森林体系确立以来,美国一直担当着全球各国的主要储备货币。美国如此庞大的经济刺激计划出台之后,美元的走势会如何?这会不会动摇美元作为全球主要储备货币的地位?

就在美元汇率形势急转直下的2009年,世界各国、各地区开始呼吁改革当前的国际货币体系,各区域的主要货币纷纷挑战美元的全球储备货币的地位。中国作为美国债券的最大持有国,深受美元贬值之苦,因此在2009年,我国政府不失时机地提出了改革当前的国际货币体系。国内学者们也纷纷呼吁加快人民币的国际化进程,将人民币推向世界。

货币互换——这个对老百姓来说相对陌生的词汇,开始频繁出现在新闻报道之中。自2008年年底以来,中国央行接连与国外央行及货币当局签署货币互换协议。何谓货币互换?中国为什么要与他国进行货币互换?这是否意味着人民币正迈向国际化?货币互换与百姓生活关系大不大?

货币互换,又称货币掉期,是指两笔金额相同、期限相同、计算利率方法相同,但货币不同的债务资金之间的调换,同时也进行不同利息额的货币调换。简单来说,利率互换是相同货币债务间的调换,而货币互换则是不同货币债务间的调换。货币互换双方互换的是货币,它们之间各自的债权、债务关系并没有改变。2008年12月,中国在与韩国达成货币互换协议的基础上,决定对广东和长江三角洲地区与港澳地区、广西和云南与东盟地区的货物贸易实行人民币结算试点。2009年1月又与中国香港、马来西亚,3月与白俄罗斯分别签署双边货币互换协议。所有这些举措,都引发了人们对人民币国际化的关注。虽然从金融学上看,人民币结算与人民币国际化并非完全一码事,但中国与白俄罗斯的货币互换实质上已经意味着人民币国际化版图从亚洲扩张到了东欧。

那么,什么是人民币国际化呢?说穿了,就是人民币可以在国际上自

第八章 未来的世界会怎样——未来的金融发展

由兑换、交易、流通，成为世界各国普遍认可的结算、储备货币。

从国际经济发展规律看，任何一个国家的经济实力增强以后，该国货币必然要走向国际化。究其原因在于，货币国际化能够带来诸多好处，如节约外汇储备、增加铸币税收入、优化外债规模和结构、扩大贸易和投资等等，其中最直接、最大的好处是获得国际铸币税收入。所谓铸币税，是指纸币发行面额与纸币发行成本之间的差额。人民币国际化后，中国就可以通过发行人民币这种国际货币"从别国征收铸币税"。要知道，这种收益可是没有成本的。

改革开放30多年来，中国经济迅速发展所取得的成就全球瞩目，人民币走向国际化已经成为许多专家和学者的共识。但最终应该不应该国际化，还要看它能否对我国经济社会发展带来实实在在的好处。

美国著名经济学家鲁迪登布森在1999年就预言，20年后全球只会剩下少数几种货币，如南北美洲会通用美元，在欧洲人民币有可能占据主导地位，其他地区则主要是欧元货币区。美国著名经济学家、"欧元之父"蒙代尔则预言，亚洲地区迟早会出现一种共同货币"亚元"，人民币将会在其中扮演主角。

关于人民币国际化，可以主要关注以下几方面。

（1）人民币国际化的现实条件。人民币国际化需要具备一定的现实条件，从目前看，这些条件已经基本具备。

a. 我国经济实力和综合国力不断增强。10多年来，我国国民生产总值一直保持快速增长态势，外汇储备大幅度增加。2009年年初，我国外汇储备已经突破1.95万亿美元大关，居全球首位。与此同时，我国政治稳定、国际地位和政治影响力不断提升，这为人民币走向国际化奠定了良好的政治、经济基础。

b. 人民币汇率基本稳定，具有良好的国际信用。一国货币能否成为世界货币，与其汇率是否基本稳定、是否具备良好的国际信用、是否具备充足的国际清偿能力有着非常大的关系。而从1994年我国实行外汇管理体制改革以来，人民币汇率基本稳定并且稳中有升，正在逐步实现自由兑换，这为人民币国际化创造了良好条件。

c. 我国金融体制改革为人民币国际化提供了体制保障。这主要体现在我国金融企业上市步伐不断加快、国有商业银行体制改革不断深入、金融机构不良资产逐步剥离和核销，并且借鉴国外监管金融机构的市场经济做

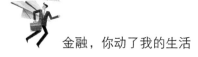

法，在适应国际金融市场方面卓有成效。这些都在较短时间内建立起了符合现代企业制度要求的金融体制和体系。

d. 我国金融市场的国际化进程不断加快。合格的境外机构投资者可以携外资进入中国股市、合格的境内机构投资者被允许将中国资本投资海外、外资银行进入我国金融市场并被允许经营人民币业务等措施不断推出，尤其是在2008年全球金融海啸爆发后，我国进一步调整了金融市场的国际化策略，人民币国际化走向十分明确。

e. 越来越多的国家和地区接受人民币，人民币国际化正在路演。我国对外经济贸易不断扩大，促使这些国家对人民币的储备需求进一步增强，从而拉动人民币交易范围不断扩大，有越来越多的国家和地区接受人民币，所有这些都最终会推动人民币加快走向国际化。

目前，人民币在东南亚地区已经成为继美元、欧元、日元之后的硬通货，有"小美元"之称。

(2) 人民币国际化的路径安排。人民币国际化是一个渐进的过程，在此之前首先要走以下两步棋。

a. 人民币周边化。这是人民币国际化的第一步，即随着我国和周边国家、地区经济贸易往来规模的迅速扩大，通过市场导向和政府推动，首先在周边国家和地区不断扩大人民币流通规模，这一点目前发展势头非常不错。

例如，尼泊尔政府已经把人民币作为中央银行储备货币，人民币在越南、中国香港全境流通，老挝、缅甸、俄罗斯、蒙古的部分地区也已经可以用人民币代替本币流通了。

b. 人民币亚洲化。人民币亚洲化是在人民币周边化基础上必须经过的一个复杂多变而漫长的过程，也是人民币国际化绕不过去的阶段。只有当人民币真正成为亚洲主导货币，才能最终走向国际化。

为此，同样应当通过市场导向和政府推动两种模式，鼓励在出口贸易中用人民币进行国际结算和投融资，鼓励自由贸易区成员方用人民币作为外汇储备货币。等到条件成熟时，让人民币慢慢替代亚洲其他国家和地区的货币，真正实现人民币亚洲化。

(3) 人民币国际储备规模。近年来我国的国际贸易收支保持了高水平和低差额，外汇储备成为我国最主要的国际储备形式。

我国2009年年初的外汇储备高达1.95万亿美元，而黄金储备多年来一直没有增加，均为1929万盎司，符合基本稳定持有的原则。由于人民币目前还不是可兑换货币，只能在经常项目下进行兑换，对于资本项目还实行着严格管制，国内建设资金需求缺口又很大，所以必须保持充足的外汇储备来维持国际支付能力，从而保证人民币国际化的稳步推进。

(4) 人民币国际化的主要影响。中国是一个发展中国家，经济发展尤其依赖于资金财富。因此，一旦实现了人民币国际化，不仅可以减少中国因使用外币引起的财富流失，而且将为中国利用资金开辟一条新的渠道。但人民币国际化是一把"双刃剑"，这就要求仔细分析其中的利弊。

a. 人民币国际化的正面影响主要体现在以下几个方面。

第一，提升中国国际地位，增强中国对世界经济的影响力。美元、欧元、日元等货币之所以能够充当国际货币，是因为美国、欧盟、日本经济实力强大国际信用地位较高。人民币实现国际化后，中国就拥有了一种世界货币的发行和调节权，对全球经济活动的影响和发言权也将随之增加。同时，人民币在国际货币体系中占有一席之地，可以改变目前处于被支配的地位，减少国际货币体制对中国的不利影响。

第二，减少汇价风险，促进中国国际贸易和投资的发展。对外贸易的快速发展使外贸企业持有大量外币债权和债务。由于货币敞口风险较大，汇价波动会对企业经营产生一定影响。人民币国际化后，对外贸易和投资可以使用本国货币计价和结算，企业所面临的汇率风险也将随之减小，这可以进一步促进中国对外贸易和投资的发展。同时，也会促进人民币计价的债券等金融市场的发展。

第三，进一步促进中国边境贸易的发展。边境贸易和旅游等实体经济发生的人民币现金的跨境流动，在一定程度上缓解了双边交往中结算手段的不足，推动和扩大了双边经贸往来，加快了边境少数民族地区经济发展。另外，不少周边国家是自然资源丰富、市场供应短缺的国家，与中国的情况形成鲜明对照。人民币流出境外，这对于缓解中国自然资源短缺、市场供应过剩有利。

第四，获得国际铸币税收入。实现人民币国际化后最直接、最大的收益就是获得国际铸币税收入。铸币税是指发行者凭借发行货币的特权所获得的纸币发行面额与纸币发行成本之间的差额。在本国发行纸币，取之于本国用之于本国。而发行世界货币则相当于从别国征收铸币税，这种收益基本是无成本的。目前中国拥有数额较大的外汇储备，实际上相当于对外国政府的巨额无偿贷款，同时还要承担通货膨胀税。人民币国际化后，中

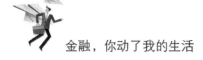

国不仅可以减少因使用外汇引起的财富流失，还可以获得国际铸币税收入，为中国利用资金开辟一条新的渠道。

b. 同时，人民币国际化也会对中国经济产生以下负面影响。

第一，对中国经济金融稳定产生一定影响。人民币国际化使中国国内经济与世界经济紧密相连，国际金融市场的任何风吹草动都会对中国经济金融产生一定影响。特别是货币国际化后如果本币的实际汇率与名义汇率出现偏离，或是即期汇率、利率与预期汇率、利率出现偏离，都将给国际投资者以套利的机会，刺激短期投机性资本的流动，对中国经济金融稳定产生一定影响。

第二，增加宏观调控的难度。人民币国际化后，国际金融市场上将流通一定量的人民币，其在国际的流动可能会削弱中央银行对国内人民币的控制能力，影响国内宏观调控政策实施的效果。比如，当国内为控制通货膨胀而采取紧缩的货币政策而提高利率时，国际上流通的人民币则会择机而入，增加人民币的供应量，从而削弱货币政策的实施效应。

第三，加大人民币现金管理和监测的难度。人民币国际化后，由于对境外人民币现金需求和流通的监测难度较大，将会加大中央银行对人民币现金管理的难度。同时人民币现金的跨境流动可能会加大一些非法活动，如走私、赌博、贩毒的出现。伴随这些非法活动出现的不正常的人民币现金跨境流动，一方面会影响中国金融市场的稳定，另一方面也会增加反假币、反洗钱工作的困难。

尽管一国货币国际化会给该国带来种种消极影响，但长远来看，国际化带来的利益整体上远远大于成本。美元、欧元等货币的国际化现实说明，拥有了国际货币发行权，就意味着制定或修改国际事务处理规则方面的巨大经济利益和政治利益。目前，国家间经济竞争的最高表现形式就是货币竞争。如果人民币对其他货币的替代性增强，不仅将改变储备货币的分配格局及其相关的铸币税利益，而且也会对西方国家的地缘政治格局产生深远的影响。

面对这些，我国应该保持清醒的头脑，注意防范少数别有用心的国际利益集团歪曲事实，蛊惑煽动，阻挠和破坏人民币在国际货币体系中地位的上升。

第八章 未来的世界会怎样——未来的金融发展

三、人人都爱去刷卡——E币时代何时到来

"刷卡还是付现金？"如今，这句问话越来越多地在消费者耳边响起。银行信用卡是当今成年人必备的金融工具，有的人还有好几张。

1. E币时代已经到来

2015年2月13日，中国人民银行发布数据显示，截至2014年年末，全国累计发行银行卡49.36亿张，较上年末增长17.13%，增速放缓2.1个百分点。其中，信用卡累计发卡4.55亿张，较上年末增长16.45%，增速放缓1.58个百分点。全国人均持有银行卡3.64张，较上年末增长17.04%。其中，人均持有信用卡0.34张，较上年末增长17.24%。

银行卡转账、消费业务占比不断提高，银行卡渗透率继续快速增加，银行卡支付功能不断加强。第四季度，全国共发生银行卡交易170.46亿笔，金额117.15万亿元。其中，消费业务61.34亿笔，金额11.99万亿元，笔数和金额同比分别增长56.42%和26.29%，银行卡渗透率达47.71%，与上季度持平。

信用卡信贷规模适度增长，授信使用率持续上升。截至第四季度末，信用卡授信总额为5.6万亿元，同比增长22.50%；信用卡期末应偿信贷总额为2.34万亿元，同比增长26.75%，较第三季度末增加0.14万亿元，环比增长6.58%。信用卡卡均授信额度1.23万元，授信使用率41.69%，较上年同期上涨1.4个百分点。信用卡逾期半年未偿信贷总额357.64亿元，环比增长1.71%；信用卡逾期半年未偿信贷总额占期末应偿信贷总额的1.53%，占比较上季度末下降0.07个百分点。

对于大多数消费者来说，刷卡消费对他们有更大的吸引力，刷卡渐渐成为时尚。在南昌一家媒体工作的章小姐便是典型的"都市刷卡一族"。2009年"五一"长假期间，章小姐准备跟几名驴友一起到香港、澳门去游玩。除了身份证、护照和少量现金，章小姐钱包里还有一张中国银行信用卡。根据我几次赴港澳旅游的经验，用卡比带现金要方便得多。而且，在港澳地区刷卡购物可以按人民币兑换港币的牌价折算，比到街头的"找换店"临时兑换港币汇率合算得多，况且港澳地区不少消费场所都接受人民币信用卡，带那么多现金没必要。"章小姐还表示，她在省城购物已习惯用银行卡结账，因为这样"既能享受到商场的积分，有时还能拿到折扣，

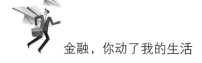

何乐而不为"。

同为"刷卡一族"的黄先生在南昌一家贸易公司做出纳,他表示:"我们公司经常有客户来南昌洽谈业务,其中的住宿招待等费用我都是拿卡去结账的,因为每次数目都不少,带现金不太方便。"现如今,在商场刷卡消费的顾客越来越多,商场也在努力为刷卡消费营造更好的环境,毕竟这种消费方式是大势所趋,而且使用起来也相对安全。

种种迹象都表明,E币时代已经悄然到来。

2. 信用卡的发展过程

信用卡实际上并不是什么新事物,它在"二战"前就已经存在了。

信用卡是一种非现金交易付款方式,一种最简单的信贷服务。具体地说,它是银行或专业公司对具有一定信用的客户发行的信用凭证。

根据2006年2月28日全国人民代表大会常务委员会关于信用卡的解释,我国刑法中规定的"信用卡",是指由商业银行或其他金融机构发行的具有消费支付、信用贷款、转账结算、存取现金等全部功能或部分功能的电子支付卡。

早在1915年,当时美国的许多商店就向消费者提供信用卡,供消费者赊购商品使用了。"二战"后,信用卡服务在美国普及开来。不过,由于当时的信用卡使用成本高,又不能联网,所以使用者都是一些大客户,信用卡公司要向商家收取刷卡消费5%的金额作为手续费,用于弥补持卡人违约、信用卡被盗等造成的风险。

1949年的一天,35岁的美国银行信贷员弗兰克·麦克纳马拉在纽约一家饭店招待客人用餐,结账时一看没带钱包,难堪之余不得不打电话叫妻子带现金过来结账。商人的敏感让他产生了办一家信用卡公司的想法,以便通过提供一种能证明身份、支付能力的卡片,让会员凭卡片记账消费。就这样,他在1950年春与好友施奈德一起投资1万美元在纽约创立了大来俱乐部,这就是大来信用卡公司的前身。

当时的大来信用卡不必经过银行就可以办理,属于商业信用卡。1952年,美国加利福尼亚州富兰克林国民银行以金融机构的身份,发行了最早的银行信用卡。1959年,美国美洲银行在加利福尼亚州又发行了美洲银行卡,其他许多银行也纷纷加入发卡银行行列。

由于持卡人刷卡消费比用支票更方便,又能从中得到价格折扣,信用卡透支还能使他们从中得到变相贷款,所以银行信用卡一下子就在全球普

第八章 未来的世界会怎样——未来的金融发展

及开来。

不过,在我国信用卡的真正流行是从21世纪初开始的,其发展势头猛、质量却不高。数据表明,我国信用卡的发行量2003年年末为0.03亿张,2006年年末为0.5亿张,2014年年末已经超过了4.5亿张。

3. 全面认识信用卡

信用卡的种类很多,按发卡组织分包括:威士卡、万事达卡、美国运通卡、JCB卡、Discover发现卡(美洲)、联合信用卡(中国台湾)、大来卡、NETS(新加坡)、BC卡(韩国)、Banknewn(越南)等,其中威士卡、万事达卡、美国运通卡、JCB卡、大来卡是全球通用卡;按币种分为单币卡、双币卡;按信用等级分为普通卡(银卡)、金卡、白金卡、无限卡等;按是否联名发行分为联名卡、标准卡(非联名卡)、认同卡;按卡片形状及材质分为标准卡、迷你卡、异形卡、透明卡等;按信息储存介质分为磁条卡、芯片卡;按卡片之间的关系分为主卡、附属卡;按持有人身份分为个人卡、公务卡、公司卡;等等。

除此以外,中国内地所指的信用卡分为贷记卡、准贷记卡两大类。而国际上所称的信用卡,只是指中国内地所称的贷记卡。

贷记卡、借记卡、准贷记卡三者之间的区别是:贷记卡持有人不必在账户上预先存款就可以透支消费,之后按银行规定还款就行了,可以享受一定时间的免息期;借记卡说穿了是一种储蓄卡,需要先存款后消费,不能透支;准贷记卡是在社会征信体系不完善的环境下,通过某种担保或预存保证金才可以有条件、有限度地透支消费的信用卡,这种具有"中国特色"的信用卡正在退出金融领域。

信用卡在交易过程中一共涉及五方面的参与者。

(1)持卡人。所谓持卡人是指持有信用卡的消费者,可以是个人,也可以是单位。按照规定,信用卡只能由持卡人使用,借给他人使用是违反信用卡使用合同规定的。

按理说,信用卡的持卡人都是信用卡公司或发卡银行经过认真筛选、认为有信用的人。但在金融机构业务竞争激烈的背景下,也有许多信用卡公司或发卡银行全然不考虑这一点,竞相追求发卡数量,以至于埋下了未来坏账的隐患。

持卡人所持的贷记卡拥有一定信贷额度,可以凭卡购买商品或享受服务,甚至还有一定比率的价格优惠;平时也可以用来支取和透支现金。持

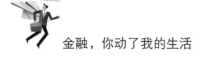

卡人如果不能按期以最低还款额还款，需要支付惩罚性利息或滞纳金；如果是恶意透支，还要以诈骗罪论处。

（2）发卡银行。所谓发卡银行是指发放信用卡的金融机构，也叫发卡行。如果发放信用卡的不是金融机构，则称之为发卡方、发行人。

按照规定，发卡银行的责任是：审查和批准持卡人并发卡；接受或支付来自信用卡联盟的交易；对持卡人发放账单和收款。

（3）商家。所谓商家是指接受持卡人持卡消费的商业服务机构，常见的有超市、饭店、航空公司、公用事业机构、加油站等。

接受信用卡消费的商家名单，是在发卡银行对商家资格标准进行审查后认为合格才确定的，这方面主要是审查商家的信誉和财务状况。审查通过后，发卡银行会和商家签订书面合同，约法三章。

（4）商家银行。所谓商家银行是指接受持卡人持卡消费的商业服务机构所在的开户银行，也叫收单银行或收单行。

商家银行和接受信用卡的商家之间也会签订书面合同，约法三章，主要内容包括接受商家的销售票据；提供信用卡授权终端及相关服务；处理信用卡相关交易。

商家银行在处理信用卡消费业务时会向商家收取相应的佣金作为服务收入。不过通常来说，目前的商家银行都是由发卡银行身兼两职的。也就是说，在多数情况下商家银行就是该信用卡的发卡银行。这样做的好处是，银行既能维护与持卡人之间的关系，又能维护与商家的关系，信息度更透明，又能两头取得业务收入。

（5）银行卡联盟。所谓银行卡联盟是一种国际性付款服务组织，它们是由机构会员共同组成并管理的。信用卡要走出国门、通行全球，就必须由这样的国际银行卡联盟来协调并统一运作。

常见的银行卡联盟有中国银联、维萨国际组织、万事达国际组织、美国运通、大来信用卡俱乐部、日本信用卡株式会社等。

与现金相比，使用信用卡的好处是：信用卡无论在面积、重量上都要比现金更轻便；信用卡不容易被盗，即使被盗后也可以挂失；在邮购、电话购物、网上购物等订货方式下，能够大大节省交易时间，提高效率。

更不用说，由于不同信用卡之间对同一项目的收费标准往往会相差几倍，可以享受到的打折程度也有巨大差别，如果能巧用信用卡消费，每月或许能从中节省许多费用呢！

第八章 未来的世界会怎样——未来的金融发展

例如，一位广州的消费者由于工作需要经常要去北京出差，于是他办了一张中国工商银行与海航联名的信用卡。他每月坐飞机去北京来回两三趟，就能换回广州飞往海口的两张往返飞机票，价值 1200 元左右。不仅如此，他使用工商银行信用卡还可以享受 56 天的免息期，如果每个月刷卡消费 1 万元，就可以节省利息几十元。

人人都爱去刷卡
——E 币的时代何时到来

四、全球统一货币何时出现——全球一种货币的时代

在谈及改革当前的国际货币体系时，各国的经济学家都提出了构建全球统一货币的构想。其实，这一想法在早些年，甚至在"二战"刚刚结束的时候就已经出现了。

1. 班柯（Bancor）和尤尼它（unita）

"二战"使主要的西方国家之间的力量对比发生了巨大的变化。英国在战争期间受到了巨大的创伤，经济遭到严重破坏。而战争结束时，美国的工业制成品占世界工业制成品的一半，美国的对外贸易占世界贸易总额的 1/3 以上。美国国际投资急剧增长，已成为资本主义世界最大的债权国。美、英两国政府都从本国的利益出发，设计新的国际货币制度，并于 1943 年 4 月 7 日分别发表了各自的方案，即英国的"凯恩斯计划"和美国的"怀特计划"。

（1）"凯恩斯计划"。"凯恩斯计划"是国际清算同盟方案，国际清算

221

同盟是世界性的中央银行。按照这个计划：

a. 由国际清算同盟发行一种国际货币名叫班柯（Bancor），以作各国中央银行或财政部之间结算之用，班柯与黄金之间有固定的比价。

b. 各国货币按一定的比价与班柯建立固定汇率，这个汇率是可以调整的，但不能单方面进行竞争性的货币贬值，改变汇率必须经过一定的程序。

c. 各国中央银行在国际清算同盟中开立账户，彼此间用班柯进行清算。发生盈余时将盈余存入账户，发生赤字时则按规定的份额申请透支或提存。如清算后一国的借贷余额超过份额的一定比例，无论是盈余国还是赤字国均需对国际收支的不平衡采取调节措施。

"凯恩斯计划"强调透支原则和双方共负国际收支失衡调节责任，是从国际收支经常发生赤字的英国利益出发，但也受到了许多国家政府和经济学者的赞许。

（2）"怀特计划"。这是美国财政部官员怀特提出的"国际稳定基金计划"，与"凯恩斯计划"有很大的分歧，这个方案采取了存款原则。根据"怀特计划"：

a. 设立一个国际货币稳定基金，资金总额 50 亿美元，由各会员国以黄金、本国货币或政府债券认缴。份额取决于各国的黄金外汇储备、国民收入和国际收支状况等因素，根据各国的份额确定各国在基金内的投票权。

b. 基金组织发行一种国际货币名叫尤尼它（unita）作为计算单位，其含金量为 137 格令，相当于 10 美元。尤尼它可以兑换黄金，也可在会员国之间相互转移。

c. 各国货币要与尤尼它按一定比价建立固定汇率，非经基金组织同意不得任意转移。

d. 基金组织的任务主要是稳定汇率，并对会员国提供短期信贷以协助解决国际收支不平衡的问题。

由于美国的经济实力最强，根据"怀特方案"，美国可以控制基金组织，从而取得国际金融领域的统治权。

在 1943—1944 年，英、美两国的政府代表团曾就国际货币计划展开了激烈的争论，鉴于美国在政治上和经济上的实力，英国最后接受了美国的方案，美国也做出了一些让步，最后双方达成一致，形成了布雷顿森林体系。

现在来看，"班柯方案"是凯恩斯试图抛弃黄金，但又不陷入美元主导的一个中间方案。凯恩斯主张采取 30 种有代表性的商品（粮食、石油、铜材等）作为一揽子确定币值的根据，其中包括了黄金，以利于稳定币值；同时，建立一个新的金融机构"国际结算或货币联盟"（The International Clearing or Currency Union，ICU）来负责发行和管理。时任中国央行行长周小川发表的《关于改革国际货币体系的思考》一文认为，该方案"可能更有远见，遗憾的是未能实施"。

2. "欧元之父"蒙代尔

2000年，"欧元之父"蒙代尔在发表《新千年的国际货币体系》的演讲中，谈及当时以美元为主导的国际货币体系前景时说："人们将不可避免地要想到创造一个通用的国际货币，或重新启用黄金，或组建大型货币区。"（《蒙代尔文集》第五卷）。

蒙代尔的这个判断在第一个或第三个方向上，似乎正在迎来更多的共识。在2009年4月2日伦敦G20会议召开之前，先是俄罗斯提出"引入超国家储备货币""建议考虑现有的特别提款权（Special Drawing Rights，SDR）担此角色的可行性和必要性"。而后时任中国央行行长周小川发表了《关于改革国际货币体系的思考》一文，也阐述了类似的观点。

周小川的文章，是近年来中国对国际货币体系改革最具建设性的建议，文章从长期、短期两个方向上表达了对国际货币体系改革的理解，文章对于我们理解国际货币体系的方向以及其中中国的诉求，具有重要意义。

3. 扩大SDR货币篮子

在长期的考量上，周小川《关于改革国际货币体系的思考》一文认为，创造一种与主权国家脱钩，并能保持币值长期稳定的国际储备货币，从而避免主权信用货币作为储备货币的内在缺陷，是国际货币体系改革的理想目标。在短期，SDR具有超主权储备货币的特征和潜力，但SDR本身需要改革，SDR定值的篮子货币范围应扩大到世界主要经济大国，可将GDP作为权重考虑因素之一，然后在改革后的基础上考虑进一步扩大SDR的发行。

在SDR改革的方向中，《关于改革国际货币体系的思考》一文表达了中国的诉求，那就是将中国（世界主要经济大国之一）人民币纳入SDR的货币篮子，并且可以考虑以GDP为权重因素之一，以寻求中国更大的发言权和更高的地位。

首先要明确的是，目前SDR在1969年创立之后经过了多轮调整。由1974年起，IMF以标准篮形式，组合4种不同的币值计算SDR的价值，而

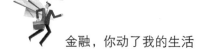

该4种货币和计算比例则由过去5年不同经济体系的平均出口金额决定。2006年至2010年的4种货币,确定为美元、欧元、日元和英镑,计算比例分别为44%、34%、11%和11%。

也就是说,目前的SDR就是由美元、欧元、日元、英镑组成的一揽子货币。《关于改革国际货币体系的思考》一文提议将世界主要经济大国货币纳入货币篮子。该建议从实质上说,就是以目前全世界主要经济大国的信用货币作为基础,重新构建一个"全球货币",只不过将其重新命名为SDR。可以说,按《关于改革国际货币体系的思考》一文定义的方向所构建的新的SDR,和目前已有的IMF的SDR在货币构成、货币权重、给予某种货币权重的考虑因素上都完全不同。

然而,进行这样的改革是一种全球政治行为。哪些国家的货币有资格进入新的SDR?GDP可以成为国家货币在SDR权重中的一个衡量因素吗?谁来监督、定量、认可各国GDP的统计?所以周小川也在文中直言,"这需要各成员方政治上的积极配合"。

4. 借鉴欧洲货币单位

仔细思考关于创建"超主权储备货币"和"国际货币"的方案,考虑将GDP作为参考因素之一,将世界主要经济大国纳入新的SDR,这一想法极其类似于欧元诞生之前所依托的欧洲货币单位(European Currency Unit,ECU)。

ECU创立于1978年,是由当时欧洲共同体九国货币组成的一个"货币篮子"。ECU创立时,各国在其中的权重按其在欧共体内部贸易中所占权重及其在欧共体GDP中所占权重加权计算,以确定各国货币在ECU内占有权数和金额,联邦德国占27.3%、法国占19.5%、英国占17.5%、意大利占14%等,并依当天汇率,换算各国货币当天对ECU的比价。ECU中各成员方货币所占的权重,每隔5年调整一次。ECU逐步具有了计价、储备等用途,并最终在1999年成为欧元,成为取代欧元区各国主权货币的单一货币。

依照《关于改革国际货币体系的思考》一文所提出的建立"超主权储备货币"的新SDR思路,其实质很可能就是类似ECU,在全球建立一个"全球货币单位",而这个"全球货币单位"新SDR的前景则和欧元类似,最终成为一个新的全球统一货币。

在欧元的诞生得到证明之后,蒙代尔的最优货币区理论或许将在新的全球统一货币诞生中,继续发挥理论作用。蒙代尔近年来也一直呼吁按照欧元诞生的思路,构建全球统一货币。蒙代尔曾对媒体表示,建议以美

第八章 未来的世界会怎样——未来的金融发展

元、欧元、日元、英镑、人民币五个主要经济体的货币为基础，构建一个世界货币，并将IMF改组为可以发行货币的世界中央银行。

"我们现在需要一个世界货币。自从2003年以来，每年在意大利我都会举办会议，专门讨论怎么才能创立一个世界货币。我们期待着在当前这样一个危机时刻，可以来推广世界货币的政策。我曾与部分国家领导人交流过，法国总统萨科齐、英国首相布朗都对此表示支持。一个关于时间的建议，是在2010年上海召开世界博览会时召开类似布雷顿森林会议一样的国际货币基金组织会议，来推行这个世界货币方案。"蒙代尔曾在接受《第一财经日报》访问时做出上述表述，而如果中国、俄罗斯等国带着"超主权储备货币"、修正"SDR"的思路进入G20会议，或许世界统一货币的建设将并不只是在理论层面上。

5. 如何创建实际资产支持的SDR

美国金融危机之后如何重建人们对信用货币的信心？而由不同信用货币组合而成的货币篮子SDR，或新的包含更多国家货币的新的SDR，能避免同样的担忧吗？

美元是一个不负责任的储备货币，对于目前的SDR来说，由美元、欧元、日元、英镑几个不负责任的货币构成的货币篮子，显然也不具备这样的资格。如果将SDR的货币篮子范围进行扩大，可能加入一些负责任的货币，但也可能加入另外同样甚至更不负责任的货币。改革后的SDR，将如何避免信用货币的滥发？能否实现对国际储备货币"币值稳定、供应有序、总量可调"的要求？

欧元是一个参照物。虽然没有和美联储、英国央行、日本央行一样直接购买本国国债，但欧洲央行也在施行定量宽松的货币政策。

与单纯信用货币不同，周小川《关于改革国际货币体系的思考》一文对新SDR的设计似乎是要求有储备资产作为支撑。文章明确提出："为进一步提升市场对其币值的信心，SDR的发行也可从人为计算币值，向有以实际资产支持的方式转变，可以考虑吸收各国现有的储备货币以作为其发行准备。"有实际资产支持的SDR发行能提升市场对其币值的信心，而支持的资产可以是各国现有的储备货币。

在成立欧洲货币单位ECU时，按规定成员方应向欧洲货币体系缴存20%的黄金或美元储备，欧洲货币体系则相应拨付等额的ECU单位作为成员方的储备资产。这类似于上面提到的实际资产支持方案。蒙代尔也提及了黄金在今后国际货币体系中的作用,他指出:需要建设一个国际黄金系统,并在国际黄金系统之上建立世界货币,也就是一揽子主要的货币。

6. 不同的声音

然而,也有的学者对构建全球统一的货币表示担忧。首先,其中的一大障碍就是美国不会轻易放弃其既得利益。美元作为国际储备货币这么多年,充分享受了作为世界主要储备货币发行国所带来的超级"铸币税"收益,美国是不会轻易放弃这一利益的。所以不难理解为什么"超主权货币"提出后,美国政府立即对此表示反对。

其次,"超主权货币"的构想让人们想到了数年前提到的"世界语"。当时社会热议发明一种世界通用的语言,来减轻世界各国人民交流的障碍,但是之后"世界语"不了了之,其原因很多。"超主权货币"会不会也像"世界语"那样难以付诸实施呢?

最后,如果最终创设了"超主权货币"和世界中央银行,那么世界中央银行如何运营和管理恐怕也是一个需要各国激烈商讨的问题。

不管怎样,国际货币体系的改革正在迎来完全不同的方向,改革的趋势是难以避免的。中国在华盛顿 G20 会议等多个场合,均表达了"推进国际货币体系多元化"的声音,推进人民币的区域化和国际化也是题中之义。但长期来看,建立世界统一货币单位乃至世界统一货币,是不是"国际货币体系的多元化"方向?而建立"超主权国家货币"、改革并扩大 SDR,是否也是中国"推进国际货币体系多元化"战略的一部分?我们拭目以待。

全球统一货币何时出现
——全球一种货币的时代